인생 사용설명서

| 말씀이 주는 삶의 영향력 |

인생
사용설명서

주향 지음

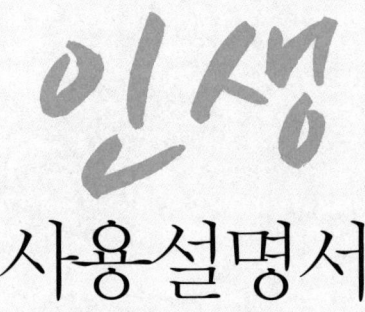
Life Manual

올리브 북스
Olive Books

들어가는 글

　나는 그동안 많은 신앙인들을 만났다. 신앙이 연약할 때는 앞에서 이끌어가는 신앙의 선배들을 따라갔고, 하나님의 부르심을 받고 사역을 시작한 후로는 하나님의 은혜로 영혼들을 구원, 변화, 회복시키는 자로 서게 되었다. 그러던 중 피폐해진 사람들을 만나 상담하고 회복시키는 사역을 바쁘게 감당한 적이 있다. 내담자들 가운데 기도를 많이 하고, 헌신 역시 뒤지지 않는 열정으로 사명을 감당하는 사람들이 많았다. 하지만 많은 문제에서 헤어 나오지 못하고 헉헉대며 사는 모습이 나를 안타깝게 했다.
　나는 이런 문제를 만나 힘겨운 삶을 사는 사람들을 보면서 사역자로서 고민하지 않을 수 없었다. 그래서 수십 년 동안 듣고 배워왔던 틀을 내려놓고 성경 말씀을 다시 읽기 시작했다. 그러던 중 말씀을 적용하며 사는 법을 제대로 알지 못했던 우리들의 모습을 발견했다. 그 이후 말씀을 통하여 사는 방법을 가르치자 급속도로 문제에서 헤어 나오는 모습을 보게 되었다. 문제를 분석해 보면 말

그대로 간단하게 볼트 하나만 조이면 되는 문제들이 대부분이다.

재료가 좋아야 음식 맛이 좋은 것은 만인이 아는 사실이다. 그러나 사람들은 음식을 맛으로만 평가하지는 않는다. 차려놓은 음식은 눈으로 보기에도 좋아야 한다. 보기 좋은 떡이 먹기에도 좋기 때문이다. 모양과 맛 두 가지를 충족하려면 좋은 재료를 고르고 그 재료를 보기 좋게 손질해서 요리해야 한다. 인생도 마찬가지다.

음식을 조리하는 훈련생들이 재료를 준비하기 위해 줄을 서서 기다리고 있다고 생각해 보자. 앞에는 음식을 만드는 각종 재료가 수북하게 쌓여 있다. 훈련생들은 앞에 쌓여 있는 재료 가운데 좋은 것을 스스로 선택하고 음식을 만드는 조리실로 하나둘씩 들어갔다. 그다음 기다리던 한 사람이 앞에 놓인 재료 바구니에서 각종 재료를 신중하게 선택했다. 이 과정을 지켜보던 선생님이 이상한 것을 발견하고 한마디 던졌다. "훈련생은 왜 안 좋은 재료만을 고르나요?" 이때 훈련생이 말한다. "다른 사람을 배려한 거예요, 선선님!" 짧은 비유에서 무엇이 깨달아지는가. 이 사람이 만들어낸 요리는 과연 신선하고 맛이 있을까.

　잘못 선택한 삶은 최선을 다하고 열심히 살지만 좋은 결과를 얻지 못한다. 사람들은 각기 자신이 선택한 삶을 살기에 지금의 내 모습은 그동안 내가 선택하며 살아온 삶의 결과물이다. 다른 사람을 배려한다는 생각에 가장 형편없는 재료만 고른다면 다른 사람들이 훌륭한 요리를 만들어 낼 때 자신은 가장 형편없는 요리를 만들어 낼 것이다. 다른 사람을 '배려'하는 삶은 자신의 삶을 망가뜨리며 다른 사람만을 위하여 사는 것이 아니다. 다른 사람을 '배려'하는 만큼 자신의 삶에도 '배려'를 적용하며 살아야 한다. 나를 위한 '배려', 이 말이 우리 모두에게 생소하다. 하지만 생소하다고 중요하지 않은 것은 아니다. '배려'에 대한 잘못된 지식이 내가 선택하며 살아야 할 영역에서 대부분 강력한 힘을 발휘했다.

　그렇게 후퇴한 세월이 얼마인가. 인생용 사용설명서 없이 살아온 한 많은 반만년의 역사. 복음이 들어와 백삼십 년이 흘렀으나 인생용 사용설명서는 깊은 서랍 속에서 여전히 힘을 잃고 있다. 사용설명서는 제품을 만든 사람만이 기록할 수 있다. 하나님은 인간을 창조하셨기 때문에 가장 정확한 사용법을 알고 계신다. 인생용 사용설명서는 성경 말씀이다. 이 책은 하나님께서 주신 사용설명서를 숙지하고 삶 속에서 잘못된 우리의 지식을 다시 갈아엎도록 도울 것이며 새로운 방향을 제시할 것이다. 선택하고 적용하는 것은 나의 몫이다. 남은 인생이라도 탁월한 선택의 몫을 챙기시기를 축복한다.

차례

들어가는 글

01 위임받은 복 | 11
사람 사용설명서 | 주인공은 바로 나 | 위임 명령 | 잘못 적용한 위임의 복 | 정복의 적용 | 외면당하는 정복 | 자신도 정복의 대상

02 선택의 중요성 | 37
잘못된 선택 | 하나님의 언약 | 세상에 가득한 죄 | 다시 살리시는 하나님의 은혜

03 인생의 벧엘 | 59
문제의 근원 네 가지 | 야곱의 벧엘 | 편애가 불러일으킨 불행 | 없어도 될 문제 | 탁월한 인생 기획자 | 영적 장자가 받는 복 | 영적 분기점 | 영적 갱신

04 그저 감사할 뿐 | 85
하나님의 계획 | 하나님의 계획에 대한 목적 | 단계적 민족 만들기 | 형통하게 하시는 하나님 | 하나님의 때 | 하나님의 도구, 모세

05 악한 생각의 위력 | 103
생각을 타고 들어오는 어둠 | 가정 안에서 학습된 분노 | 학습된 분노의 위력 | 은혜를 모르는 사람을 향한 분노 | 피해를 입은 사람을 향한 분노 | 자신의 실수나 잘못을 보게 될 때마다 느끼는 분노 | 적수를 향한 분노 | 생각 관리 | 영적 전쟁 | 틈을 주지 마라 | 근원에서 치료하라

06 실격당해 후퇴하는 인생들 | 127
인생은 단체전이다 | 지피지기 백전불태(知彼知己柏田不殆) | 실패한 인생 | 세월이 지나도 변하지 않는 삶

07 균형 잡힌 튜닝 | 147
새로운 삶을 위해 | 가나안 땅 정복 | 여호수아의 고별 설교 | 불균형을 이룬 삶 | 영적 과도기 | 불균형적인 삶의 결과물 | 가나안 신세대의 문제 | 영적 건물의 기초

08 복의 가치 기준 | 167
가치관의 중요성 | 시험이 오는 이유 | 복에 대한 야삽의 가치관 | 새로운 가치 기준 | 새로운 삶의 유턴 | 형통한 사람

09 기도의 방법 | 189
자신을 점검 | 단계적인 기도의 적용 | 기도 응답의 때

10 신앙과 삶 | 207
인생은 여행이다 | 가장 귀한 보배 | 사도들의 고민거리 | 믿음의 분기점 | 나를 깨뜨리는 고통 | 행함 없는 죽은 믿음 | 가장 가까운 이웃은 가정

11 남편의 본분 | 229
하나님이 세우신 가정 | 첫째, 남편은 부모를 떠나야 한다 | 둘째, 남편은 아내를 사랑하라 | 셋째, 남편은 아내를 괴롭게 하지 말라 | 넷째, 남편은 아내에 대한 의무를 다하라

12 아내의 본분 | 247
첫째, 배필(짝)로서 남편을 도우라 | 둘째, 필리아적인 사랑으로 남편을 도우라 | 셋째, 좋은 인품으로 검소하게 남편을 도우라 | 넷째, 남편에 대하여 의무를 다하라

13 부모의 본분 | 267
부모의 역할 | 첫째, 성숙함으로 양육하라 | 둘째, 주의 교훈과 훈계로 양육하라 | 셋째, 필리아적인 사랑으로 양육하라

14 자녀의 본분 | 287
첫째, 순종함으로 공경하라 | 둘째, 자기 인생을 준비함으로 공경하라 | 셋째, 보답함으로 공경하라

하나님이 그들에게 복을 주시며 그들에게 이르시되
생육하고 번성하여 땅에 충만하라 땅을 정복하라 바다의 고기와 공중의 새와
땅에 움직이는 모든 생물을 다스리라 하시니라.

창세기 1:28

01

위임받은 복

위임의 복을 통하여 주시는 복은 하나님이 모든 인간에게 주시는 복된 선물이다. 이 선물을 받아 누리는 것은 우리의 탁월한 선택에 달려 있다. 그러므로 나태하거나 게으르지 말고 성실하게 삶을 가꾸며 살아야 한다. 정원을 가꾸듯 가정을 가꾸고, 개인의 삶을 가꾸고, 인생을 가꾸어야 한다. 세상 것은 다 필요 없다고 말하지 마라. 세상은 충만하게 살면서 정복하고 다스려야 할 영역이다. 당당하게 밟아가며 정복하고 성실하게 경영하고 관리하라. 믿음의 사람인 당신의 삶의 영역이 새롭게 달라질 것이다.

사람 사용설명서

사람은 육신에 영혼을 담고 있어 육적인 삶과 영적인 삶을 동시에 추구하며 산다. 육적인 삶과 영적인 삶은 불가분리의 관계여서 육신의 삶에 문제가 생기면 영적인 문제가 오고, 영혼의 삶에 문제가 생기면 육적인 문제가 따라온다. 특히 영적인 영역을 점검하는 계량기가 육신의 삶이기에 육신의 삶을 쉼 없이 점검해야 건강한 그리스도인이 될 수 있다.

피폐한 삶을 사는 사람이 신앙생활을 건강하게 할 수는 없다. 나는 많은 사람을 만나 상담하면서 육신의 삶에 문제가 많은 사람은 영적으로도 건강하지 못하다는 공통점을 발견했다. 성도들의 영적인 삶을 바로 세워나가기 위해 육신의 삶을 어떻게 안내해 주어야 할지를 고민하다가 문득 한 단어가 떠올랐다. 바로 '사용설명서'다.

어떤 제품을 구입하면 반드시 사용설명서가 따라 온다. 사용설명서에는 제품에 대한 기능과 사용 방법 등이 친절하게 설명되어 있다. 지혜로운 사람은 사용설명서를 꼼꼼하게 읽고 기기를 사용한다. 설명서를 숙지하지 않고 자기 맘대로 사용한다면 제품에 큰 문제가 생기거나 망가뜨릴 수 있다. 사람 또한 마찬가지다. 하나님의 천지창조의 백미는 사람이다. 하나님은 사람을 창조하시기 전에 사람에게 필요한 모든 환경을 먼저 조성하시고 그 후에 환경을 다스릴 사람을 창조하셨다. 그리고 그들에게 친절하게 사용법을 설명해 주셨다. 사람이 하나님의 손에 창조되었으니 창조주 하나님만이 사람에 대한 사용설명서를 작성하실 수 있다. 오직 그것만이 사람을 바른길로 인도한다.

또 어려서부터 성경을 알았나니 성경은 능히 너로 하여금 그리스도 예수 안에 있는 믿음으로 말미암아 구원에 이르는 지혜가 있게 하느니라 모든 성경은 하나님의 감동으로 된 것으로 교훈과 책망과 바르게 함과 의로 교육하기에 유익하니 이는 하나님의 사람으로 온전하게 하며 모든 선한 일을 행할 능력을 갖추게 하려 함이라. 딤후 3:15-17

성경은 하나님의 감동으로 기록된 책이다. 성경에 기록된 말씀은 곧 하나님이시며 하나님은 곧 말씀이시다. 성경 말씀은 구원에 이르는 지혜가 있게 하고, 하나님의 사람으로 온전하게 하며, 모든 선한 일을 행할 능력을 갖추게 하기 위한 인생 사용설명서다. 그러므로 영혼과 육신의 삶에 대한 말씀을 균형 있게 공급받아야 영생뿐만 아니라 행복하고 건강한 삶이 주어진다.

세상을 살아가는 우리에게는 영적인 복과 육적인 복의 두 날개가 필요하다. 두 날개가 균형을 이루면 행복하고 만족한 삶을 누리며 살게 된다. 하지만 두 날개의 크기가 불균형을 이룬다면 비상하지 못하고, 비상할지라도 곧바로 추락한다. 그러므로 인생 사용설명서를 제대로 숙지해야 이전의 삶과는 다른 삶을 살게 될 것이다.

이 땅에서 육적인 삶을 반드시 가치 있게 살아야 하는 이유가 있다. 영적 삶의 기초가 육적 삶이기 때문이다. 육적 삶이 온전하지 못하면 영적 삶은 자꾸 무너져 실족하기 쉽다. 그래서 하나님의 자녀들은 신중하게 육적인 삶을 점검하고 성실하게 살아가야 한다. 문제를 발생시키지 않고 살 수 있다면 가장 현명하겠지만, 문제가 발생했다면 반드시 빨리 해결하는 것이 무엇보다 중요하다. 그러나 모든 문제를 '하나님의 뜻이야'라고 치부하면서 체념하고 살고 있다면 세상 사람들이 생각하는 운명론보다 더 위험한 것이다.

하나님이 사람을 창조하신 후 사람 스스로 해야 할 영역을 위임하고 명령하셨다. 이때부터 최초의 사람은 사용설명서에 따라 삶을 적용하며 살았어야 했다. 그런데 그들은 적용에 실패하고 말았다. 그들이 마신 쓰디쓴 실패의 잔은 여전히 우리 손에도 들려 있다. 바로 하나님이 다 알아서 해주신다는 잘못된 신앙이다. 우리가 지금까지 습관처럼 해오던 많은 말 중에 이런 말들이 있다.

"기도만 하면 만사형통이다."

"예수만 믿으면 다 해결 된다."

"믿음만 있으면 모든 것을 할 수 있다."

물론 기도만 해도 이루어지는 일들이 있다. 그리고 예수를 믿으면 해결되는 일들도, 믿음으로 해결받는 것들도 있다. 이렇게 해결받은 것이 있다면 분명 위임 받지 않은 영역이었을 것이다. 이러한 문제는 하나님께 매달려 해결받아야 한다. 내가 할 수 없는 일이기 때문이다. 그러나 오랜 세월이 지나는 동안 아직 해결받지 못한 문제들이 남아 있다면 사용설명서 없이 살았거나, 있어도 적용하지 못하고 살아온 삶의 결과물이 아닌지 점검할 필요가 있다.

주인공은 바로 나

여호와 하나님이 흙으로 각종 들짐승과 공중의 각종 새를 지으시고 아담이 무엇이라고 부르나 보시려고 그것들을 그에게로 이끌어 가시니 아담이 각 생물을 부르는 것이 곧 그 이름이 되었더라. 창 2:19

태초에 하나님이 천지를 창조하셨다. 첫째 날에는 빛을 창조하셨고, 빛과 어둠을 나누셨다. 그리고 빛을 낮이라 칭하시고 어둠을 밤이라 칭하셨다. 둘째 날에는 물 가운데에 궁창, 즉 하늘을 만드셨다. 그리고 궁창 위의 물과 궁창 아래의 물로 나뉘게 하셨다. 셋째 날에는 물이 한곳으로 모이게 하시고 뭍이 드러나게 하셨다. 모인 물을 바다라 부르시고 뭍을 땅이라 부르셨다. 그리고 땅에 풀과 씨 맺는 채소와 각기 종류대로 씨 가진 열매 맺는 나무를 내라 하시니 그대로 되었다. 넷째 날에는 하늘의 궁창에 광명체들을 지으시고 낮과 밤을 나뉘게 하셨다. 그것들로 징조와 계절과 날과 해를 이루게 하셨다. 다섯째 날에는 궁창에 새를 만드시고 큰 바다 짐승들과 물에서 번성하여 움직이는 모든 생물을 그 종류대로 날개 있는 모든 새를 그 종류대로 만드셨다. 여섯째 날에는 생물을 그 종류대로, 가축과 기는 것과 땅의 짐승을 종류대로 만드셨다.

이것이 누릴 사람을 위하여 이루어 놓으신 하나님의 천지 창조의 대략이다. 하나님의 광대한 천지 창조의 사역은 이루 말할 수 없이 경이로웠다. 하나님은 크고 놀라우셔서 우리가 감히 측량할 수조차 없는 분이시다. 더욱이 나를 모든 피조물 가운데 주인공 되게 하셨으니 그저 감탄할 수밖에 없다.

하나님이 모든 생물을 이끌어 오셔서 아담이 무엇이라고 부르나 지켜보셨다. 아담은 지체하지 않고 탁월한 통찰력으로 각각 특징에 맞는 이름을 부르기 시작했다. 새들을 보면서 봉황, 타조, 참새, 독수리, 짐승을 바라보면서 사자, 호랑이, 여우 등, 그렇게 하나님이 지으신 모든 피조물의 이름이 아담으로 인하여 결정되었다. 하나님이 새를 창조하실 때에는 각기 모양이 다르고 색깔이 다르고 기능이 다른 새를 창조하셨다. 짐승을 창조하실 때에도, 풀과 채소와 나무들도 마찬가지였다. 그러나 유일하게 사람은 아담뿐이 없다. 대화를 할 상대가 없어서 아담은 짐승을 반려동물로 생각했을 것이다. 그러나 동물과는 공감대가 형성되지 않았다. 어느 순간 허전함과 외로움, 텅 빈 마음이 아담을 외로움 속으로 밀어 넣었다. 이때 하나님이 아담의 모습을 보시고 홀로 외로이 있는 아담이 좋아 보이지 않으심을 독백하셨다.

> 여호와 하나님이 이르시되 사람이 혼자 사는 것이 좋지 아니하니 내가 그를 위하여 돕는 배필을 지으리라 하시니라. 창 2:18

하나님 보시기에 아담이 혼자 있는 모습은 처량하고 안쓰럽다. 아담 자신도 특별히 할 일 없이 무료하게 시간을 보내는 일이 힘들었다. 혼자 사는 아담도 힘들고 혼자 사는 주인공 아담을 바라보는 하나님도 보시기에 좋지 않으셨다. 그래서 하나님은 아담의 고독을 해결하시기 위해 배필을 주시기로 작정하셨다.

하나님은 아담을 깊이 잠들게 하시고 그의 갈빗대 하나를 취해 여자를 만드셨다. 그리고 그 여자의 손을 이끌고 아담에게로 데리고 오셨다. 이 여자를 본 아담은 "이는 내 뼈 중의 뼈요 살 중의 살이라"라며 감탄했다. 이는 '당신이 곧 나요. 내가 곧 당신입니다.'

'당신과 나는 하나입니다'라고 고백하는 것이었다. 인류 최초의 가정은 이렇게 시작되었다.

> 이러므로 남자는 부모를 떠나 그의 아내와 합하여 둘이 한 몸을 이룰지로다. 창 2:24

남자는 부모를 떠나 여자와 한 몸을 이룰 때 완전해진다. 아담은 하나님의 형상대로 지음을 받았기 때문에 지·정·의를 소유한 자다. 짐승들의 이름을 지어주면서 자기 분신을 발견하지 못했을 때 아담의 공허함은 이루 말할 수 없었을 것이다. 그런데 이제는 하와 덕분에 말할 수 없이 행복하다. 여자 없이 남자는 행복할 수가 없다. 이것이 창조 원리다. 남자가 자기 분신을 찾아서 한 몸을 이루는 것이 가정의 시작이다. 하나님은 가정의 시작과 함께 그들에게 복을 주시며 위임을 선포하셨다. 이것은 사람이 마땅히 해야 할 일들이고 개인의 삶과 가정 안에서 스스로 적용하며 살아야 하는 것들이다. 그러므로 가정 안에서는 위임의 복을 적용하며 살아야 행복하고 즐거운 삶이 전개된다

위임 명령

하나님이 그들에게 복을 주시며 하나님이 그들에게 이르시되 생

육하고 번성하여 땅에 충만하라, 땅을 정복하라, 바다의 물고기와 하늘의 새와 땅에 움직이는 모든 생물을 다스리라 하시니라.

창 1:28

위임받은 복은 하나님이 최초의 사람 아담과 하와에게 내리신 명령으로 신자와 불신자를 막론하고 모든 사람에게 주어진 복이다. 이 명령으로 복에 대한 순종과 불순종의 선택권이 사람에게 위임되었다. 그러므로 위임받은 복에 대한 선택권은 절대적으로 나에게 달려 있다. 이 복을 선택하고 삶에 어떻게 적용하느냐에 따라 모든 사람의 인생은 달라진다.

첫째, 생육하고 번성하여 땅에 충만하라.

하나님이 위임하신 첫 번째는 '생육하고 번성하고 땅에 충만한 복'이다. 이 복은 많은 인구로 땅을 채우라는 명령이다. 하나님이 사람을 창조하시기 전 땅 위에 수없이 많은 생물을 미리 창조해 놓으셨다. 하늘, 땅, 바다도 생물들로 가득했다. 넓은 땅에 생물들은 충만한데 사람은 아담과 하와뿐이었다. 그래서 사람을 땅에 채워야 하는 숙제가 아담에게 주어진 것이다.

생육하고 번성하고 충만한 복이 이루어지려면 남자와 여자가 한 몸을 이루는 가정이 필요했다. 결혼제도를 만드신 것은 하나님이 주신 첫 번째 복을 성취하시기 위한 준비과정이셨다. 남자와 여자가 한 몸을 이루는 것은 사람이 가장 기본적으로 누릴 수 있는 복이며 사람을 가장 행복하게 하는 요인이다.

'생육'은 태어나고 자라게 하는 능력이다. 남자와 여자가 하나 되지 않으면 생육할 수 없다. 그러므로 하나가 되기 위해 선행될 것은 '사랑하는 마음'이다. 사랑하는 마음이 없이 생육하고 번성하고 충만하다면 짐승과 다를 바 없다. 사람은 마음이 없으면 몸도 움직이지 않는다. 그러므로 생육하기에 앞서 가장 중요한 요인은 사랑하는 마음이다.

하나님은 사랑이시며 우리가 하나님의 형상대로 지음을 받았으니 우리 안에도 사랑할 수 있는 마음이 있다. 부부는 가장 먼저 생육하고 번성하며 땅에 충만하기 위해 사랑하는 마음으로 연합해야 한다. 무엇보다 가정은 사랑하는 마음으로 출발해야 건강하다. 만일 서로 사랑하는 마음으로 한 몸을 이루지 않는다면 충만한 일은 일어나지 않을 것이다.

잘못 적용한 위임의 복

위임하신 복을 잘못 적용하면 재앙이 될 수도 있다. 정부에서 산아제한을 하거나 장려하는 것은 국가의 정책이며 선택이다. 그리고 개인적으로 결혼과 출산에 대하여 결정짓는 것 또한 자신의 선택이다. 그러므로 선택에 대한 대가도 당연히 자신이 받게 되는 것이다. 사랑하는 마음으로 남자와 여자가 하나가 되기를 선택하면 그 열매로 자녀가 태어난다. 이 열매는 수고의 대가를 통해 양육되며 반드시 희생과 헌신이 따라야 한다. 그러나 이 시대 젊은이들은 희생하는 삶을 부담스러워한다. 그래서 결혼과 출산을 미루거나 포기한다. 이러한 선택은 반드시 그에 따른 문제를 발생시킨다.

현재 우리나라는 인구가 줄어드는 추세다. 인구 감소로 인해 정부도 고민이 이만저만이 아니다. 바로 '삼포 세대'가 출현했기 때문이다. 요즘 청년들 사이에 '삼포 세대,' '오포 세대'라는 말이 유행처럼 번지고 있다. 불안정한 일자리, 학자금 대출상환, 기약 없는 취업준비, 치솟은 집값 등 과도한 삶의 비용으로 인해 연애도, 결혼도, 출산도 포기하거나 기약 없이 미루는 세대를 '삼포 세대'라 칭한다. 삼포 세대의 출현은 전통 가족 형성의 공식이 무너지고 있다는 것을 의미한다. 오포 세대는 생활고 때문에 연애, 결혼, 출산과 더불어 인간관계, 주택 구입까지 포기한 세대라는 신조어다. 이로 인하여 학교에 입학하는 학생들은 점점 줄어들고 초등학교는 하나둘씩 폐쇄되어 가고 있다. 그리고 아이들로 북적이던 교실은 싸늘하다. 이것이 요즘 세대들이 선택한 결과물이다.

하나님은 생육하고 번성하고 충만하라고 명령하셨다. 이 명령은 하나님을 위한 것이 아니라 사람을 위한 것이다. 하나님 말씀대로 적용하며 살면 사람에게 복이 된다. 가정은 사랑하고 즐기기만 하는 곳이 아니다. 하나님이 주신 위임 명령을 적용하며 사는 것은 반드시 희생과 헌신을 요구한다. 사람이 자녀를 출산하면 상당한 대가가 따라온다. 양육뿐만 아니라 자녀로 인한 문제가 발생할 때마다 해결하고 뒷바라지하며 살아야 하기 때문이다. 우리 부모 세대들은 가난 속에서도 자신을 희생하며 살았다. 그래서 생육하고 번성하고 충만할 수 있었다.

자녀를 출산하면 가장 먼저 얻는 것이 행복이다. 이 행복은 이루 말로 다 표현할 수 없다. 자녀를 양육하며 뒷바라지하는 수고보다 자녀를 통하여 얻는 행복이 더욱 크다. 하나를 잃고 하나를 얻기만 해도 손해는 없다. 그런데 하나를 잃는 대신 더욱 많은 것을 얻게 되는 것이 출산이다. 자녀들이 자라는 동안 부모는 자녀를 바라보면서 많은 행복을 얻게 된다. 그리고 나름대로 북적임 속에서 사람 사는 재미가 있고 적어도 고독하지는 않다. 비록 자녀들이 부모의 마음을 아프게 할지라도 자녀로부터 얻는 행복은 그 아픔을 삭감하고도 남을 만큼 충분히 행복하다. 이것이 위임의 복을 적용하며 산 결과물이다.

그런데 이 시대의 청년들은 연애와 결혼을 포기하며 혼자 살기를 원한다. 그리고 결혼 후에도 자녀 두기를 거부한다. 분명 이유는 있다. 경제적인 이유 때문이거나 자신의 인생을 즐기고 싶어서일 것이다. 이러한 생각은 자신을 희생과 헌신에 내어주지 않겠다는 각오이며 하나님이 명령하신 첫 번째 위임의 복을 거부하는 어리석은 행동이다. 얼마 지나지 않아 이 결과는 선택한 사람에게 불행을 가져올 것이다. 이것이 곧 자신의 삶에 재앙이 아니고 무엇인가.

사람은 적당한 희생과 땀 흘림이 필요하다. 이것이 사람에게 건강한 삶을 가져다준다. 아담을 에덴동산에 두실 때 하나님은 땅을 경작하도록 명령하셨다. 이것이 보람이다. 누군가를 위하여 희생하며 헌신하는 삶이 사람을 건강하게 한다. 그리고 하나님의 뜻이기도 하다. 연애나 결혼을 기피 하지 말고 출산도 기피 하지 마라. 하나님이 주신 위임의 복이 우리에게 재앙이 아니라 복임을 반드시 깨닫게 될 것이다.

하나님이 혼자 있는 아담을 보실 때 독처하는 것이 좋지 않아 보이셨다. 그래서 여자를 주신 것이다. 사람은 서로 어우러져 살 때 행복하고, 그로 말미암아 생육하고 번성하고 땅에 충만한 은혜도 임한다. 가정이 이 역할을 하는 공간이다. 우리는 하나님이 주신 첫 번째 위임의 복을 누리며 살아야 한다.

이 시대의 청년들은 경제적인 이유로 연애도 안하고, 결혼도 기피한다. 그러나 사는 것이 힘들고 여유롭지 않아도 연애도 하고 결혼도 했으면 좋겠다. 그래서 하나님이 주신 위임의 복을 흠뻑 누리며 생육하고 번성하고 땅에 충만한 복을 받기를 축복한다. 그것은 하나님의 말씀에 순종하는 것이며 내가 행복해지는 것이다.

둘째, 땅을 정복하라.

두 번째 위임의 복은 '땅을 정복하는 것'이다. '땅'은 '인생' 또는 '삶'을 의미하고, '정복'은 '지속적으로 밟아 간다'는 의미로 삶에서 접하는 모든 것에 대해 '지식으로 알아감'을 말한다. 땅을 정복하라는 명령에는 삶 속에서 내가 살아가는 모든 영역을 지식으로 확보하라는 놀라운 뜻이 들어 있다. 하늘, 땅, 바다의 영역에 하나님이 창조해 놓으신 모든 피조물은 사람이 정복하고 지식으로 확보해야 할 영역들이다. 우리가 정복해야 할 영역은 그뿐만이 아니라 가정의 영역, 사람들과의 관계의 영역, 경제적 활동의 영역, 건강관리의 영역, 심지어는 영적인 영역들과 기타 영역까지도 포함한다.

하나님은 흙으로 각종 들짐승과 공중의 각종 새를 지으시고 아담이 무엇이라고 부르나 보시려고 그에게로 이끌어 오셨다. 아담은 절묘하게 그것들의 특징을 읽어냈다. 이것이 최초의 사람 아담이 정복하여 이루어낸 것이다. 아담은 예리한 통찰력으로 하나님이 이끌어 오신 것들에게 각각 특징에 맞도록 이름을 붙여 주었다. 이렇게 아담이 각종 생물을 정복한 것처럼 하나님의 형상대로 지으심을 받은 우리가 정복해야 할 영역은 땅 위의 모든 것들이다.

태초에 땅 위에는 사람보다 더 큰 생물들이 가득 차 있었다. 숨을 쉬며 움직일 수 있는 생물들은 대부분 사람에게 위험요인이다. 게다가 가옥구조 또한 지금과 같지 않다. 언제라도 생물들에게 공격당할 수 있는 위험에 노출되어 있었다. 걸어 다니는 생물 중에 사람보다 힘이 세고 사나운 것들이 훨씬 많았으니 말이다. 때로는 날아다니는 독수리의 공격을 받을 수도 있다. 큰 물고기가 있는 바다에서 물놀이를 하는 것은 더욱 위험천만한 일이다. 땅에 있다고 다 먹을 수 있는 것도 아니다. 독이 들어있는 것들을 구분하지 못하면 잘못 먹고 죽을 수도 있다. 사람이 땅을 정복해야 하는 영역은 대단히 광범위하고 다양한 영역이다. 이것은 피나는 노력을 요구하는 것이다.

정복의 적용

아담은 최초의 사람이다. 홀로 외로웠던 아담은 하와를 보는 순간 뇌신경에서 도파민이 과다 분출했다. 그리고 말로 형용할 수 없는 환각 상태의 행복과 기쁨이 넘쳐흘렀다. 그저 대 감동이다. 자신의 분신을 만난 기쁨에 정복은커녕 "이는 내 뼈 중의 뼈요 내 살 중의 살이로다"라며 감탄사를 성급하게 외치고 말았다. 그리고 두 사람은 한 몸이 되었다. 그러나 도파민을 분출시킨 환상은 점점 줄어들고 치열한 삶의 실전이 시작되었다. 이제부터 남자는 여자를, 여자는 남자를 가장 가까이에서 정복하며 하나님에게서 위임받은 복을 적용해야 할 때가 왔다. 그런데 두 사람은 실전에 들어간 후에도 정복할 생각을 하지 않는다. 서로가 자기 사람이 되었다고 긴장을 풀었던 탓일까.

어느덧 세월이 흘러가고 서로가 어떤 사람인지 어렴풋이 정복할 때쯤 되면 이미 갈기갈기 찢기어진 상처에 품고 사랑할 힘도 남아 있지 않다. 그렇게 수십 년 동안 아내인 여자는 남자에 대해 무지하고, 남편인 남자는 여자에 대해 무지하게 산다. 그래서 행복으로 시작했다가 불행으로 인생의 끝을 맺게 되는 것이다. 이런 결과는 하나님께 받은 위임의 복을 염두에 두지 않고 살았기 때문이다.

결혼하면 모든 것이 실망스러워진다. 이것이 당연하다는 것을 알고 결혼생활을 시작하는 사람이 현명하다. 멀리서 바라본 장미꽃은 아름답지만, 향기를 맡기 위해 가까이 다가가면 진한 향기 속에 진드기가 내려앉아 있음을 보게 된다. 이때 대부분의 사람들은 힘차게 밀쳐내면서 실망을 토해 낸다. 이런 실망은 아름다움 속에도 진드기 같은 것들이 내재하고 있음을 생각하지 않은 사람들의 반응이다. 사람의 참모습은 선하지 않다. 이것을 알고 결혼생활을 시작해야 한다. 그리고 이후부터 본격적으로 다시 정복을 시작하며 위임받은 복을 적용해야 한다. 이것이 정복의 묘미다. 만약 그렇지 않다면 평생 불행의 늪에서 헤어 나오지 못할 것이다.

살아가는 동안 사람과의 관계성뿐만 아니라 삶 또한 반드시 우리가 정복해야 할 땅이다. '정복'에 대한 하나님의 명령을 소홀히 여기지 않고 정복의 영역을 넓혀간다면 누릴 수 있는 환경은 더욱 기름지게 될 것이다. 정복은 수고의 땀을 흘린 만큼만 나에게 좋은 열매로 다시 되돌려 주기 때문이다. 하나님이 우리에게 주신 위임의 복은 우리의 행복을 위한 것이다. 그러므로 말씀에 순종하고 적극적으로 삶에 적용해야 한다.

외면당하는 정복

믿음의 사람들은 땅을 정복하려 하지 않는다. 이는 땅을 정복하려는 것이 인간적이라 생각하기 때문이다. 모든 것을 하나님께 물어보고 행하라고 가르치는 사람들도 있다. 때로는 하나님께 물어야 하는 것들도 있다. 하지만 삶을 살아가는 동안 우리 스스로 결정하고 살아야 하는 것들이 더 많다. 우리는 매번 식사 때마다 하나님께 묻고 메뉴를 결정하지 않는다. 하루의 삶을 사는 동안 하나님께 물어보고 시간을 쪼개어 쓰지도 않는다. 매 순간 출입을 주님께 물어보지도 않는다. 그리고 우리의 계획과 의지대로 살아간다. 그런데도 하나님은 일일이 간섭하지 않으신다. 이유는 우리에게 위임하셨기 때문이다. 그러므로 내가 얼마큼 정복하느냐에 따라 차지하게 될 땅의 분량은 달라질 수밖에 없다.

우리가 하는 기도 가운데 하나님의 나라와 의를 위한 기도보다 문제를 해결받고 복을 받기 위한 기도가 대부분이다. 하나님의 나라를 위하여 몸부림쳤다면 작금의 교회들은 굉장히 건강한 모습을 소유했을 것이다. 그런데 기도만 하면 다 된다고 생각했다. 목사님을 잘 섬기면 복 받을 거라 믿었고, 열심히 헌신하면 자녀들을 책임져 주시리라 생각했다. 틀린 말은 아니지만 고민할 필요성이 있다. 내가 해야 할 일인 정복에 대한 적용을 소홀히 하면 간단하게 해결될 수 있는 문제를 오랫동안 방치하게 된다. 그래서 없어도 될 고난의 삶이 지속될 수밖에 없다. 삶을 소홀히 여기고 영적인 날개만 관리하다 보면 육적인 날개가 퇴화해 보이지도 않는다. 이런 상태로 날아오르니 추락을 반복할 수밖에 없는 것이다.

그리스도인보다 불신자들이 더 형통한 이유는 무엇일까. 믿는 사람들은 하나님께 쉼 없이 부르짖어 기도한다. 그런데 불신자들보다 더 나을 것이 없다. 여기서 그리스도인들은 잠시 멈추고 이유가 무엇인지 묵상해야 할 필요가 있다. 하나님은 세상 모든 사람에게 위임 명령을 내리셨다. 불신자들은 이 복을 믿음의 사람들보다 훨씬 잘 적용하며 산다. 그러나 그리스도인은 이것을 세상적인 것으로 치부해 버린다. 정복은 하지 않고 하나님만 의지하며 그저 도와 달라고 기도만 한다. 그래서 교회들은 쌓여 있는 문제 때문에 기도하는 사람들로 북적인다. 그리스도인은 이때 하나님의 음성을 들어야 한다. "땅을 정복하라."

> 어떤 이는 말하되 나는 바울에게라 하고 다른 이는 나는 아볼로에게라 하니 너희가 육의 사람이 아니리요 그런즉 아볼로는 무엇이며 바울은 무엇이냐 그들은 주께서 각각 주신 대로 너희로 하여금 믿게 한 사역자들이니라 나는 심었고 아볼로는 물을 주었으되 오직 하나님은 자라나게 하셨나니 그런즉 심는 이나 물 주는 이는 아무것도 아니로되 오직 자라게 하시는 이는 하나님뿐이니라. 고전 3:4-7

심는 것과 물주는 것은 반드시 사람이 해야 한다. 이는 기도할 일이 아니다. 그러나 하나님이 하시는 영역은 내가 할 수 없는 자라나게 하시는 영역이다. 그러므로 우리가 기도해야 하는 영역은 반드시 하나님만이 하실 수 있는 영역이어야 한다. 이것은 우리가 아무리 노력해도 안 되는 것이기 때문이다. 기도는 우리가 할 수 없는 영역을 하나님께 맡기는 것임을 절대 잊어선 안 된다.

그리스도인 가운데 자신이 족히 할 수 있는 영역을 위하여 수년간 아니 신앙생활 하는 동안 내내 부르짖는 기도만 하는 이들이 있다. 너무나 안타깝다. 가정을 돌보지 않고 교회 안에서 살다시피 하는 이들도 있다. 그리고 '하나님은 자녀를 책임져 주실 줄 믿습니다.'라고 기도만 한다. 또한 배우자의 구원을 위하여 오랜 세월 기도하지만 예수 그리스도를 믿는 자로서 감동을 주지도 못한다. 그래서 엄마와 아내가, 또는 아빠와 남편이 믿는 예수 그리스도를 믿으려 하지 않는다. 안타깝지 않은가. 교회 안에 온 가족이 나와서 예배드리는 가정이 많지 않다. 그들의 믿음이 부족해서가 아니라 믿는 자로서의 삶을 살지 않았기 때문이다. 정복해서 내가 해야 할 일을 해야 했지만 그렇게 하지 못한 신앙인들이 너무 많다. 그리고 이것을 나의 십자가라고 위안 삼고 간다. 이것이 지금까지 가르쳐온 교회의 결과물이다.

역설적이게도 세상 사람들은 오히려 정복하는 일을 더 잘 적용해서 복을 받고 산다. 이것이 일반적인 복이다. 일반적인 복은 신자와 불신자를 막론하고 정복한 만큼 누리는 것이다. 이를 교회는 육신적이거나 세상적인 것이라고 가르쳤다. 그래서 적당히 사는 것이 은혜롭다는 생각을 각인시켰다. 그러므로 교회는 반복적인 문제와 오랫동안 해결받지 못한 문제로 날마다 울부짖으며 부르짖어야 했다. 그의 나라와 의를 구하기엔 너무 많은 문제가 앞을 가리고 있다. 사람들은 이런 기도를 보면서 기도의 불이 꺼지지 않은 충만한 교회와 성도들이라고 말한다. 나는 밤마다 기도하면서 문제 때문에 오랜 세월 동안 피폐해진 성도들과 많은 상담을 하고 있다. 문제의 원인은 자신이 해야 할 일들을 하지 않은 것이 대부분이었다. 너무 오랫동안 방치되었기에 어디에서부터 손을 대야 할지 막막하기만 하다. 아니 이제는 손을 쓸 수도 없을 만큼 커져 버린 문제가 되어 있다. 너무나 안타까울 뿐이다.

자신도 정복의 대상

이르시되 가서 네 남편을 불러 오라 여자가 대답하여 이르되 나는 남편이 없나이다 예수께서 이르시되 네가 남편이 없다 하는 말이 옳도다 너에게 남편 다섯이 있었고 지금 있는 자도 네 남편이 아니니 네 말이 참되도다. 요 4:16-18

사마리아 여인은 다섯 번 결혼했었다. 그리고 여섯 번째 남자와 살고 있지만 남편은 아니다. 인생의 실패를 거듭한 이 여인은 분명 불행한 삶을 살았을 것이다. 그러던 차에 우물가에서 예수 그리스도를 만나 영생의 복을 받았다. 그러자 여인은 물동이를 버려두고 동네로 들어가 복음을 전하기 시작했고 그로 말미암아 많은 사람들이 예수 그리스도께 나아왔다. 이 여인은 이전의 모습과 많이 달라졌다. 영적으로 소생된 것뿐만 아니라 적극적으로 복음을 전하는 자가 되었다. 나는 이 여인의 삶에 이후에 진정한 변화가 있었을지 궁금하다. 오래된 습관을 하루아침에 버리는 것이 쉬운 일이 아니기 때문이다. 그때 여섯 번째 남자와 살고 있었지만 행복한 삶을 살았을지는 알 수 없다. 복음을 잘 전한다고 성품의 변화가 거저 오는 것은 아니다.

인생을 사는 동안 결혼생활에 실패할 수 있다. 그러나 다섯 번 실패하고 여섯 번째 결혼을 생각는 이 여인의 삶은 일반적이지 않다. 결혼생활에 다섯 번씩이나 실패했다면 사별 아니면 이별이었을 것이다. 만약에 다섯 번의 헤어짐이 사별이 아니고 이별이었다면 이 여인의 삶에 대해서 묵상할 필요가 있다. 결혼했다가 이별하는 이유는 두 사람의 문제이거나 둘 중 한 사람의 문제일 수 있다. 이 여인이 다섯 번이나 결혼생활에 실패했다면 추론해 보거니와 남편들에게 버림을 받았거나 자신이 버리고 나왔을 수 있다. 그러나 2천여 년 전 시대적 상황으로 본다면 여자가 시댁이나 남편이 싫다고 쉽게 박차고 나올 수 있는 상황은 아니었을 것이다. 그렇다면 다섯 남자를 만나서 사는 동안 똑같은 실패의 결과를 초래한 이 여인에게 뭔가 버리지 못한 잘못된 문제가 있었던 것은 아닐까 추론해 본다.

예수 그리스도를 믿고 구원받았기 때문에 결혼생활이 당연히 행복해지는 것은 아니다. 만약 구원받았기 때문에 당연히 행복해진다면 그리스도인의 가정은 모두 행복이 넘쳐흘러야 한다. 그러나 예수 그리스도를 믿기 이전과 이후가 거의 다름없는 삶을 사는 우리들의 모습을 보면서 사마리아 여인의 삶을 짐작해 볼 수 있지 않을까. 분명 실패의 원인은 누구 한 사람에게만 있었던 것은 아닐 것이다. 그러나 우리가 복된 삶을 살기 원한다면 각자 자신에게 있는 실패의 원인을 발견하는 지혜가 필요하다. 실패의 원인은 두 번째 실패로 이어지기 전에 찾아야 한다. 그래야 반복되는 실패를 막을 수 있다. 이 여인이 결혼생활에 다섯 번씩이나 실패했던 것은 자신에게 있는 실패의 원인을 발견하지 못했기 때문일 수도 있다.

그러므로 우리가 정복해야 할 땅에 우리 자신도 포함시켜야 한다. 세상의 모든 영역을 정복했을지라도 자신이 어떤 사람인가를 알지 못한다면 반복적인 실패에 휘청거리는 삶을 살게 될 것이다. 나는 목회하면서 부부가 싸우고 이혼하겠다고 찾아오는 상황을 종종 만난다. 한쪽의 문제 때문에 위기를 맞은 가정도 있지만 반면에 서로의 불만 때문에 위기를 만난 가정도 있다. 이런 경우 서로의 말을 들어보면 상대방에 대한 불만을 단점과 함께 쉴 새 없이 토해낸다. 상대방을 정복한 것에 대한 말들이다. 그러나 누구도 상대방의 불만을 자신의 말로 들으려 하지 않는다. 나는 다 문제없다고만 말하니 말이다. 그러므로 자신을 볼 수가 없어 그 누구보다 자신에 대해서는 그저 생소할 뿐이다. 그래서 실패의 길로 내리 치닫는 것이다.

실패할 수밖에 없는 자신의 잘못된 요인들을 제거하지 않으면 그 요인들은 또 다른 실패를 발생시킨다. 그러므로 믿음의 사람들은 말씀의 거울에 비추어진 자신의 모습을 보면서 자신을 정복해야 한다. 자신의 말과 행동이며, 삶의 방식, 성품 등을 부지런히 알아가는 지혜가 필요하다. 이것이 자신을 정복하는 과정이다. 예수 그리스도를 만났다면 그때부터 나를 볼 수 있어야 한다. 어떤 문제이든 근본적인 원인을 해결해야 한다. 내가 정복하지 못했던 자신의 영역을 빨리 깨달아야 행복해질 수 있다. 대부분 실패하는 사람이나 불행한 사람들을 분석해 보면 그 사람 안에 실패의 요인이 있음을 발견할 수 있다. 이때 풀어진 볼트만 조이면 간단한 문제인데 영적 지도자들은 금식기도나 작정 기도를 처방한다. 그래서 사십 년 동안 광야를 맴돌았던 이스라엘 백성들처럼 지금을 살고 있는 우리도 제자리 걷기 하며 인생의 광야를 맴돌고 있는 것이다. 부정적인 요인만 제거하고 불평불만을 없애면 가나안에 빨리 들어가 누릴 수 있는데 말이다.

셋째, 바다의 물고기와 하늘의 새와 움직이는 모든 생물을 다스리라.

사전적으로 '다스리다'는 국가나 사회, 단체, 집안의 일을 보살펴 관리하고 통제하는 것을 의미한다. 즉 바다의 물고기와 하늘의 새와 움직이는 모든 생물을 '다스리라'는 명령은 자신이 정복한 영역에 대하여 '경영하고 관리하라'는 다음 단계의 명령인 것이다.

생물이 존재하고 있는 영역은 물속, 땅 위, 하늘이다. 이 영역들은 사람이 살아가는데 필요한 모든 것을 공급해 준다. 바다도 땅도 하늘도 우리 인생을 풍요롭게 하며 윤택하게 한다. 이 영역에 속한 모든 것들을 하나님은 전부 사람에게 위임하셨다. 하나님이 명령하신 것처럼 이 모든 영역을 잘 관리하고 경영한다면 노력한 만큼 나에게 좋은 결과물을 돌려줄 것이다. 하나님은 이러한 영역에 대하여 다스림의 권한을 사람에게 위임하셨다.

땅에 있는 모든 것들을 다스리기 위해서는 반드시 이미 정복해 놓은 지식을 기본에 놓고 다음 단계인 다스리는 단계로 나아가야 한다. 그래야 성실하게 경영하고 관리할 수 있는 환경이 조성된다. 하나님이 위임하신 다스림은 군림이 아니다. 군림은 파괴적이며 자기중심적이다. 그러나 하나님이 창조하신 모든 세계는 선하고 아름다우며, 다스림의 명령에는 잘 경영하고 관리하라는 선하신 뜻이 내포되어 있다.

경영하고 관리하는 것은 또 다른 능력에 속한 것이다. 인생을 살아가는 동안 다스림이 잘되지 않는다면 늘 불행하고 실패할 수밖에 없다. 아무리 많이 정복했어도 경영 능력이 없으면 정복한 지식을 제대로 사용할 수 없다. 마치 학식은 많은데 가르치는 능력이 없는 강사와 같고 꿰어지지 않은 진주와 같다. 경영하고 관리하는 것은 그만큼 중요하다. 많은 돈을 벌지만 늘 가난한 사람, 좋은 사람을 만나도 오래 못가는 사람, 자녀가 있는데도 소통이 안 되는 사람, 좋은 음식이 있는데도 늘 굶고 있는 사람, 곁에 사랑하는 사람이 있는데도 누리지 못하는 사람, 이런 사람들은 성실하게 열심히 일하지만 부유함을 누리지 못하는 사람들의 부류와 마찬 가지다. 마치 밑 빠진 독에 물 붓는 것과 같다. 이런 결과는 다스림을 삶에 적용하지 못하고 살기 때문이다. 경영하고 관리하는 것은 잠자기 전에 문단속하는 것과 같다. 많은 것을 쌓아 두고 문단속을 하지 않으면 도둑을 끌어들이게 된다. 쌓아 놓은 것에 관심을 기울이지 않고 새어나가지 않도록 잘 관리하는 것은 경영과 관리의 영역이다.

위임의 복을 통하여 주시는 복은 하나님이 모든 인간에게 주시는 복된 선물이다. 이 선물을 받아 누리는 것은 우리의 탁월한 선택에 달려 있다. 그러므로 나태하거나 게으르지 말고 성실하게 삶을 가꾸며 살아야 한다. 정원을 가꾸듯 가정을 가꾸고, 개인의 삶을 가꾸고, 인생을 가꾸어야 한다. 세상 것은 다 필요 없다고 말하지 마라. 세상은 충만하게 살면서 정복하고 다스려야 할 영역이다. 당당하게 밟아가며 정복하고 성실하게 경영하고 관리하라. 믿음의 사람인 당신의 삶의 영역이 새롭게 달라질 것이다.

믿음으로 아벨은 가인보다 더 나은 제사를 하나님께 드림으로 의로운 자라
하시는 증거를 얻었으니 하나님이 그 예물에 대하여 증거하심이라
저가 죽었으나 그 믿음으로써 오히려 말하느니라.

히브리서 11:4

02

선택의 중요성

죄가 없는 에덴에서의 삶과 범죄 한 후 세상으로 쫓겨난 삶은 극과 극이다. 모든 사람 안에 있는 죄의 본성은 죄 덩어리다. 사람과 사람이 어우러져 사는 것은 죄 덩어리와 죄 덩어리가 모여 사는 것이다. 그래서 불행하고 인생이 힘겨운 것이다. 이제부터 깨지고 상처 난 삶을 성경적 말씀의 원리를 통하여 회복해야 한다. 그러므로 우리에게 주신 사용설명서를 깊이 숙지하고 선택 적용하여 멋진 삶을 살 수 있기를 축복한다.

잘못된 선택

사람이 문제 속에서 살 수 밖에 없는 출발의 원인은 죄 때문이다. 문제된 삶을 점검하기 위해서는 반드시 죄의 근원과 그에 따르는 은혜를 알아야 한다. 최초의 사람 아담과 하와의 불순종은 '없어도 될 문제'를 발생시켰고 세상에 죄가 들어오는 통로가 되었다. 죄로 인한 대가는 사람이 해결할 수 없는 저주이고 그로 인해 발생하는 것은 많은 인생의 문제들이다.

하나님이 창조하신 세계는 선하시며 완전하고 아름다웠다. 하나님이 천지를 창조하시기 전에 타락한 천사는 세상으로 쫓겨났고, 하나님은 세상에 악이 존재하고 있음을 알고 계셨다. 타락한 천사의 범죄는 하나님처럼 되고 싶은 교만 때문이었다. 마귀는 선하게 지어진 사람에게 하나님처럼 되고 싶은 마음만 넣어준다면 얼마든지 타락시킬 수 있었다. 이 사실을 알고 계신 하나님은 피조물인 사람이 마귀의 미혹에 넘어가지 않도록 금지구역을 정하시고, 선악을 알게 하는 나무의 열매를 먹지 말라고 명령하셨다.

여호와 하나님이 그 사람을 이끌어 에덴동산에 두어 그것을 경작하며 지키게 하시고 여호와 하나님이 그 사람에게 명하여 이르시되 동산 각종 나무의 열매는 네가 임의로 먹되 선악을 알게 하는 나무의 열매는 먹지 말라 네가 먹는 날에는 반드시 죽으리라 하시니라. 창 2:16, 17

아담은 하나님이 명령하신 금지구역에 대한 강력한 말씀을 들었다. 순종과 불순종은 생사가 달린 문제이기 때문에 아담은 하나님의 말씀을 심장에 새기고 또 새겨야 했다. 어느 날 아담은 하나님이 명령하신 금지구역에 대한 말씀을 하와에게 전했다. 강력한 하나님의 말씀은 남편을 통해 아내에게 전달되었다. 아내는 남편의 입술을 통해 대언된 하나님의 말씀을 귀담아 듣고 새기며 살아야 했다.

하나님의 말씀을 들은 아담은 '악이 무엇일까?' 생각했을 것이다. 하나님은 사람을 선하게 창조하셨기 때문에 사람은 악을 알 수 없었다. 그러나 선악을 알게 하는 나무의 열매를 먹으면 반드시 죽으리라고 말씀하셨기에 아담은 그 열매에 관심을 두지 않고 경작하는 일에 즐거움을 느끼며 살았을 것이다. 아담은 에덴동산을 경작해야 하는 책임을 부여받았다. 사람이 적당하게 몸을 움직이고 활동하는 것은 건강에 이롭다. 아담은 산과 들을 다니면서 씨를 뿌리고 먹고 사는 문제를 해결해야 했다. 이것이 사람을 향한 하나님의 창조 섭리다. 할 일 없이 무료하게 시간을 보내는 것은 힘들게 일하는 것보다 고통스럽다. 사람에게 할 일이 있다는 것은 자신에 대한 발견이며 보람이다. 일할 수 있다는 것은 대단한 복이다. 그러므로 일할 수 있을 때 기쁨으로 일해야 한다. 그래야 일한 만큼 누림도 따라오는 것이다.

하와는 무료했다. 아직 자녀도 없고 의복을 입고 살지 않아 빨래 거리도 없다. 두 사람 식사 준비도 간단해서 가정 안에서 특별히 할 일이 없으니 점점 금지구역이 궁금해지기 시작했다. 하와는 무료함을 달래기 위해 동산 중앙으로 나아갔다. 자주 동산 중앙을 들락거리며 하나님이 금하신 열매에 관심이 생기기 시작했다. 선악을 알게 하는 나무의 열매는 하와의 호기심을 자극했다. 열매를 보기 전에는 마귀의 미혹이 없었지만, 자주 동산 중앙에 가서 열매를 바라보자 어느 순간 마귀의 공격대상이 되었다.

마귀는 하나님이 지으신 모든 피조물 중에 가장 간교한 뱀을 통해 하와를 미혹했다. "하나님이 참으로 너희에게 동산 모든 나무의 열매를 먹지 말라 하시더냐"(창 3:1). 마귀가 하와에게 살짝 미끼를 던졌다. 그런데 하와가 미끼 곁으로 살며시 다가가는 것이다. 이때 하와는 하나님의 금지명령에 대한 순종과 불순종 사이에 서 있었다. 신앙인은 미혹의 자리를 박차고 나오는 것이 현명하다. 미혹의 자리에 머물러 있으면 생각이 혼미해지고 분별력이 떨어지기 때문이다. 그런데 하와는 뱀의 미혹에 정성스럽게 대답했다. 이는 친절이 아니라 어리석음이다. 금지명령은 다시 생각할 것도 없다. 바라보지도 말고 토론해야 할 요지의 것도 아니다. 미혹하는 자와 대화하면 반드시 틈을 보이게 되기 때문에 무조건 하나님의 말씀에 순종을 선택해야 한다. 그런데 진지한 대화가 오간다. 저런!

"동산 나무의 열매를 우리가 먹을 수 있으나 동산 중앙에 있는 나무의 열매는 하나님 말씀에 너희는 먹지도 말고 만지지도 말라 너희가 죽을까 하노라 하셨느니라." 하와는 뱀을 통한 마귀의 미혹에 혼란스럽다. 그리고 반드시 죽으리라는 하나님 말씀에 대한 기억이 흐릿해지고 몽롱해졌다. 하나님의 말씀을 마음에 새기고 또 새기지 않으면 이런 일이 발생한다. 마귀는 하나님의 말씀에 온전히 서 있지 못한 하와의 틈을 발견하고 좀 더 가까이 나아와 귓가에 속삭였다.

> 너희가 결코 죽지 아니하리라 너희가 그것을 먹는 날에는 너희 눈이 밝아져 하나님과 같이 되어 선악을 알 줄 하나님이 아심이니라. 창 3:4, 5

"너희가 결코 죽지 아니하리라." "눈이 밝아진다." "하나님과 같이 된다." "선악을 알게 된다"는 마귀의 거짓된 미혹의 말이 귀에

쟁쟁하다. 마귀는 악을 알지 못하는 하와에게 호기심을 불어넣었다. 이 정도면 누구라도 미혹되기에 충분하다. 이때부터 하와의 눈에 선악을 알게 하는 나무의 열매는 먹음직하고 보암직하며 지혜롭게 할 만큼 탐스러워 보였다. 순간 하와는 하나님의 말씀에 불순종을 선택하고 말았다. 손을 뻗어 열매를 따서 먹고 남편에게도 가지고 갔다. 선악을 알게 하는 나무의 열매를 아담은 고민 한 번 하지 않고 그냥 받아먹었다. 두 사람에게서 하나님의 말씀은 삶에 순종으로 적용되지 않았다. 그들은 범죄했고 엄청난 결과를 초래했다. 그렇다면 죄의 결과는 무엇인가.

첫째, 영적 죽음이다.

인류에게 내려진 에덴동산에서 선포된 형벌은 일차적으로 영혼의 죽음이다. 영적 죽음은 인간의 영혼이 하나님으로부터 분리되는 것을 의미한다. 타락 이전에 아담은 하나님과 교제하며 지냈지만, 영적 죽음으로 하나님과의 친밀한 교제와 하나님에 관한 지식과 욕구마저도 잃어 버렸다.

둘째, 육적 죽음이다.

네가 흙으로 돌아갈 때까지 얼굴에 땀을 흘려야 먹을 것을 먹으리니 네가 그것에서 취함을 입었음이라 너는 흙이니 흙으로 돌아갈 것이니라 하시니라. 창 3:19

범죄 이후 사람은 죄와 무관한 삶을 살 수 없는 존재가 되었다. 이유는 속사람 안에 죄의 본성이 들어 왔기 때문이다. 육신의 삶에서 죄는 몸에서 영혼이 분리되는 죽음이 와야 끝이 난다. 죄가 있으면 완전한 구원에 이를 수 없기에, 하나님은 육신이 흙으로 돌아가 죄가 멈추도록 정하셨다. 그리고 마지막 날에 거룩한 부활의 몸으로 다시 살리시기로 계획하셨다. 그 순간 완전한 구원의 자리로 나아가는 것이다.

셋째, 영원한 죽음이다.

이를 놀랍게 여기지 말라 무덤 속에 있는 자가 다 그의 음성을 들을 때가 오나니 선한 일을 행한 자는 생명의 부활로, 악한 일을 행한 자는 심판의 부활로 나오리라. 요 5:28, 29

마지막 날 예수 그리스도가 재림하실 때는 모든 사람이 부활할 것이다. 그리스도 안에 있는 자들은 생명의 부활로, 그리스도 밖에 있던 자들은 심판의 부활로 나아간다. 예수 그리스도를 믿고 구원받은 자들은 영원한 생명을 얻어서 하나님 나라에서 영원한 삶을 누리지만, 예수 그리스도를 믿지 않은 자들은 심판받아 영원한 저주에 이르게 된다.

넷째, 환경의 저주(질병, 가난, 고통)다.

또 여자에게 이르시되 내가 네게 임신하는 고통을 크게 더하리니 네가 수고하고 자식을 낳을 것이며 너는 남편을 원하고 남편은 너를 다스릴 것이니라 하시고 아담에게 이르시되 네가 네 아내의 말을 듣고 내가 네게 먹지 말라 한 나무의 열매를 먹었은즉 땅은 너로 말미암아 저주를 받고 너는 네 평생에 수고하여야 그 소산을 먹으리라 땅이 네게 가시덤불과 엉겅퀴를 낼 것이라 네가 먹을 것은 밭의 채소인즉 네가 흙으로 돌아갈 때까지 얼굴에 땀을 흘려야 먹을 것을 먹으리니 네가 그것에서 취함을 입었음이라 너는 흙이니 흙으로 돌아갈 것이니라 하시니라. 창 3:16-19

하나님은 범죄한 아담과 하와에게 땅을 저주함으로 땅에서 사는 동안 고생의 대가를 감당하게 하셨다. 여자에게는 해산의 고통을 주셨고, 남자에게는 땀을 흘리는 수고의 고통을 주셨다. 이 형벌은 인간 세상에 질병, 가난, 고통을 가져왔다. 죄의 결과는 처절하다. 영적, 육신적, 영원적 죽음뿐만 아니라 이 땅에서의 삶도 저주뿐이다. 죄 가운데 빠진 아담과 하와는 자신들의 수치로 하나님을 두려워하며 피하기 시작했다. 에덴은 하나님이 통치하시는 나라이며 하나님의 땅이고 사람은 하나님의 백성이다. 에덴은 완전한 하나님의 나라였다. 그런데 죄는 하나님의 백성을 타락시키고 하나님과 분리시켰다. 그로인해 하나님의 나라는 불완전해졌고 하나님은 백성을 다시 찾으셔야 했다.

하나님의 언약

내가 너로 여자와 원수가 되게 하고 네 후손도 여자의 후손과 원수가 되게 하리니 여자의 후손은 네 머리를 상하게 할 것이요 너는 그의 발꿈치를 상하게 할 것이니라. 창 3:15

백성을 다시 찾기 위한 하나님의 계획은 여자의 후손이었다. 여자의 후손은 2천여 년 전 동정녀 마리아를 통해 성령으로 잉태되어 오신 예수 그리스도다. 하나님은 뱀의 배후에서 사람을 타락시킨 마귀의 머리를 깨뜨리기 위해 예수 그리스도를 보내주시겠다는 약속의 말씀을 주셨다. 이 말씀이 바로 '최초의 복음'이다. 죄인들은 죄의 문제를 해결받지 않고는 거룩하신 하나님께 나아갈 수 없다. 죄인이 나아가기 위해서는 반드시 죄의 문제를 해결받고 거룩해져야만 한다. 하나님은 범죄한 아담과 하와의 수치를 가죽옷으로 가려 주셨다. 이것은 영원한 속죄를 이루실 여자의 후손을 예표하신 것이다. 가죽옷은 반영구적이다. 가죽옷에는 '영원한 속죄'를 이루는 상징적 의미가 있다. 가죽옷을 구하기 위해 하나님은 짐승을 잡으셔야 하셨다. 짐승은 사람의 수치를 가리기 위해 피를 흘리며 죽임을 당했다. 수치, 즉 죄를 가리기 위해서는 반드시 '피 흘림'의 대가를 치러야 한다. 그리고 예수 그리스도가 오실 때까지 믿음으로 바라보고 구원 얻도록 그들에게 '제사제도'를 제정해 주셨다.

육체의 생명이 피에 있음이라 내가 이 피를 너희에게 주어 제단에 뿌려 너희의 생명을 위하여 속죄하게 하였나니 생명이 피에 있으므로 피가 죄를 속하느니라. 레 17:11

죄 사함은 피 흘림이 있을 때 이루어진다. 이유는 육체의 생명이 피에 있기 때문이다. 죄인은 하나님께 나아갈 수 없다. 그래서 속죄를 위하여 짐승을 잡아 제사를 드려야 했다. 짐승의 피가 죄를 사하는 것은 아니다. 짐승의 피는 예수 그리스도의 피를 예표한다. 이 제사는 여자의 후손인 예수 그리스도가 오실 때까지만 드리는 것이다. 하나님은 아담과 하와의 수치를 위해 직접 짐승을 잡아 가죽옷을 지어 입히셨다. 이것이 하나님의 은혜다. 짐승의 피를 통한 제사는 여자의 후손이 십자가 위에서 흘릴 거룩한 피를 바라보게 하는 행위였다. 구약의 성도들은 오실 메시아의 피 흘리심을 바라보고 믿으며 생명을 얻었고, 신약의 성도들은 오신 예수 그리스도의 피 흘리심을 바라보고 믿으며 생명을 얻는다.

2천여 년 전에 오신 예수 그리스도는 하나님의 아들이시다. 죄가 없으신 그분은 사람들의 죄를 위해 십자가에서 피를 흘리시며 영원한 제물이 되셨다. 하나님은 창세기 3장 15절에서 '여자의 후손'에 대한 약속의 말씀을 통하여 아담과 하와의 죄를 가려 주셨다. 그리고 그들을 에덴 밖으로 쫓아내셨다.

> 여호와 하나님이 이르시되 보라 이 사람이 선악을 아는 일에 우리 중 하나 같이 되었으니 그가 그의 손을 들어 생명나무 열매도 따먹고 영생할까 하노라 하시고 여호와 하나님이 에덴동산에서 그를 내보내어 그의 근원이 된 땅을 갈게 하시니라 이같이 하나님이 그 사람을 쫓아내시고 에덴동산 동쪽에 그룹들과 두루 도는 불 칼을 두어 생명나무의 길을 지키게 하시니라. 창 3:22-24

하나님은 사람을 영생하도록 창조하셨다. 에덴에 죄가 들어오지 않았다면 사람은 영원히 살았을 것이다. 에덴에 거했던 그들이 생명나무에 달린 열매에 관심이 없었던 이유는 영생하는 자로 창조되었기 때문이다. 그러나 범죄 이후 상황이 달라졌다. 선악을 알게 하는 나무의 열매를 따 먹고 죽게 된 사람은 살고 싶은 욕망에 생명나무의 열매에도 손을 델 것이다. 하지만 죄인은 스스로 죄에서 자유 해질 수 없고, 생명을 얻을 수도 없다. 반드시 여자의 후손인 예수 그리스도를 믿는 믿음 안에서만이 죄에서 자유 해질 수 있다. 그래서 하나님은 사람을 생명나무가 없는 에덴 밖으로 쫓아내신 것이다.

세상에 가득한 죄

여자의 후손인 예수 그리스도를 믿고 속죄받아야 할 인생들 안에는 죄의 본성이 자리 잡게 되었다. 그러므로 어떤 사람도 죄와 무관한 삶을 살 수 없다. 죄는 엄청난 파괴력을 지니고 있어 생명까지도 앗아간다. 죄의 본성을 가지고 태어난 가인과 아벨, 이 땅에서의 삶은 처절한 죄와의 전쟁이다. 죄의 문제를 해결받으면 영생이요, 해결받지 못하면 영벌이다. 죄의 위력은 가인을 통하여 최초의 살인 사건을 일으켰다.

가인과 아벨은 부모인 아담과 하와를 통하여 제사제도를 학습했을 것이다. 죄인이 하나님께 나아가기 위해서는 반드시 피의 제사를 드려야 하는 것도 알고 있었을 것이다. 그런데 농사짓는 가인은 땅의 소산으로 제물을 삼아 드렸고, 아벨은 양의 첫 새끼와 그 기름으로 드렸다. 하나님은 아벨의 제사를 받으시고, 가인의 제사를 받지 않으셨다.

믿음으로 아벨은 가인보다 더 나은 제사를 하나님께 드림으로 의로운 자라 하시는 증거를 얻었으니 하나님이 그 예물에 대하여 증언하심이라 그가 죽었으나 그 믿음으로써 지금도 말하느니라. 히 11:4

히브리서 기자는 아벨은 믿음으로 가인보다 더 나은 제사를 드렸다고 기록했다. 믿음은 예수 그리스도의 죽음과 부활을 믿는 요인이 반드시 따라와야 한다. 하나님이 아벨의 제사를 받으신 이유는 예물 때문이었다. 제사는 반드시 죄의 문제를 해결하는 피 흘림이 있어야 죄 사함을 받고 하나님께 나아갈 수 있다. 아벨이 드린 양의 첫 새끼와 그 기름은 예수 그리스도를 바라보는 믿음으로 드린 제사이다. 그로 인해 아벨은 죄 사함의 은혜를 받고 하나님께 나아갔다. 하나님은 예수 그리스도를 바라보는 믿음을 보시고 아벨의 제사를 기쁘시게 받으신 것이다.

반면에 가인은 피 흘림이 없는 땅의 소산으로 제사를 드렸다. 피 흘림이 없으니 죄 사함이 없고 죄 사함이 없으니 하나님께 나아갈 수 없다. 하나님은 가인의 제사를 받을 수 없으셨다. 이로 인하여 가인은 하나님에 대한 분노가 치밀어 올랐다. 그리고 하나님에 대한 분노를 아벨에게 표출하고 말았다. 아벨과 들에 있을 때 가인은 아벨을 돌로 쳐 죽였다. 죄가 들어온 이후 최초의 살인 사건이었다. 죄는 시대에 따라 달라지는 것이 아니다. 죄는 본래 악하고, 파괴적이고, 거짓되고, 더럽고 추하다. 어느 시대를 막론하고 죄의 위력은 강하다. 단지 시대가 지날수록 더 악하게 느껴지는 것은 사건을 접하는 시야가 넓어졌기 때문일 것이다.

여호와께서 사람의 죄악이 세상에 가득함과 그의 마음으로 생각하는 모든 계획이 항상 악할 뿐임을 보시고 땅 위에 사람 지으셨음을 한탄하사 마음에 근심하시고 이르시되 내가 창조한 사람을 내가 지면에서 쓸어버리되 사람으로부터 가축과 기는 것과 공중의 새까지 그리하리니 이는 내가 그것들을 지었음을 한탄함이니라 하시니라. 창 6:5-7

노아의 홍수사건 이전에 하나님은 사람의 죄악이 세상에 가득함을 보셨다. 하나님은 사람들의 마음으로 생각하는 모든 계획이 항상 악하기에 사람 지으셨음을 한탄하셨다. 그래서 창조한 사람을 지면에서 쓸어버리기로 계획하셨다. 죄는 예나 지금이나 악하기 그지없다. 우리는 뉴스에서 거의 매일 엽기적인 사건들을 접하며 말세라고 한다. 그러나 지금까지 악하지 않은 시대는 없었다.

하나님이 복을 주시니 사람들이 땅 위에 번성해 나갔다. 그때 그들에게서 딸들이 태어났다. '딸들'은 미혹할 수 있는 아름다움을 소유한 요인이고, 또 다른 의미로 번영을 추구하는 자들이 생겨났다는 것이다. '번영'은 번성에 영화로움을 더한 것이다. 영화로움은 자신의 이름을 빛나게 하는 상태를 의미한다. 즉 번성하여 자신의 이름을 세상에 널리 나타내는 것이다. 사람들이 점점 하나님에게서 멀어지고 자신의 이름을 내며 하나님처럼 되고 싶은 욕망에 사로잡히기 시작했다. 이때가 타락에 가속이 붙은 시기였다.

하나님의 아들들이 사람의 딸들의 아름다움을 보고 자기들이 좋아하는 모든 여자를 아내로 삼는지라. 창 6:2

사람은 하나님 은혜 안에 있는 자와 은혜 밖에 있는 자 두 부류다. 하나님 은혜 안에 있는 자들을 일컬어 '하나님의 아들들'이라 하고, 은혜 밖에 있는 자들을 '사람의 딸들'이라고 한다. 하나님의 아들들의 특징은 하나님과 동행하며 사는 것이다. "에녹은 육십오 세에 므두셀라를 낳았고 므두셀라를 낳은 후 삼백 년을 하나님과 동행하며 자녀들을 낳았으며 그는 삼백 육십오 세를 살았더라"(창 5:21-23). 하나님의 아들들은 예수 그리스도가 오시는 영적 계보에 속한 경건한 자들로서 구별된 삶을 살았다. 그리고 하나님과 동행하는 에녹 같은 사람도 있었다.

> 가인이 여호와 앞을 떠나서 에덴 동쪽 놋 땅에 거주하더니 아내와 동침하매 그가 임신하여 에녹을 낳은지라 가인이 성을 쌓고 그의 아들의 이름으로 성을 이름하여 에녹이라 하니라. 창 4:16, 17

사람의 딸들의 특징은 하나님을 떠난 것이다. 가인은 여호와 앞을 떠나서 에덴 동쪽 놋 땅에 거주하면서 성을 쌓았다. 아벨을 죽인 후에 가인 안에 두려움이 왔다. 가는 곳마다 사람들이 자신을 죽일지도 모른다는 생각에 사로잡혔다. 그는 자신을 지키기 위해 견고한 성을 쌓았다. 그들은 건축 기술뿐만 아니라 물질적으로도 부유하고, 세상을 탐닉하며 향락을 추구하는 음악문화가 뛰어났다. 대장장이가 있어서 눈부신 경제발전을 이루고 문화적으로도 번영을 이루었다.

어느 순간 하나님의 아들들이 사람의 딸들의 아름다움에 시선이 머물렀다. 사람의 딸들의 아름다움은 그들의 번영을 말하는 것이다. 하나님의 아들들은 사람의 딸들과 교류하여 하나님에게서 멀어지고 자연스럽게 사람의 딸들의 번영에 스며들기 시작했다. 그리고 형체도 없이 녹아 들어갔다. 그렇게 인류의 모든 사람은 타락의 늪으로 빠져들었다.

다시 살리시는 하나님의 은혜

세상은 멸망의 길로 치닫고 하나님의 멸망계획은 점점 다가왔다. 언약이 아니면 다 쓸어버리고 싶은 마음이시다. 그러나 창세기 3장 15절에서 여자의 후손으로 오실 예수 그리스도에 대해 언약하신 말씀이 있다. 때문에 노아를 선택하시고 은혜를 베푸셨다. 하나님이 노아에게 은혜를 베푸신 것은 언약의 성취 때문이다. 노아는 예수 그리스도 때문에 은혜를 입은 자였다.

이때부터 노아는 하나님의 은혜에 붙들려 살았다. "노아는 의인이요 당대에 완전한 자라 그는 하나님과 동행하였으며"(창 6:9). 이 땅에 있는 그 누구도 은혜가 아니면 하나님께 나아갈 수 없다. 노아는 하나님의 은혜 안에서 의로운 삶을 살 수 있었다. 홍수의 심판을 앞두고 두렵고 떨림으로 살면서 세상에 미혹되지 않고 오직 방주를 짓는 일에만 열정을 쏟았다. 육신의 눈으로 보면 노아의 삶은 외롭고 고독하다. 그러나 은혜 안에 있는 자는 외롭고 고독하지 않다. 하나님의 은혜는 세상과 비교할 수 없다. 노아는 그 은혜에 붙들려 살았다. 사람들은 비웃고 조롱하며 손가락질한다. 바다도 아닌 산 중턱에 방주를 짓기 때문이었다.

구원은 하나님의 주권적 은혜이다. 창세 전부터 하나님의 선택으로 구원받은 우리는 방주되시는 예수 그리스도 안에서 완전 구원을 이룰 때까지 노아처럼 살아야 한다. 예수 그리스도가 믿어지는 중생의 체험은 구원의 과정이다. 중생한 성도는 말씀과 기도로 완전한 구원의 자리로 나아가며 성화구원을 죽는 날까지 이루어가야 한다. 그러므로 육신의 옷을 벗는 날까지 정욕과 탐심을 십자가에 못 박는 치열한 싸움이 필요하다.

몸이 노쇠해지면 몸에서 영혼이 분리되는 죽음을 맞이한다. 사람은 왜 죽는가. 죄의 본성이 사람 안에 있기 때문이다. 육신을 입고 있는 날까지 죄의 본성은 우리를 죄 가운데로 이끌어 가기 때문이다. 육신의 옷을 벗는 것은 죄의 행위를 마치는 것이다. 죄의 문제는 육신의 옷을 벗어야 비로소 끝이 난다.

예수 그리스도의 피의 효력은 영원하다. 그러므로 육신의 옷을 벗는 순간까지 우리의 죄를 속하여 주신다. 그것으로 끝이 아니다. 예수 그리스도의 피의 효력은 재림하실 때 성령의 능력으로 우리의 육체를 일으키신다. 그리고 영원한 생명의 자리에서 복락을 누리게 하실 것이다. 그러므로 우리는 노아처럼 쉬지 않고 방주가 되시는 예수 그리스도의 은혜 안에 머물러 있어야 한다.

노아의 때와 같이 인자의 임함도 그러하리라 홍수 전에 노아가 방주에 들어가던 날까지 사람들이 먹고 마시고 장가들고 시집가고 있으면서 홍수가 나서 그들을 다 멸하기까지 깨닫지 못하였으니 인자의 임함도 이와 같으리라. 마 24:37-39

그가 산에서 방주를 짓는 동안 하나님의 아들들과 사람의 딸들은 먹고 마시는 일에 빠져 있었다. 그리고 장가들고 시집가고 있으면서 홍수가 나서 그들을 다 멸하기까지 깨닫지 못하였다. 하나님의 아들들이 번영에 눈이 어두워 눈부신 발전을 꾀하며 즐기고 있는 동안 멸망은 가까이 그들에게 다가오고 있었다.

복음을 전하지만 귀는 닫혀 있다. 마음은 자갈밭이 되어 딱딱하게 굳어 있다. 노아가 전한 복음이 그들의 귓전을 스치고 지나가며 마음에서 튕겨 나올 뿐이다. 산 중턱에서 방주를 짓고 있지만 아무도 관심을 기울이지 않았다. 이것이 영이 무디어진 시대를 사는 사람들이 선택한 삶의 현상이다. 백이십 년 동안 죄악에서 돌아선 사람이 없다. 세상은 그렇게 죄악으로 가득 찼다.

하나님의 심판이 목전에 다다랐다. 노아와 그의 가족들을 방주로 들여보낸 후 하나님은 지면에 비를 쏟아 붓기 시작하셨다. 점점 낮은 암흑으로 변하고 그칠 줄 모르는 비는 40일 동안 쏟아졌다. 믿을 수 없는 일이 현실로 나타났다. 번영에 취해 죄악에 빠져 있던 하나님의 아들들과 사람의 딸들은 뒤엉켜 아우성쳤다. 그들은 하나둘씩 깊은 물속으로 빠져 들어갔고 세상은 고요해졌다. 이것으로 하나님의 계획 속에서 인류 멸망에 대한 1막의 휘장이 내려졌다.

그러나 죄의 문제가 끝난 것은 아니다. 죄의 본성을 가진 노아의 가족이 남아 있다. 하나님은 언약을 성취하시기 위해 노아에게 은혜를 주셨으나 노아 역시 죄의 본성과 싸워야 하는 연약한 존재였다. 홍수가 끝나고 땅에는 다시 평화가 임했다. 삶은 한가롭고 여유롭다. 모든 것이 만족하다. 조금 전에 멸망을 경험했으나 기억에서 떠난 지 벌써 오래다. 영은 다시 무디어지고 하나님과의 관계가 아련해졌다. 이때가 바로 위기다. 그러므로 깨어 있어야 한다.

죄의 본성은 노아를 포도주에 취해 인사불성이 되게 했다. 그는 벌거벗은 채로 누워 있었다. 이때 노아의 아들 가나안의 아비 함이 아버지의 하체를 보고 밖으로 나가서 그의 두 형제에게 알렸다. 셈과 야벳은 아버지의 옷을 가져다가 자기들의 어깨에 메고 뒷걸음쳐 들어가서 아버지의 하체를 덮어 주었다. 노아가 술이 깬 후 이 사실을 알고 함의 아들 가나안에게 저주를 했다. 우리의 상식으로는 이해하기 어렵다. 노아가 술 취하지 않았다면 생기지 않았을 일이다. 그런데 함은 저주를 받았다.

> 아버지는 그 자식들로 말미암아 죽임을 당하지 않을 것이요 자식들은 그 아버지로 말미암아 죽임을 당하지 않을 것이니 각 사람은 자기 죄로 말미암아 죽임을 당할 것이니라 신 24:16

사람이 저주받는 것은 자기 죄 때문이다. 노아의 수치는 자신이 하나님께 직접 가지고 나아가야 할 문제였다. 그런데 함은 공경해야 할 아버지의 수치를 드러내었다. 우리에게 믿음이 선물로 주어질 때 우리는 우리의 더러움을 보게 되며 죄인 됨을 철저하게 회개하게 된다. 이것이 믿음을 선물로 받을 때의 상태다. 함은 회개하지 않아서 아버지의 저주를 받게 된 것이다. 함의 후예들은 가인처럼 하나님으로부터 이탈하고 말았고 이방인의 삶을 살게 되었다.

 죄의 문제는 육신을 입고 있는 순간까지 사람과 분리될 수 없다. 인류가 존재하는 한 누군가 죄의 문제를 해결해 주지 않으면 하나님께 나아갈 수 없으며 영원한 멸망에 빠질 수밖에 없다. 죄의 문제는 죄 없는 하나님의 아들이신 예수 그리스도 외에 해결할 자가 없다.

 어느 날 아브라함은 하나님의 부름을 받아 말씀을 따라 가나안에 왔다. 그는 언약을 성취하시기 위한 통로로 택함을 받았다. 하나님은 아브라함에게 그리스도에 대한 약속의 말씀을 주셨다(갈 3:16). 그리고 2천여 년 전 동정녀 마리아에게 성령으로 잉태하게 하시고 예수 그리스도를 보내주셨다.

 하나님은 이방인의 삶을 살던 죽은 우리를 예수 그리스도를 믿는 믿음을 통하여 다시 살리셨다. 바로 우리가 하나님의 선택으로 은혜를 입은 자다. 모든 사람은 죄의 본성을 가지고 태어나기에 부패한 삶을 살 수밖에 없다. 사람은 죄의 본성에서 나오는 수없이 많은 죄를 통하여 서로 부딪히고 찢기며 사는 존재들이다. 얼마나 많은 아픔과 상처가 인생들을 고통스럽게 하는가. 사람 안에 있는 죄의 본성에서 우후죽순처럼 자라는 수없이 많은 죄.

 죄가 없는 에덴에서의 삶과 범죄한 후 세상으로 쫓겨난 후의 삶은 극과 극이다. 모든 사람 안에 있는 죄의 본성은 죄 덩어리다. 사람과 사람이 어우러져 사는 것은 죄 덩어리와 죄 덩어리가 모여 사는 것이다. 그래서 불행하고 인생이 힘겨운 것이다. 이제부터 깨지고 상처 난 삶을 성경적 말씀의 원리를 통하여 회복해야 한다. 그러므로 우리에게 주신 사용설명서를 깊이 숙지하고 선택 적용하여 멋진 삶을 살 수 있기를 축복한다.

내가 너와 함께 있어 네가 어디로 가든지
너를 지키며 너를 이끌어 이 땅으로 돌아오게 할지라
내가 네게 허락한 것을 다 이루기까지 너를 떠나지 아니하리라 하신지라.
창세기 28:15

03
인생의 벧엘

신앙인은 한결같은 충만함을 유지하기가 쉽지 않다. 충만함을 유지할 수 있는 비결은 바로 하나님이 처음 만나주셨던 벧엘로 돌아가 그곳에 머무는 것이다. 그곳이 영성의 출발점이기 때문이다. 그러므로 우리는 매 순간 하나님을 만난 출발점인 벧엘로 돌아가야 한다. 그 자리에서 하나님과 함께 머물러 있어야 한다.

문제의 근원 네 가지

　삶에서 일어나는 모든 문제를 운명으로 생각하지 않았으면 좋겠다. 인생은 어떻게 사느냐에 따라 현저하게 달라진다. 오랫동안 같은 문제로 전전긍긍하는 사람들에게는 잘 변화되지 않는다는 공통점이 있다. 그들은 이 문제가 왜 생겼는지 도무지 모른다. 문제의 원인을 모르기 때문에 해답을 찾을 수 없다. 사람들을 붙들고 하소연하고 위로받으려 하지만 정작 해결되는 것은 아무것도 없다. 그렇다면 문제 해결 방법은 무엇일까? 바로 문제의 근원이 무엇인지 아는 것이다. 대부분 문제는 자신의 동의와 선택으로 출발한다. 그러므로 문제의 근원 네 가지를 알면 해결 방법도 훨씬 쉬워진다.

첫째, 자연재해로 인한 문제다.

그 땅에 기근이 들었으므로 아브람이 애굽에 거류하려고 그리로 내려갔으니 이는 그 땅에 기근이 심하였음이라. 창 12:10

인간이 해결할 수 없는 여러 종류의 자연재해들이 있다. 태풍, 지진, 가뭄, 홍수, 우박 등은 어느 정도 대비는 할 수 있지만, 눈부신 과학기술을 이룬 21세기에도 사람의 힘과 능력으로는 아직 해결할 방법이 없다.

둘째, 부지중에(우연 혹은 실수) 온 문제다.

부지중에 실수로 사람을 죽인 자를 그리로 도망하게 하라 이는 너희를 위해 피의 보복자를 피할 곳이니라. 수 20:3

우리는 인생을 살면서 이런저런 사고를 당할 수 있다. 대부분의 사고는 부지중에 발생한다. 인재는 사람에 의하여 일어나는 재난이며 사람의 목숨을 앗아가기도 한다. 삼풍백화점 사고, 성수대교 사고, 도로가 무너지는 사고, 낙상 사고, 물놀이 사고, 등산중의 실족 사고, 교통사고 등. 이러한 사고의 요인은 안전 불감증에서 오는 것들이 대부분이다.

셋째, 하나님이 주시는 문제다.

네 조상들도 알지 못하던 만나를 광야에서 네게 먹이셨나니 이는 다 너를 낮추시며 너를 시험하사 마침내 네게 복을 주려 하심이었느니라. 신 8:16

어둠은 도둑질하고 죽이고 멸망시키는 것이 목적이지만, 하나님은 그분의 백성을 단련하셔서 복을 주시기 위한 계획으로 연단하실 때가 있다. 하나님이 우리에게 문제를 주실 때는 여러 가지 이유가 있다. 특히 나를 통하여 하나님의 뜻을 이루시기 위한 계획 때문에 우리를 다루실 때가 있다. 이때 순종하고 나아가면 생각지도 못한 은혜가 준비되어 있다. 하나님의 직접적인 다루심과 훈련을 잘 견디면 복이 된다.

넷째, 죄로 인한 문제다.

그 후에 예수께서 성전에서 그 사람을 만나 이르시되 보라 네가 나았으니 더 심한 것이 생기지 않게 다시는 죄를 범하지 말라 하시니. 요 5:14

사람은 죄의 본성을 가지고 태어난다. 사람의 본성 속에는 악성, 독성, 부패성의 성질이 있다. 죄는 죄로 끝나지 않는다. 죄는 삶 속에서 많은 사건을 일으키고 사람을 타락시킨다. 그러므로 죄와 문제는 분리할 수 없는 관계다. 인생을 살면서 죄로 말미암아 오는 많은 사건을 우리는 주변에서 늘 접하며 살고 있다. 죄가 강력할수록 배후에는 반드시 어둠의 개입이 있다는 것을 알아야 한다. 어둠은 죄의 권세자로 사람을 미혹하고 유혹한다. 하나님의 백성을 무너뜨리는 것이 목적이기 때문이다. 문제 가운데 어둠이 개입되면 인생에서 도둑맞고 죽임당하고 멸망당하는 심각한 문제를 발생하게 된다. 이때 하나님은 성도들의 삶에 개입하셔서 징계를 통하여 회개하고 돌아오기를 원하신다.

이 가운데 '없어도 될 문제'가 우리의 관건이다. 자연재해는 사람의 힘으로 막을 수 없기에 하나님의 은혜를 구해야 한다. 부지중에 오는 문제는 신중함이 따르면 줄일 수 있는 문제다. 또한 하나님이 주시는 문제라면 잘 견디고 단련 받아 정금처럼 나오면 된다. 그런데 죄로 인해 오는 문제는 그리 단순한 문제가 아니다. 죄가 지속되면 인생을 도둑질하기 위해 어둠이 개입할 뿐 아니라 돌이켜 회복시키기 위해 하나님도 개입하신다. 이때 죽을만큼 힘겨운 시간이 나를 기다리고 있다.

대부분 문제가 생기면 막막해서 자신을 바라보며 자책만 하는 사람이 있는가 하면, 다른 사람을 원망만 하는 사람도 있고, 인생을 포기하는 사람도 있다. 어떤 경우는 아예 죄 가운데 빠져 사는 사람도 있다. 누구나 문제에서 예외인 사람은 없다. 그러나 없어도 될 문제만 해결해도 삶은 훨씬 평탄할 것이다. 그러므로 문제를 분석하고 검토한 후 원인이 파악되면 인생 사용설명서인 하나님의 말씀을 기준삼아 적용하여 빨리 회복해야 한다.

훈련학교에서 만난 사람들 가운데 같은 문제에서 헤어 나오지 못하는 사람들을 종종 만난다. 몇 개월 또는 몇 년을 훈련 받아도 제자리걸음이다. 문제가 해결되었나 싶으면 똑같은 문제를 또 발생시킨다. 이런 경우는 문제의 원인을 보지 못하기 때문이다. 그래서 반복적인 문제가 오며 수많은 세월을 같은 문제로 고민하고 있으나 문제는 여전하다. 믿음의 사람들이 인생을 살아가면서 문제의 근원이 어디에서 왔는지 또한 문제를 어떻게 해결해야 하는지를 알지 못하면 고통은 끝나지 않을 것이다. 예수 믿기 때문에 박해받는 거라고 착각하지 마라. 문제가 생기면 네 가지 문제의 근원을 통하여 먼저 분석하고 원인을 찾아 거기에 맞는 해결 방법을 적용해야 한다. 문제투성이의 삶을 산 야곱 인생에서 우리와 똑같은 모습을 발견할 수 있다. 야곱이 선택한 삶에서 온 문제를 내 삶과 함께 점검해 보도록 하자.

야곱의 벧엘

벧엘은 야곱이 형 에서를 속이고 피하여 달아날 때 하나님이 만나주신 곳이다. 벧엘은 야곱에게 있어 마치 바울을 찾아오신 예수 그리스도를 만난 다메섹과 같다. 벧엘은 놀라운 충만함을 경험하게 하지만 우리는 항상 그 자리에 머물러 있지 못한다. 시간이 흘러 인생의 광야를 맴돌다 보면 어느새 벧엘은 기억 속에서 아득하기만 하다. 이와 같이 신앙인은 한결같은 충만함을 유지하는 것이 쉽지 않을 뿐 아니라 큰 관건이다. 충만함을 유지할 수 있는 비결은 바로 하나님이 처음 만나주셨던 벧엘로 돌아가 그곳에 머무는 것이다. 그곳이 영성의 출발점이기 때문이다. 그러므로 우리는 매 순간 하나님을 만난 출발점인 벧엘로 돌아가야 한다. 그리고 그 자리에서 하나님과 함께 머물러 있어야 한다.

야곱은 하나님을 만난 벧엘을 떠나 삼촌 라반의 집으로 갔다. 그곳에서 이십 년 동안 형 에서를 피하여 도망자의 삶을 살면서 아내도 얻고 자녀들도 낳았다. 어느 날 하나님은 야곱에게 밧단아람에서 벧엘로 돌아가라고 명령하셨다. 야곱은 하나님의 말씀을 듣고 가족들을 데리고 가나안으로 돌아왔다. 그런데 벧엘로 바로 가지 않고 하나님의 명령을 불순종하며 세겜에서 살기를 선택하고 말았다. 그때부터 야곱의 가정에 '없어도 될 문제'가 그를 기다리고 있었다. 야곱은 자신의 무디어진 영적 날개 때문에 가정 안에서 많은 슬픔의 문제를 발생시켰다. 그는 세겜에 머물러 살면서 많은 것을 잃고 육신의 날개마저 갈기갈기 찢긴 상태가 되었다. 야곱의 삶이 어디서부터 어긋나기 시작했는지 문제의 근원으로 올라가 원인을 찾아보자.

두 국민이 네 태중에 있구나 두 민족이 네 복중에서부터 나누이리라 이 족속이 저 족속보다 강하겠고 큰 자가 어린 자를 섬기리라 하셨더라. 창 25:23.

하나님은 불순종하고 타락한 아담과 하와에게 오실 예수 그리스도에 대해 약속하셨다(창 3:15). 그러므로 예수 그리스도가 오시기까지 영적 장자들의 계보가 필요했다. 하나님은 아브라함과 이삭을 이어 복중에 있는 야곱을 선택하시고 영적 장자로 삼으셨다. 오랫동안 자녀가 없던 이삭의 가정에 자녀를 잉태케 하시고 복중에서 두 태아가 싸우고 있을 때 하나님은 이삭의 아내 리브가에게 계시의 말씀을 주셨다. 하나님이 우리에게 말씀을 주시면 잘 새겨들어야 한다. 그리고 들은 말씀을 통하여 하나님의 뜻을 온전히 알고 삶에 적용해야 실패하지 않을 수 있다. 드디어 하나님의 계획 속에 이삭의 가정에 기다리던 쌍둥이 아들 에서와 야곱이 태어났다. 이때 리브가는 큰 자가 작은 자를 섬기리라는 말씀이 무슨 뜻인지 먼저 이해를 했어야 했다. 육신의 장자 에서가 야곱을 섬기리라는 말씀은 영적인 말씀이다. 육신의 장자는 절대 바꿀 수 없다. 그러므로 하나님이 주신 말씀은 야곱이 영적 장자임을 나타내신 것이다.

하나님의 계획은 반드시 하나님이 이루어 가신다. 우리는 영적으로 깨어서 하나님의 뜻을 분별하고 우리 인생을 이끌어 가시는 그분을 신뢰하며 따라가야 한다. 이삭과 리브가는 하나님 말씀을 깨닫고 그 말씀을 삶에 적용하며 살아야 했다. 영적 장자는 하나님의 주권적인 은혜로만 주어진다. 야곱의 영적 장자 됨을 위해 사람이 할 일은 없다. 나의 시선이 이 글에 닿았다면 반드시 이것을 염두에 두고 읽어야 이 가정의 문제가 보이기 시작할 것이다. 그 후에 이 가정이 하나님께 들은 계시의 말씀을 어떻게 삶에 적용하는지 자세히 관찰할 필요가 있다.

편애가 불러일으킨 불행

이삭은 에서가 사냥한 고기를 좋아하므로 그를 사랑하고 리브가는 야곱을 사랑하였더라. 창 25:28

에서와 야곱이 태어나고 장성하는 동안 이삭은 큰아들 에서가 사냥한 고기를 좋아하고 그를 사랑했다. 반면 리브가는 집안일을 돌보며 엄마와 대화 나누기를 좋아하는 야곱을 사랑했다. 부모가 자녀를 양육할 때 항상 조심해야 할 것이 있다. 자녀가 여러 명이면 분명히 더 사랑스러운 자녀가 있을 수 있다. 그러나 이런 마음은 속으로만 품고 동등하게 사랑해 주어야 한다. 그런데 이삭과 리브가는 각자 자신들이 좋아하는 아들만을 드러내 놓고 사랑했다.

이삭이 나이가 많아 눈이 어두워 잘 보지 못하더니 맏아들 에서를 불러 이르되 내 아들아 하매 그가 이르되 내가 여기 있나이다 하니 이삭이 이르되 내가 이제 늙어 어느 날 죽을는지 알지 못하니 그런즉 네 기구 곧 화살통과 활을 가지고 들에 가서 나를 위하여 사냥하여 내가 즐기는 별미를 만들어 내게로 가져와서 먹게 하여 내가 죽기 전에 내 마음껏 네게 축복하게 하라. 창 27:1-4

노년이 된 이삭은 즐겨 먹던 에서의 별미를 통해 큰아들을 축복하고 싶었다. 이삭은 에서에게 들에 나가 사냥해서 별미를 만들어 오라고 했다. 그때 그의 아내 리브가가 밖에서 그 이야기를 듣고 돌발적인 행동을 하기 시작했다. 리브가는 급히 야곱을 불러서 은밀하게 이야기 했다. 지금 아버지가 형을 축복하려고 한다. 아버지의 축복은 너의 것이 되어야 한다. 그리고 모자는 분주하게 움직였다.

여기서 우리는 리브가의 돌발적인 행동을 주의해서 볼 필요가 있다. 부부는 서로가 좋아하는 아들 사이에서 축복하는 문제로 충돌했다. 이삭은 두 아들을 불러놓고 축복해야 했다. 하지만 에서의 사냥한 고기를 좋아하는 그는 큰아들만 축복하려고 했다. 아마 리브가는 그런 남편에게 서운한 마음이 들었을 것이다. 사랑하는 작은아들이 소외되었기 때문이다. 큰아들만을 축복하려는 남편을 보면서 이때를 놓치면 영영 기회가 없을 것 같아 마음이 조급했을 것이다.

하나님의 말씀을 삶에 적용하기 위해서는 먼저 그 말씀을 잘 깨달아야 한다. 신앙이 성숙한 만큼 깨달음 또한 성숙하기 때문이다. 그런데 지금처럼 그들에게는 기록된 말씀도 없고, 영적 지도자도, 하나님의 뜻을 상세하게 가르치는 자도 없었다. 그래서 하나님의 음성을 듣기는 하지만 그분의 뜻은 온전히 분별하기가 어려웠을 것이다. 오직 자신들이 하나님의 뜻을 분별하고 깨달은 말씀을 적용하며 살아야 했다. 성경을 가지고 있는 우리도 하나님의 뜻을 온전히 분별하는 일은 쉽지 않다.

이때가 야곱의 나이 칠십칠 세다. 이미 형의 장자권을 팥죽 한 그릇에 살 정도로 거짓되고 탐욕에 젖어있는 야곱이다. 욕망의 사람 야곱은 리브가가 가르쳐 준대로 부랴부랴 뛰쳐나가서 정신없이 짐승을 잡았다. 리브가는 에서의 털옷을 준비하면서 가늘게 떨리는 손을 분주하게 움직이고 있었다. 야곱이 잡아 온 짐승으로 리브가는 요리를 하는 내내 하나님의 선택을 받은 야곱, 자신이 사랑하는 아들이 복을 받아야 할 때가 되었다고 콧노래를 불렀을 것이다. 드디어 아들 야곱이 아버지의 축복을 가로채기 위하여서 별미를 들고 아버지 앞에 나아갔다.

> 야곱이 그 아버지 이삭에게 가까이 가니 이삭이 만지며 이르되 음성은 야곱의 음성이나 손은 에서의 손이로다 하며 그의 손이 형 에서의 손과 같이 털이 있으므로 분별하지 못하고 축복하였더라. 창 27:22, 23

범죄할 기회는 미성숙하고 분별력이 없는 사람 앞에 가면 엄청난 위력을 얻는다. 그래서 이런 사람과 함께하면 육신의 목적을 이루기가 아주 쉬워진다. 늙어 눈이 어두운 이삭 앞에 작은아들 야곱이 가까이 다가갔다. 아버지 이삭은 에서 분장을 한 야곱에게 감쪽같이 속았고 축복해 버렸다. 잘 보이지 않는 시력 때문이라고만 하기에는 이삭이 너무나 우둔해 있었음을 감지해야 한다. 속여서 받은 축복은 야곱의 인생을 윤택하게 하지 못하고 도리어 복이 아니라 도망자 신세가 되게 할 뿐이었다. 이 가정에 온 불행은 이삭과 리브가의 자식에 대한 편애와 하나님 말씀을 잘못 적용한 결과였다.

> 그의 아버지가 야곱에게 축복한 그 축복으로 말미암아 에서가 야곱을 미워하여 심중에 이르기를 아버지를 곡할 때가 가까웠은 즉 내가 내 아우 야곱을 죽이리라 하였더니. 창 27:41

야곱이 영적 장자가 된 것은 하나님의 작정이셨다. 이것이 특별 은혜다. 육신의 장자가 받을 축복을 아버지로부터 받았다고 영적 장자가 되는 것은 아니다. 만일 에서가 아버지의 축복을 받았어도 에서는 영적 장자가 되지 못한다. 영적 장자는 아버지의 축복이 아니라 하나님의 선택으로 오는 것이다. 큰 자가 어린 자를 섬기리라는 예언의 말씀은 육신적인 순서의 뒤바꿈이 아니다. 그런데 리브가는 영적 의미를 깨닫지 못하고 무지했다. 그래서 인간적인 방법을 통하여 가정 안에 문제를 발생시켰다. 이 문제는 큰 아들 에서를 분노에 떨게 했다. 에서는 야곱을 죽이고 싶은 고통에 빠지게 되는 '없어도 될 문제'가 집안을 뒤흔들었다.

없어도 될 문제

하나님이 우리에게 원하시는 방법은 지극히 정상적이다. 거짓되거나, 비도덕적이거나, 상식을 벗어나지 않는다. 큰아들만을 사랑하고 축복하고자 한 이삭의 미성숙함과 인간적인 방법으로 작은아들이 축복 받도록 도운 리브가의 세상적인 지혜는 자녀들 인생을 불행하게 하는 요인이 되었다.

사람들은 어려운 문제가 발생하면 이렇게 말한다. "왜 하나님이 내 인생을 힘들게 하시는지 모르겠어요." 마치 범죄한 이스라엘 백성 중에서 부름 받고 있는 사사 기드온의 생각과 흡사하다. "오 나의 주여 여호와께서 우리와 함께 계시면 어찌하여 이 모든 일이 우리에게 일어났나이까"(삿 6:13). 기드온의 생각은 이스라엘 백성들의 생각을 대표하는 것이다.

인생에 문제가 발생하면 하나님을 원망하는 것은 예나 지금이나 다를 바 없다. 이스라엘 백성들은 하나님을 버리고 이방인들과 함께 결혼하며 그들의 우상을 숭배했다. 그로 인하여 하나님이 주신 미디안의 다스림은 그들에게 고통이었다. 그러나 그들은 범죄한 자신들의 모습을 보지 못하고 하나님을 원망하고 있었다. 인생에서 일어나는 문제는 하나님이 주신 것보다 우리가 만들어 낸 것이 대부분이다. 이스라엘에게 징계의 도구인 미디안은 그들의 범죄가 원인이 되어 온 결과물이었다.

에서와 야곱의 사건은 잘못 선택한 방법으로 풀어가려다 생긴

'없어도 될 문제'였다. 이삭의 가정에 온 에서의 분노는 하나님의 계획 밖에서 온 문제다. 이삭은 큰아들 에서를 사랑했고, 리브가는 작은아들 야곱을 사랑했다. 각자 사랑하는 자식 중심으로 문제를 풀어가는 부모의 편애에서 시작되었다. 가정 안에서 남편의 축복을 아내가 해결하려다 더 큰 문제가 생겼고, 결국 두 아들이 칼부림 날 위기에 처하게 된 것이다. 하나님이 주시는 방법은 이런 문제를 초래하지 않는다.

문제는 시간이 흘러 분노가 커지기 전에 반드시 초기에 진압해야 한다. 이때 리브가가 에서에게 자신 때문이었음을 말하고 용서를 구했거나 야곱이 형에게 용서를 구했다면 문제의 방향이 달라졌을 수도 있다. 이 문제를 간단하게 끝낼 수 있는 해답이 엄마와 야곱에게 있었다. 그런데 두 사람 모두 침묵하고 있다. 에서의 분노는 불타오르고 집안은 폭풍전야 같은 정적이 흘렀다. 집안 모든 사람이 잠을 설치며 한쪽은 두려움에 떨고 한쪽은 분노의 칼을 갈며 뒤척이고 있다. 점점 여명이 밝아오고 서로 얼굴을 마주해야 한다. 그러나 마주 대할 일이 끔찍하다. 리브가는 이 문제를 어떻게 풀어가야 할지 밤새워 고민한 후에 문제의 요인에서 자신을 슬그머니 **빼**내고 야곱이 혼자 한 것처럼 입을 다물고 말았다. 그리고 둘째 아들인 야곱을 외갓집으로 피신시키는 방법을 선택했다.

네 형의 분노가 풀려 네가 자기에게 행한 것을 잊어버리거든 내가 곧 사람을 보내어 너를 거기서 불러오리라 어찌 하루에 너희

둘을 잃으랴. 창 27:45

칠십이 훌쩍 넘은 나이지만 자신의 생각이나 의지와는 상관없이 오직 어머니 말에 움직이는 야곱은 미성숙하다. 이 나이면 부모를 떠나 스스로 알아서 살아야 하는데 아직도 어머니를 벗어나지 못한다. 야곱은 아직 결혼도 하지 못했고 자신의 주장도 없이 산다. 그리고 자신의 욕망을 채우는 일에만 급급하다. 팥죽 한 그릇에 형의 장자권을 빼앗았고 아버지의 축복도 가로챘다. 이런 사람이 주변에 있으면 늘 손해를 보게 되고 헷갈리고 혼란스럽다. 뭔지 모르게 인생이 꼬이며 잘되는 일이 없다. 바로 에서의 삶이 그렇다. 에서의 인생이 측은하다.

야곱이 죽 한 그릇에 형의 장자권을 빼앗고 아버지를 속여 축복을 가로챘지만 장자의 권한이나 아버지의 재산을 소유하지 못했다. 이렇게 살아온 그에게 남은 것은 도망자 신세가 되어 고생길만 훤히 열리게 된 것이다. 문제의 주동자인 엄마는 죽는 날까지 아들을 볼 수가 없었고, 야곱 또한 객지에서 부자인 아버지 집에 있었더라면 안 해도 될 고생을 시작하게 되었다.

탁월한 인생 기획자

우리는 인생 기획자가 되어야 한다. 인생 문제를 풀어갈 때 단순하게 생각할 것이 아니라, 그 일 후에 일어날 모든 영향력까지 내다볼 수 있는 통찰력이 있어야 한다. 자녀를 사랑으로 키우지 않고 혈기와 분노로 키운다면 아이가 자라서 그 분노와 혈기를 내게 다시 돌려 줄 것이다. 그렇다면 죽는 날까지 애물단지가 되어 내 인생의 걸림돌이 된다. 살면서 여기까지 바라볼 수 있는 사람이 인생의 탁월한 기획자가 될 수 있다. 지금의 행동을 분별하고 결정하는 것은 굉장히 중요하다. 우리에게는 미래를 현명하게 준비하는 지혜가 반드시 필요하다.

리브가는 아들 야곱을 앞세워 남편을 속이면서도 바로 뒤에 일어날 일을 생각하지 못했다. 아끼고 사랑하는 아들 야곱을 죽을 때까지 보지 못하고 고생하게 만들 줄 알지 못했다. 더욱이 가까이에서 큰아들 에서의 분노를 온몸으로 감당해야 하는 고통도 마찬가지다.

도망자 신세가 된 야곱에게 언젠가 죽임을 당할지 모른다는 두려움의 대가가 그의 문 앞에서 기다리고 있었다. 오늘날처럼 대문과 울타리가 튼튼하지 않은 허술한 집에서 야곱은 평안한 잠을 잘 수가 없다. 불안하고 두렵다. 다리를 웅크리고 쪽잠을 자면서 고통스럽다. 형이 언제 뒤따라와 죽일지 모르기에 두려움만 가득하다. 야곱 인생에 온 문제는 어머니가 선택한 잘못된 판단과 방법에 의해 처절한 결과를 던져 준 것이다.

야곱이 브엘세바에서 떠나 하란으로 향하여 가더니 한 곳에 이르러는 해가 진지라 거기서 유숙하려고 그 곳의 한 돌을 가져다가 베개로 삼고 거기 누워 자더니. 창 28:10, 11

야곱은 형의 시선을 피해 외갓집 밧단아람으로 도망가야 했다. 거부인 아브라함이 그의 할아버지이고 아버지 이삭도 대단한 부자다. 아버지 집에 있으면 걱정 근심 없이 살 수 있는데 그는 할아버지와 아버지의 소유를 누리지 못하고 도망자가 되었다. 그리고 노숙자가 되어 위험한 광야에서 잠을 청하고 있다. 없어도 될 생고생으로 비참하기 짝이 없다.

야곱은 아버지의 축복을 받았지만 자신의 인생을 윤택하게 하지 못했다. 인생의 내리막길로 내려가는 처절함이 그의 현재의 모습이다. 형이 뒤쫓아올까 두렵고 불안하다. 야곱은 홀로 남아 있는 광야에서 싸늘한 밤을 만났다. 당신이 지금 건강, 물질, 관계의 깨어짐, 자신의 죄 때문에 광야에서 고독한 밤을 만나 쓴잔을 마시고 있다면 문제를 분석하고 원인을 찾아야 한다. 이런 과정을 통해 자신의 문제를 보는 것은 고통이지만 원인을 알아야 광야에서 헤어 나올 수 있다.

나는 오랫동안 훈련학교에서 많은 사람에게 하나님 말씀을 삶에 적용하는 훈련을 해 왔다. 훈련받는 이들은 "이 말씀을 십 년 전에만 알았더라면"이라고 살아온 지난날들을 아쉬워했다. 이 말은 우리 인생이 그만큼 미성숙하다는 말이다. 나이가 칠십, 팔십이 되어도 경제 개념 없이 살아온 사람들이 많다. 노후대책 없이 살면서 초라한 노년을 예견하지 못했다. 삶을 돌이켜 보면 후회의 한숨만 나오는 것이다. 그러므로 인생 사용설명서를 빨리 숙지해서 선택하고 적용하며 살아야 한다.

구원은 하나님의 주권적 선택이요 은혜이지만, 삶은 나의 선택이다. 오늘의 모습은 어제 내가 선택한 결과다. 그러므로 매일매일의 삶속에서 신중한 선택이 이루어져야 한다.

영적 장자가 받는 복

꿈에 본즉 사닥다리가 땅 위에 서 있는데 그 꼭대기가 하늘에 닿았고 또 본즉 하나님의 사자들이 그 위에서 오르락내리락하고 또 본즉 여호와께서 그 위에 서서 이르시되 나는 여호와니 너의 조부 아브라함의 하나님이요 이삭의 하나님이라 네가 누워 있는 땅을 내가 너와 네 자손에게 주리니. 창 28:12, 13

하나님은 위태로운 삶을 사는 우리의 삶을 지켜보고 계시다가 가장 적절한 시기에 개입하셔서 도와주신다. 우리가 영적 장자이며 우리를 통하여 이루실 일들이 있기 때문이다. 분노의 칼을 갈고 있는 형을 피해 도망가는 야곱은 광야에서 돌베개를 베고 자고 있었다. 그 밤에 하나님은 야곱을 찾아오셨다. 하나님이 실패한 야곱 인생에 개입하신 이유는 하나님의 백성이기 때문이다. 이것이 하나님의 백성이 누리는 특권이고 '특별 은혜'다. 아무 잘못도 하지 않은 에서는 억울한 일을 당했지만 하나님은 그의 편을 들어주지 않으셨다. 이러한 하나님의 역사하심이 이해되는가? 하나님의 역사는 반드시 하나님 나라의 일을 위해서다. 하나님 나라의 일은 백성의 죄를 사하고 그 나라를 완성하는 것이다. 사기꾼 기질이 있는 야곱을 태어나기 전부터 당신의 자녀로 선택하셨다. 야곱은 영적 장자이며 예수 그리스도가 오실 통로이기에 도우시는 것이다.

우리 또한 구원받은 하나님의 백성이고 하나님은 우리의 아버지시다. 이 사실이 우리에게 큰 위로와 힘이 된다. 하나님의 시선은 하나님의 백성에게 집중되어 있다. 야곱은 비록 아버지를 속이고 형의 복을 가로챘지만 광야의 밤에 찾아오셨다. 이것이 복음이다.

야곱은 영적 장자이지만 육신의 삶에서는 실패했다. 가족 관계는 깨어지고 형과는 원수가 되었다. 사실 야곱은 인간적으로는 매력이 없는 사람이고 신뢰할 만한 사람도 아니다. 더구나 자신의 목적을 위해 수단과 방법을 가리지 않는 욕망의 사람이다. 야곱은 사기꾼의 기질을 사용하고 산 결과로 힘겨운 밤을 만났다. 이는 갑자기 온 대가가 아니다. 자신이 씨앗을 뿌리는 순간부터 자라서 열매로 나타난 것이다. 그러나 하나님은 그 밤에 찾아오셔서 야곱을 만나 주셨고 약속의 말씀을 주셨다.

영적 분기점

내가 너와 함께 있어 네가 어디로 가든지 너를 지키며 너를 이끌어 이 땅으로 돌아오게 할지라 내가 네게 허락한 것을 다 이루기까지 너를 떠나지 아니하리라 하신지라. 창 28:15

하나님께서 야곱과 함께하시는 이유는 야곱을 통하여 계획하신 것을 다 이루시기 위함이다. 하나님께는 선택한 자들을 통해 이루실 일이 있다. 창세기 3장 15절에 약속하신 '여자의 후손'이 오시기까지 야곱은 통로가 되어야 한다. 인생의 죄를 사하기 위해 예비하신 여자의 후손 예수 그리스도는 나를 위해 준비되신 분이다. 야곱은 감당해야 할 사명이 있다. 그때까지 하나님은 야곱과 함께 하실 것이다.

우리가 때로 '나 같은 사람도 사랑하실까'라는 생각이 들 때가 있다. 야곱 같은 사람도 사랑하신 하나님은 우리도 사랑하신다. 우리가 사기꾼 같을지라도, 거짓말쟁이일지라도, 잘못된 인생의 선택 가운데 실패하고 실수해도 하나님은 여전히 사랑하신다. 이것이 믿음의 사람들이 받은 은혜이고 특권이다.

야곱이 실패한 후 좌절을 맛본 자리가 바로 벧엘이다. 이곳은 인생의 광야에서 돌베개를 베고 잤던 자리이다. 실패와 좌절을 품고 고단한 인생이 누워 있던 벧엘에서 야곱은 비로소 하나님이 함께하심을 깨달았다. 하나님은 인생의 벧엘에서 고통 가운데 있는 하나님의 백성에게 찾아오신다. 그러므로 인생의 벧엘은 실패를 딛고 성공으로, 슬픔을 이기고 기쁨으로, 좌절을 이기고 희망으로 전환시키는 분기점이다.

야곱은 하나님을 만난 벧엘을 떠나 밧단아람으로 향했다. 그런데 그곳에는 자신의 모습을 능가하는 외삼촌이 야곱을 기다리고 있었다. 그는 외삼촌 집에서 사건이 종결되지 않은 채 기소중지자의 삶을 살고 있었다. 언젠가는 피해자인 형과 만나야 한다. 마음 한곳에 늘 형에 대한 두려움과 불안함이 있었다. 야곱은 외삼촌 집에서 사는 동안 마음고생과 몸 고생이 이만저만이 아니었다. 그렇게 20년이 흘렀다. 하나님은 외삼촌 집에서 고생하며 살고 있는 야곱에게 다시 나타나셨다.

> 나는 벧엘의 하나님이라 네가 거기서 기둥에 기름을 붓고 거기서 내게 서원하였으니 지금 일어나 이 곳을 떠나서 네 출생지로 돌아가라 하셨느니라. 창 31:13

하나님은 매 순간 음성을 주시지 않고 자신의 때에 자신의 방법으로 나타나신다. 야곱은 형 에서를 피해 도망가던 그 밤, 벧엘에 찾아오신 하나님께 서원했었다. 그러나 네 명의 아내와 자녀들과 삶에 취해 사는 동안 까마득히 잊고 있었다. 그럼에도 하나님은 밧단아람에서 변함없이 야곱에게 다시 나타나셔서 말씀하셨다. "네 출생지로 돌아가라." 야곱이 고향으로 돌아가야 할 하나님의 때가 되었으니 이때가 바로 벧엘로 돌아가야 할 때다.

야곱은 하나님 말씀에 순종하여 고향으로 돌아왔다. 돌아와서 가장 먼저 가야 할 곳은 벧엘이었다. 20년 전 벧엘에서 하나님을 만났고 서원도 했었다. 그런데 고향에 돌아온 후 하나님이 주신 은혜의 자리 벧엘로 나아가지 않고 세겜으로 갔다. 마치 역주행하며 질주하는 차와 같이 야곱은 이탈한 길로만 나아간다.

세겜 성읍에서 십 년여 이상 머무는 동안 사랑하는 딸 디나가 히위 족속 추장 세겜에게 강간당하는 일이 발생했다. 이 일은 야곱의 아들들이 세겜 성에 있는 남자들을 도살하는 죄를 짓게 하는 틈을 주고 말았다. 딸부터 아들들까지 온통 가정이 온전하지 못하다. 뭐 하나 제대로 되는 것이 없다. 문제의 근원을 찾고 원인을 해결하지 않으면 야곱은 같은 인생을 반복하며 살 수밖에 없다. 야곱은 사람만 속이는 것이 아니라 하나님도 속이고 있다. 금방 할 것처럼 서원하고 돌아서면 잊어버린다. 야곱의 거짓된 인생이 반복적인 문제를 일으키게 한 것이다.

나는 사역 중에 야곱 같은 인생을 사는 사람들을 종종 만난다. 이런 사람은 많은 시간이 흘러도 항상 같은 문제로 찾아온다. 문제의 근원으로 올라가 원인을 깨닫게 해도 신기할 정도로 같은 문제를 만든다. 변화하지 않기 때문이다. 이런 사람은 상담자뿐만 아니라 주변 사람들을 지치고 포기하게 만든다.

하나님은 우리에게 매 순간 새로운 음성을 주시지 않는다. 다시 말씀을 주실 때까지 백성들은 약속의 말씀을 붙들고 살아야 한다.

야곱은 시시때때로 약속의 말씀을 잊어버리고 살았다. 밧단아람에서도, 세겜에서도 말씀과 무관한 삶을 태평하게 살았다. 그로 말미암아 야곱은 선택한 매번 후퇴하고 많은 것을 잃어버렸다.

> 하나님이 야곱에게 이르시되 일어나 벧엘로 올라가서 거기 거주하며 네가 네 형 에서의 낯을 피하여 도망하던 때에 네게 나타났던 하나님께 거기서 제단을 쌓으라. 창 35:1

세겜에서 인생을 도둑질당하고 있을 때 하나님은 다시 벧엘로 가라고 말씀하셨다. 야곱에게는 은혜의 자리가 필요하다. 은혜의 자리를 벗어난 후 계속해서 힘든 삶을 살았기 때문이다. 그러나 야곱은 깨닫지 못했다. 하나님은 제단을 쌓는 은혜의 자리 벧엘로 가라고 명령하신다. 지금이 야곱에게는 은혜를 회복할 최고의 때다. 이때 주저 없이 은혜의 자리로 나아가야 한다. 질병, 가난, 고통, 슬픔은 우리의 벧엘이다. 우리에게 온 모든 문제의 벧엘을 인생의 은혜를 회복할 수 있는 벧엘이 되도록 해야 한다. 벧엘에서 만나주셨던 하나님의 은혜를 사모하며 그 자리로 나아가 은혜를 다시 회복해야 한다.

지금 당신이 처한 상황만을 바라본다면 영적으로 미성숙한 것이다. 당신이 인생 중에 최고의 나락으로 떨어졌던 그 벧엘에 오셨던 하나님의 은혜를 사모해야 한다. 신앙생활 중에 항상 충만함이 오거나 은혜가 쏟아지는 것이 아니다. 그래서 우리는 주님께서 만나

주셨던 벧엘에 머물러 있는 훈련이 필요하다.

각자 경험한 은혜의 자리 벧엘을 생각해 보면 죽을 만큼 힘들었던 자리가 있었을 것이다. 나에게도 인생의 벧엘이 있었다. 이유 없이 애매한 고통을 받았었다. 많은 사람에게 비난받고 외면도 당했다. 어느 날 철저하게 홀로 버려진 것 같았던 그 벧엘의 자리에 주님이 함께 계심을 깨달았다. 나는 그곳에서 기쁨의 우물을 허겁지겁 퍼 마셨다. 어느새 영적 근육은 강화되고 독수리가 날개 치며 올라감 같은 새 힘이 속사람 안에서 솟구쳐 올랐다. 애매한 고난이 나에게는 인생 최고의 벧엘을 만들어 냈다. 하나님의 섭리였다. 나는 지금도 그 벧엘의 자리를 기억하며 하나님의 은혜의 샘물을 쉼 없이 마시고 있다. 우리는 벧엘로 올라가야 한다. 주님을 만났던 자리에 다시 돌아가 보자. 그곳에서 주셨던 하나님의 은혜를 사모하며 다시 충만한 은혜의 삶을 누리게 될 것이다.

영적 갱신

> 야곱이 이에 자기 집안 사람과 자기와 함께 한 모든 자에게 이르되 너희 중에 이방 신상들을 버리고. 창 35:2

야곱이 하나님을 까마득히 잊고 사는 동안 가정과 삶의 영역에 이방 신들을 섬기는 사람들로 가득해졌다. 벧엘에서 서원했던 야곱의 신앙은 아름다웠다. 그러나 그 은혜를 지속시키지 못하고 하나님에게서 이탈된 삶을 살았다. 그리고 가정 안에 우상이 하나둘씩 들어와도 감지하지 못하고 우상과 더불어 살았다. 야곱은 딸 디나 강간 사건과 세겜 성읍의 남자들을 살인한 아들들의 죄악과 슬픔을 뒤로하고 결단해야 했다. 그리고 벧엘로 가기 위해 자기와 함께한 모든 사람에게 이방 신상을 모두 버리도록 명령했다.

"자신을 정결하게 하고 너희들의 의복을 바꾸어 입으라." 야곱은 지금까지 세상의 것들로 껴입었던 모든 사치의 옷도, 방탕의 옷도 벗어버리라고 명령했다. 그리고 벧엘로 올라가자고 촉구했다. "내 딸이 강간을 당하고 내 자식들이 살인을 했다. 내 인생은 실패했다. 내 환난 날에 내게 응답하시며 내가 가는 길에서 나와 함께 하신 하나님께 내가 거기서 제단을 쌓으려 한다." 처절한 야곱의 고백이었을 것이다.

우리도 인생의 벧엘에서 만나주신 주님께로 빨리 나아가야 한다. 하나님의 은혜 밖으로 벗어나면 '없어도 될 문제'가 기다릴 뿐만 아니라 살아 있으나 산 것이 아니다. 야곱은 오랜 세월동안 살아 있으나 죽어 있는 것 같은 인생을 살았다. 영적 장자인데도 형편없이 사는 야곱을 보면서 은혜 받았기 때문에 인생이 무조건 형통할 것이라는 기대를 미련 없이 버려야 한다. 우리는 하나님의 말씀을 따라 사는 삶을 선택하고 살아야 한다. 지금 당신에게 문제가 있다면 그 문제가 왜 왔는지 근원으로 올라가 원인을 파악해야 한다. 문제가 곪아 터지기 전까지 바늘 구멍만한 자신의 문제를 보지 못한다면 잠시 후에 둑이 무너질 것이다.

　당신 인생의 벧엘은 어디인가. 야곱의 벧엘은 루스다. 루스는 형의 낯을 피하여 도망간 도망자의 자리다. 인생에서 가장 큰 실패의 맛을 본 자리다. 고독하고 쓸쓸한 순간, 우울하고 무기력한 순간, 그러나 인생에서 가장 깊은 은혜의 샘물을 마셨던 자리다. 그 자리로 돌아가는 것이 복이다. 주저하지 말고 빨리 벧엘로 올라가라.

　은혜의 자리에 올라가기 위해 버려야 할 것들은 모두 버려야 한다. 방탕한 세상의 것, 하나님이 기뻐하지 않는 것을 잘라 내고 도려내야 한다. 교만, 아집, 고집, 잘못된 습관을 모두 벗어 버려야 한다. 그래야 벧엘로 나아갈 수 있다.

　야곱 일행은 버려야 할 것들을 다시 꺼내 볼 수 없는 곳에 보이지 않게 묻었다. 이곳은 세겜이고 이들은 세겜을 떠나 벧엘로 올라갔기 때문에 다시 꺼내 볼 수 없는 곳이었다. 만약에 이들이 이것들을 가지고 가서 벧엘에 묻었다면 얼마 후에 다시 꺼내어 또 삶 속으로 밀어넣었을 것이다. 다시 올 수 없는 땅 세겜, 지나가 버린 땅에다 벗어 던지고 깊이 묻어버렸다. 그리고 벧엘로 나아갔다. 그곳에 이르러서 비로소 제단을 쌓고 하나님의 은혜를 기억하며 감격의 시간을 가졌다. 벧엘에 나아온 야곱은 지나온 세월을 돌이켜 보며 회한의 눈물을 흘렸을 것이다. 그리고 너무 많은 것을 잃어버렸고 아파했던 지난날들을 점검하며 새로운 삶을 각오하고 다짐했을 것이다. 그리고 이후의 삶은 야곱이 다시 선택하고 적용하며 살아야 할 그의 숙제로 남아 있다.

04
그저 감사할 뿐

지금 어둠의 터널을 지나고 있다면 약속의 말씀을 붙들어라. 하나님의 특별한 계획은 결코 중단되거나 변경되지 않는다. 우리는 하나님의 백성이고 하나님의 특별한 계획안에 사는 자들이다. 우리의 제물되시는 예수 그리스도의 십자가에 시선을 고정하고 '그저 감사할 뿐입니다'라고 진심으로 고백하는 삶을 산다면 세상 어떤 것도 우리의 감사를 막을 수 없을 것이다. 우리가 감사로 주님 앞에 나가는 것보다 아름다운 것은 없다. 진심으로 감사할 때 주님의 은혜가 임한다. 입술로만 감사하지 말고 진정한 마음으로 감사하는 삶을 살아가자.

하나님의 계획

양적 감사와 질적 감사에 대한 최고의 표현은 무엇일까. 여러 가지로 표현할 수 있겠지만 문득 생각 속에서 입술을 타고 미끄러져 나오는 말이 있다. "그저 감사할 뿐입니다." 이 말은 어떠한 상황이나 환경을 초월한 최고의 감사 표현이라 생각한다. 믿음 안에 사는 우리의 감사 또한 그래야 함이 마땅하다.

나를 향한 하나님의 계획은 주인 된 땅에서 주인 된 삶을 계획하실 때도 있지만, 종 된 땅에서 종살이의 삶을 계획하실 때도 있다.

하나님의 계획은 철저하게 하나님의 계획된 시간에 이루어진다. 하나님의 계획안에 있는 종살이의 땅 애굽. 이스라엘 백성들이 비록 주인의 삶을 살지 못하고 있지만 애굽 땅에서 행하신 하나님의 놀라우신 은혜를 발견하며 믿음의 사람들은 그저 감사할 수 있어야 한다.

> 여호와께서 아브람에게 이르시되 너는 반드시 알라 네 자손이 이방에서 객이 되어 그들을 섬기겠고 그들은 사백 년 동안 네 자손을 괴롭히리니 그들이 섬기는 나라를 내가 징벌할지며 그 후에 네 자손이 큰 재물을 이끌고 나오리라 너는 장수하다가 평안히 조상에게로 돌아가 장사될 것이요 네 자손은 사대 만에 이 땅으로 돌아오리니 이는 아모리 족속의 죄악이 아직 가득 차지 아니함이니라 하시더니. 창 15:13-16

이스라엘 백성을 이방에서 객이 되게 하실 하나님의 계획이 아브람에게 계시되었다. 이방은 애굽을, 객은 아브라함의 후손들이 그 땅에서 손님이나 여행객처럼 살게 될 것을 의미한다. 이스라엘 백성들에게 애굽은 사백여 년 동안 잠시 경유하는 땅일 뿐이다. 그러나 잠시 경유하는 여행이 즐겁지만은 않다. 애굽인을 섬겨야 하기 때문이다. "섬기겠고" "괴롭히리니" 그들이 애굽으로 내려가면 애굽 사람들을 섬기는 종으로 살게 될 것을 의미한다. 그 과정에서 괴로움도 당할 것이다. 이 약속의 말씀을 들은 아브라함의 마음은 무거웠을 것이다. 4대가 지나는 동안 내내 종살이를 해야 하는 하나님의 계획에 그저 감사할 수 있었을까.

하나님의 계획에 대한 목적

하나님의 계획에 감사할 수 있으려면 계획에 대한 목적을 알아야 한다. 하나님의 목적은 가나안 땅을 아브라함의 자손에게 주시기 위함이셨다. 하나님의 계획을 더 거슬러 올라가 보면 구세주로 오실 여자의 후손을 만나게 된다(창 3:15). 여자의 후손인 예수 그리스도가 오시기까지 계보가 필요하다. 그러므로 민족을 이루어야 한다. 그러나 가나안 땅을 지금 주시기에는 아직 아모리 족속의 죄악이 넘치지 않았다. 하나님의 때가 아닌 것이다. 그래서 아브라함의 자손을 애굽으로 인도하셨다.

하나님의 계획은 아브라함의 손자 야곱의 때에 시작되었다. 드디어 하나님은 야곱과 그의 가족들을 애굽으로 인도하셨다. 야곱은 기근을 피해 칠십 명의 가족들을 데리고 애굽으로 내려갔다. 애굽에서는 이미 야곱의 열한 번째 아들인 요셉이 국무총리가 되어 있었다. 요셉은 형들에 의해 이방인의 땅 애굽으로 팔려갔으나 요셉에 대한 하나님의 계획은 요셉을 앞서가시며 인도하셨다. 요셉은 애굽의 국무총리가 되어 칠 년 풍년의 때에 다가올 칠 년의 기근을 준비하는 업적을 남겼고, 애굽의 위기를 슬기롭게 대처했다. 이 일은 요셉과 함께하신 하나님의 은혜였다. 그로 인해 요셉의 공로는 애굽 사람들에게 이스라엘 족속이 우대받기에 충분하게 했다.

단계적 민족 만들기

요셉과 그의 모든 형제와 그 시대의 사람은 다 죽었고 이스라엘 자손은 생육하고 불어나 번성하고 매우 강하여 온 땅에 가득하게 되었더라. 출 1:6, 7

1단계 번성 – 우대받는 환경을 통해 번성하게 하신다.

하나님의 계획은 단계적으로 이스라엘 민족을 만들어 가는 것이었다. 요셉을 아는 사람들이 사는 세대 동안 자손은 생육하고 번성했고 매우 강하여 애굽 온 땅에 가득하게 되었다. 하나님은 큰 민족을 이루어 오실 예수 그리스도의 계보를 준비하신 것이다. 요셉을 알지 못하는 왕이 세워지기 전까지 이스라엘 백성은 평화롭고 윤택한 삶을 살았다. 하나님은 이스라엘 백성을 평안하게 하셨다. 애굽에 내려가자마자 혹독한 삶이 기다리고 있었다면 이들은 번성하지 못하고 하나님의 민족 만들기에 대한 계획은 실패했을 것이다. 요셉의 업적을 아는 왕이 다스리는 동안 이스라엘 백성은 셀 수 없이 번성했다. 어느덧 요셉의 업적을 아는 세대가 다 죽고, 요셉을 모르는 새 왕이 나라를 다스리게 되었다.

새 왕에게는 자신들보다 숫자가 많고 강한 이스라엘이 근심거리였다. 요셉의 업적 따위는 알 바 아니다. 이때가 애굽에 내려온 이스라엘 백성의 마지막 4대가 태어날 시기쯤이다. 즉 하나님이 가나안 땅을 주실 때가 점점 가까이 오고 있었다. 이스라엘 백성에게 평탄한 삶은 막을 내렸고, 애굽의 종으로 혹독한 노역이 그들을 기다리고 있었다.

2단계 번성 – 학대 가운데서도 번성하게 하셨다.

그러나 학대를 받을수록 더욱 번성하여 퍼져나가니 애굽 사람이 이스라엘 자손으로 말미암아 근심하여. 출 1:12

어느덧 평안은 지나고 그들에게 학대가 기다리고 있었다. 그들은 힘겨운 생활고를 당하며 강도 높은 노동에 시달리고 있었다. 그럼에도 놀라운 일이 일어났다. 이스라엘 백성이 학대받을수록 더욱 번성하여 퍼져나갔다. 사람은 마음이 평안할 때 사랑도 느낀다. 인생이 고달프고 광야에 머물러 있을 때는 사랑이 사치다. 밖에서는 노동하면서 애굽 사람들에게 학대를 받으니 집에 오면 지쳐 쓰러져야 한다. 그런데 가정에 돌아오면 하나님의 언약 때문에 소망이 있다. 그러므로 가족들이 소중하고 가정이 최고의 안식처가 되었다. 가족들 사이에서 하나님의 언약을 다시 기억하며 말씀을 묵상하고 서로를 위로해 주니 고난 속에서 가족애는 더욱 끈끈해졌다. 그리고 돌아보니 사랑의 결실인 아이들이 여기저기 태어나 번성했다.

평탄할 때는 잊었다가 학대 속에서 약속의 말씀을 기억하고 주인 된 약속의 땅 가나안을 바라보니 숨통이 트였다. 그날이 점점 가까이 다가오고 있었고 설레는 마음과 소망이 교차하고 있었다. 학대받을수록 이스라엘의 믿음은 더욱 새로워졌다. 가정에서의 소망과 평안은 밖에서 당하는 학대를 이겨내고도 남았다. 말씀 안에서 번성함이 더욱 크게 되니 애굽 사람의 근심거리가 되지 않을 수 없었다.

이스라엘 백성은 학대를 받을수록 하나님의 언약을 확실하게 붙들기 시작했다. 젖과 꿀이 흐르는 가나안 땅을 믿음으로 바라보며 학대를 이겨냈다. 이스라엘 백성에게 애굽은 하나님이 계획하신 종살이의 땅이며 무소유의 삶을 산 곳이다. 여행객처럼 살았고, 물질도, 명예도, 그 어느 것 하나 소유하지 않아 미련이 없어 더욱 감사한 땅이다. 그러므로 서서히 삶을 정리하며 돌아갈 마음의 준비만 하면 된다.

시간이 지날수록 이스라엘 백성들의 고역의 강도는 높아만 갔다. 아침에 눈을 뜨는 것이 괴로웠을 것이다. 피곤한 하루하루가 고역이다. 현실을 바라보면 원망과 불평뿐이지만, 이들에게는 하나님의 언약이 함께하신다. 조금만 기다리자, 조금만 견디자. 서로 위로한다. 하나님은 반드시 4대 만에 가나안에 돌아가게 하시리라 말씀하셨으니 그날이 곧 올 것을 믿는다. 지금은 "하나님, 그저 감사할 뿐입니다" 이 마음이면 족하다.

학대를 받을수록 번성해가는 이스라엘 백성을 애굽은 더 강한 방법으로 괴롭게 했다. 노동의 강도는 더욱 올라갔고, 그로 인한 생활고는 더 심해졌다. 이제는 가정 안에서도 평안이 없다. 모두가 지쳐 버렸다. 어느 곳에서도 희망의 빛은 보이지 않는다. 엎친 데 덮친 격으로 애굽인은 히브리 민족 말살 정책까지 단행하였다. 비상사태다. 태어나는 모든 남자아이를 죽이는 상황에서 감사할 수 있는가. 그러나 보이지 않는 곳에서 하나님은 이들을 돕고 계셨다.

형통하게 하시는 하나님

애굽 왕이 히브리 산파 십브라라 하는 사람과 부아라 하는 사람에게 말하여 이르되 너희는 히브리 여인을 위하여 해산을 도울 때에 그 자리를 살펴서 아들이거든 그를 죽이고 딸이거든 살려두라. 출 1:15-16

애굽으로 내려 보내시고 가나안으로 이끄실 분은 하나님이시다. 이스라엘 백성의 계보를 통해 오실 예수 그리스도를 보내실 분도 하나님이시기에 자신의 계획 속에서 역사하신다. 우리의 인생을 향한 하나님의 계획에는 종 된 땅에서의 고난도 포함되어 있다. 그러므로 주인 된 땅에서의 삶만 감사할 일은 아니다. 나를 향한 하나님의 광대한 계획 속에서 인도하시는 그분의 손길을 믿음으로 바라본다면 감사의 제물을 드리지 않을 수 없다.

이스라엘 백성은 형통한 자들이다. 그들은 하나님의 놀라운 계획안에 있을 뿐 아니라 그들을 통해 이루어 가시기 때문이다. 지금 이스라엘 백성은 고통 속에 있다. 개인뿐만 아니라 가정도 혼란스럽다. 바로가 아들이 태어나면 다 죽이도록 산파들에게 명령했기 때문이다.

> 그러나 산파들이 하나님을 두려워하여 애굽 왕의 명령을 어기고 남자 아기들을 살린지라. 출 1:17

바로의 영아 말살 정책은 이스라엘 백성에게는 절망적인 사건이다. 바로의 정책에 이용된 십브라와 부아는 하나님을 경외하는 자들이다. 그들은 히브리인들이 아들을 출산했을 때 산파 역할을 잘 감당했다. 그리고 애굽 왕에게 거짓을 말했다. "히브리 여인은 애굽 여인과 같지 아니하고 건장하여 산파가 그들에게 이르기 전에 해산 하였더이라"(출 1:19). 하나님은 우리의 절망 속에서 이렇게 일을 하신다. 하나님 나라의 일은 하나님이 이끌어 가신다. 내가 하나님 나라에 속한 자라면 두려워하지 않을 이유가 여기에 있다.

하나님의 때가 가까이 올수록 이스라엘 백성에게는 최악의 상태가 펼쳐졌다. 이스라엘 백성은 애굽에서의 삶이 지긋지긋하다. 빨리 이 상황을 벗어나고 싶었을 것이다. 종살이의 삶이 끝나는 지점이 가까이 오면 이스라엘 백성은 감사와 기쁨이 넘쳐야 한다. 그러나 현실은 전혀 감사할 수 없는 힘겨운 문제로 고통이 더해만 갔다. 이때가 신앙을 다시 점검해야 할 때다. 그들은 기도하기를 선택하고 하나님께 탄식하며 부르짖었다.

하나님이 그들의 고통 소리를 들으시고 하나님이 아브라함과 이삭과 야곱에게 세운 그의 언약을 기억하사 하나님이 이스라엘 자손을 돌보셨고 하나님이 그들을 기억하셨더라. 출 2:24, 25

하나님은 자신의 백성과 함께 일하신다. 이스라엘 백성에 대한 애굽에서의 삶은 하나님의 계획 속에서 이루어졌다. 이스라엘 백성이 애굽에서 준비할 일은 민족을 이루는 것이었다. 이제 그들은 번성하여 강한 민족이 되었고 떠나야 할 때가 가까이 왔다. 이스라엘 백성은 서서히 애굽의 삶을 정리하면서 준비해야 한다. 그리고 종 된 마음을 주인의식으로 바꾸고 막바지에 힘겨운 터널을 지나며 가나안 땅을 바라보아야 한다. 일일이 가족들의 마음을 점검하고 준비시켜야 한다. 서로 격려하며 하나님의 언약을 되새기며 믿음의 눈을 떠야 한다. 얼마나 흥분되는 일인가. 노예의 삶에서 벗어나 주인 된 땅으로 갈 날이 가까이 오고 있으니 기쁘고 즐겁게 감사의 기도를 드려야 한다.

하나님의 때

여호와께서 이르시되 내가 애굽에 있는 내 백성의 고통을 분명히 보고 그들이 그들의 감독자로 말미암아 부르짖음을 듣고 그 근심을 알고. 출 3:7

이스라엘 백성을 향한 하나님의 계획은 섬세하시다. 하나님은 자신의 때에 일하시기 때문에 어느 때는 굉장히 오랫동안 침묵하시기도 하신다. 이스라엘 백성이 번성하는 사백삼십 년 동안 하나님은 침묵하셨다. 그러므로 하나님의 백성에게 이 시기는 약속의 말씀을 붙들고 살아야 할 때다.

하나님은 성경에 삼만 이천오백 가지의 약속의 말씀을 주셨다. 그러므로 우리도 하나님의 기록된 약속의 말씀을 붙들어야 한다. 하나님의 언약은 기록된 말씀 안에 있기 때문이다. 또한 우리에게 주시는 그분의 음성을 기록된 말씀 속에서 들어야 한다. 하나님은 날마다 신비로운 음성을 주시지 않는다. 그러므로 하나님의 백성은 하나님의 말씀을 읽고 묵상하며 깨닫는 은혜가 있어야 한다. 깨닫는 것이 바로 하나님의 음성이기 때문이다.

하나님은 이스라엘 백성이 고통 속에서 울부짖는 소리를 다 듣고 계셨다. 하나님은 한순간도 시선을 외면한 적이 없으셨다. 하나님의 침묵은 외면이 아니다. 그분의 침묵은 때를 기다리시는 것이다. 하나님은 하나님의 백성을 지켜보시면서 부르짖음을 듣고 계시지만, 하나님의 때까지 기다리신다. 우리가 부르짖고 기도했다면 응답이 올 때까지 믿음으로 기다려야 한다. 이 모든 것을 하나님이 아시니 힘을 내고 전진해야 한다. 그리고 약속의 말씀을 붙들어야 한다. 약속의 말씀이 이스라엘 백성에게 생명이고 소망이기 때문이다.

내가 내려가서 그들을 애굽인의 손에서 건져내고 그들을 그 땅에서 인도하여 아름답고 광대한 땅, 젖과 꿀이 흐르는 땅 곧 가나안 족속, 헷 족속, 아모리 족속, 브리스 족속, 히위 족속, 여부스 족속의 지방에 데려가려 하노라. 출 3:8

드디어 약속의 말씀을 이루실 때가 되었다. 하나님은 신실하시기에 자신의 언약을 반드시 이루신다. 하나님의 언약 속에는 죄인들을 구원할 작정이 들어있기 때문이다. 하나님이 그들의 부르짖음에 응답하신 것은 그들을 사랑하기 때문만은 아니다. 그들과 약속하셨기 때문이다. 하나님은 그들을 애굽에서 건져내시겠다고 말씀하셨다. 종 된 땅에서 주인 된 땅으로, 종 된 삶에서 주인의 삶으로 이끌어 주시겠다고 약속하셨다. 그리고 이스라엘 백성이 고통받고 있을 때 하나님은 모세를 준비시키고 계셨다.

하나님의 도구, 모세

하나님은 하나님의 나라를 위해 창세 전부터 계획하고 계시며 우리가 세상에 태어나기 전부터 우리에 대한 계획을 갖고 계신다. 모세에 대한 하나님의 계획은 태어나기 전부터 작정하신 것이다. 하나님은 모세의 삶 가운데 시시때때로 섭리하셨다. 모세가 버려진 곳에 바로의 딸을 보내셨고 왕궁에서 공주의 아들로 살게 하셨다. 왕궁에 들어간 모세는 자신을 낳은 엄마의 젖을 먹고 자라났다. 바로의 왕궁에서 자랐지만, 모세에게는 히브리인의 피가 흘렀다. 유모였던 모세의 친엄마가 히브리인임을 각인시켰을 것이다. 하나님은 왕실 교육을 받으면서 자라는 모세를 준비시키셨다. 그러던 어느 날 모세는 살인을 저지르고 말았다.

> 모세가 장성한 후에 한번은 자기 형제들에게 나가서 그들이 고되게 노동하는 것을 보더니 어떤 애굽 사람이 한 히브리 사람 곧 자기 형제를 치는 것을 본지라 좌우를 살펴 사람이 없음을 보고 그 애굽 사람을 쳐죽여 모래 속에 감추니라. 출 2:11, 12

우리는 어떤 일을 할 때 신중하게 생각하고 행동해야 한다. 지금 선택한 일이 문제를 완전하게 해결할 수 있다면 주저하지 말아야 한다. 하지만 그렇지 않다면 잠시 숨을 고르고 깊이 생각해야 한다. 그리고 궁극적인 해결책을 구하는 것이 현명하다. 한 명의 애굽 사람을 죽인다고 해서 이스라엘에 대한 학대가 멈추지는 않는다. 그리고 근본적인 해결책이 될 수도 없다. 이럴 때 쉽게 분노하면 돌이킬 수 없는 후회만 하게 된다. 우발적인 행동을 한 모세는 미디안 광야로 도망가야 했다. 그곳에서 사십 년 동안 안 해도 될 고생을 해야 했다.

이스라엘에 대한 애굽 사람의 학대는 하나님의 계획이다. 견딜 수 없는 고통은 사백 년 동안 언약에 무디어진 이스라엘 백성을 깨우는 도구였다. 이스라엘을 학대에서 구출해 낼 방법은 하나님께 있다. 하나님을 앞서가면 없어도 될 고난이 찾아온다. 하나님 나라의 일은 반드시 하나님이 하신다는 것을 명심해야 한다.

> 모세가 그의 장인 미디안 제사장 이드로의 양 떼를 치더니 그 떼를 광야 서쪽으로 인도하여 하나님의 산 호렙에 이르매 여호와의 사자가 떨기나무 가운데로부터 나오는 불꽃 안에서 그에게 나타나시니라 그가 보니 떨기나무에 불이 붙었으나 그 떨기나무가 사라지지 아니하는지라 이에 모세가 이르되 내가 돌이켜 가서 이 큰 광경을 보리라 떨기나무가 어찌하여 타지 아니하는고 하니 그 때에. 출 3:1-3

광야 생활 사십 년. 왕궁에서 공주의 아들로 사십 년을 산만큼 미디안 광야에서도 사십 년 동안 뼈가 굵었다. 미디안 광야 근동지역은 눈 감고도 갈 수 있을 지경이다. 사십 년 동안 장인의 양을 치면서 양의 속성과 생리도 통달했다. 왕궁만큼은 아니지만 광야에서도 그런대로 살 만하다. 특별하지는 않지만 아내가 있고 자식이 있으니 소소하게 누리는 행복이 있다.

어느 날 하나님은 호렙산에서 모세를 찾아 오셨다. 여호와의 사자가 떨기나무 가운데로부터 나오는 불꽃 안에서 모세에게 나타나셨다. 모세가 보니 떨기나무에 불이 붙었는데 떨기나무가 사라지지 않는다. 희한하고 놀랍다. 왜 떨기나무가 타지 않을까 궁금하여 떨기나무에 다가가기 위하여 몸을 돌이켰다. 순간 떨기나무 가운데서 음성이 들렸다. 모세야~~ 모세야~~ 가슴이 벅차오른다. 자신의 조상 아브라함과 이삭과 야곱에게 약속하신 하나님이시다. 이스라엘 백성을 애굽으로 보내시고 큰 민족을 이루어 아모리 족속의 죄가 가득 차면 다시 가나안으로 이끄실 하나님 바로 그분이시다. 예수 그리스도를 이 땅에 보내시려고 이스라엘을 향하여 계획하신 하나님이 지금 모세를 부르신다. 얼마나 놀라운 일인가. 애굽 사람을 살인하고 도망자 신세가 된 죄인 모세.

"내가 누구이기에 나에게 오셨습니까?" 살인한 죄인에게 찾아오신 하나님이시다. 심령 깊은 곳에서 떨림과 설레는 마음이 교차한다. 이때 하나님이 모세에게 말씀하셨다. "이리 가까이 오지 말라 네가 선 곳은 거룩한 땅이니 네 발에서 신을 벗으라"(출 3:5). 심장이 터질 것 같다. 거룩하신 하나님 앞에 서니 순간 두려움이 밀려온다. 그리고 형용할 수 없는 자유의 마음과 기쁨이 심령 깊은 곳에서 일렁인다. 모세는 하나님의 거룩함에 붙들렸다. 그리고 팔십 년간 신고 있던 낡아빠진 인생의 신발을 벗고 한 발짝 뒷걸음친 후 그 자리에 엎드렸다. 그리고 하염없이 쏟아지는 눈물 속에서 예수 그리스도를 보았다. 십자가 위에서 물과 피를 쏟으실 예수 그리스도를. "나의 고집과 아집도, 인생의 비겁한 방법도, 내 생각도, 내 지식도, 내 고정관념과 개념도 다 벗어버리겠습니다." 모세는 낡은 신발을 벗듯이 자신을 내려놓겠다고 고백했다.

하나님은 이스라엘 백성이 탄식하며 부르짖는 기도를 들으시고 모세를 준비시키셨다. 그리고 그들을 주인된 땅 가나안으로 이끌어 내셨다. 하나님은 우리를 향한 계획을 이렇게 이루어 가신다. 보이지 않지만 역사하고 계신다. 들리지 않지만 지금도 누군가는 부름을 받고 있다. 만약 당신이 고난 가운데 있다면 당신을 위해 일하시고 역사하시는 하나님이 계시다는 사실을 기억해야 한다.

이스라엘 백성은 혹독한 애굽 땅에서 민족 만들기에 성공했고 하나님의 약속하신 말씀은 하나둘씩 이루어졌다. 그러므로 하나님의 백성은 현실이 힘들고 고달파도 하나님의 계획과 인도하심을 바라보며 감사하며 나아가야 한다. 막연한 삶이 아니라 약속이 있는 삶, 그 약속이 성취되어 가고 있는 삶. 얼마나 기쁘고 감사한 일인가. 지금 나의 삶이 어떠한가에 중심을 두지 말고 앞으로 나를 이끌어 가실 하나님의 계획에 중심을 두라. 그렇다면 어떠한 문제가 나를 기다려도 겁나지 않는다. 끝내는 승리할 것이기 때문이다. 하나님의 백성에게 주어진 복이 바로 이것이다. 세상 사람들은 헤아릴 수 없지만 우리는 하나님의 기록된 약속의 말씀이 있다. 그러므로 이 약속의 말씀이 우리를 이끌어 가시도록 나를 내어 맡겨야 한다.

지금 어둠의 터널을 지나고 있다면 약속의 말씀을 붙들어라. 하나님의 특별한 계획은 결코 중단되거나 변경되지 않는다. 우리는 하나님의 백성이고 하나님의 특별한 계획안에 사는 자들이다. 우리의 제물되시는 예수 그리스도의 십자가에 시선을 고정하고 "그저 감사할 뿐입니다"라고 진심으로 고백하는 삶을 산다면 세상 어떤 것도 우리의 감사를 막을 수 없을 것이다. 우리가 감사로 주님 앞에 나가는 것처럼 아름다운 것은 없다. 그리고 진심으로 감사할 때 주님의 은혜가 임한다. 입술로만 감사하지 말고 진정한 마음으로 감사하는 삶을 살아가자.

분을 내어도 죄를 짓지 말며 해가 지도록 분을 품지 말고
마귀에게 틈을 주지 말라.
에베소서 4:26, 27

05
악한 생각의 위력

상하고 찢겨 있는 상처 난 생각의 근원에 하나님의 은혜가 임해야 한다. 말씀 안에서 더럽고 추한 죄인된 나를 사랑하신 예수 그리스도의 십자가의 은혜를 깨달으면 심령 안에서 분노의 덩어리가 녹기 시작한다. 비로소 용서할 수 있는 마음이 되어 회복이 시작된다. 오랫동안 썩어 부패해 있던 생각의 근원이 고쳐지고 속사람이 새롭게 된다. 그때에야 비로소 옛사람을 버리고 새사람을 입은 복된 사람이 될 수 있다.

해답은 오직 예수 그리스도이며, 예수 그리스도는 곧 말씀이시다.

생각을 타고 들어오는 어둠

속에서 곧 사람의 마음에서 나오는 것은 악한 생각 곧 음란과 도둑질과 살인과 간음과 탐욕과 악독과 속임과 음탕과 질투와 비방과 교만과 우매함이니 이 모든 악한 것이 다 속에서 나와서 사람을 더럽게 하느니라. 막 7:21-23

사람의 마음은 죄로 말미암아 부패한 죄의 본성이 자리 잡고 있는 곳을 말한다. 만물보다 거짓되고 심히 부패한 것은 사람의 마음이다(렘 17:9). '속'은 사람의 마음을 의미하고 사람의 마음은 생각을 저장하고 있는 창고 역할을 한다. 이곳은 태아로 형성되는 순간부터 현재까지 경험한 지식들을 저장하고 있는 측량할 수 없이 거대한 공간이다. 삶을 살아온 날 동안 부패한 본성 속에 들어온 지식은 죄의 본성과 만나 악하고 독한 성질로 변한다. 그리고 시간이 갈수록 거대한 위력으로 재건축된다. 이 지식들은 우리의 생각을 통하여 말과 행동으로 표출되는 원료가 된다. 그러므로 마음은 세상에서 가장 부패한 곳이며 어둠이 거하기 좋아하는 가장 안전한 처소다. 악한 생각들은 자석처럼 어둠을 끌어당긴다. 어둠의 공격을 받는 사람들 가운데 자신의 악한 생각이 어둠의 공격 요인임을 아는 사람은 많지 않다. 악한 생각에 지속적으로 사로잡혀 있으면 어둠에 점령당해 피폐한 삶을 살게 될 수도 있다.

가룟 유다는 탐욕의 생각으로 가득 차 있는 사람이었다. 그의 탐욕의 생각은 어둠이 합세하는 동기가 되었고 마귀는 그의 탐욕을 충족시키기 위하여 예수를 팔려는 생각을 집요하게 넣어주었다 (요 13:2). 결국 가룟 유다는 미혹에 넘어지고 은 삼십에 예수를 팔아버리고 말았다. 후에 그는 자신의 잘못된 모습을 깨달았지만 목매어 비참하게 생을 마감하는 방법을 선택했다. 인생들에게 이러한 일은 무관하지 않다. 가정 안에서 정신적으로 고통 받는 사람들이 있다. 이런 고통에서 자유 해지려면 악한생각을 미련 없이 버리고 그 늪에서 빨리 헤어 나와야 한다.

가정 안에서 학습된 분노

우리 마음에 있는 생각 가운데 분노는 어둠이 공격하는 최고의 요인이 될 수 있다. 분노는 대부분 사람과 사람의 관계에서 만들어지며 미움에서 출발한다. 분노는 극단적인 결과를 초래하기에 불행을 자초하기도 한다. 그러므로 우리 자신 안에 있는 분노를 수시로 점검하는 것이 무엇보다 중요하다.

사람의 뇌는 경험된 지식들을 차곡차곡 저장해 놓는다. 사람은 육적 오감인 시각, 청각, 후각, 미각, 촉각을 통하여 환경을 경험한다. 어떤 모습을 보았는가, 무슨 말을 들었는가, 어떤 냄새를 맡았는가, 무슨 맛을 느꼈는가, 만진 느낌이 어떤 것이었는가를 경험하고 저장한다. 즉 반복적인 경험을 통하여 학습된 지식을 얻게 된다. 이 지식은 필요에 따라 삶에서 힘을 발휘한다. 좋은 경험이 많은 사람은 좋은 기억이 많아 부드러운 성품을 형성하고, 나쁜 경험이 많은 사람은 나쁜 기억이 많아 난폭한 성품을 형성한다. 여기서 사람의 성격을 형성하는데 가장 중요한 요인은 보고 듣는 것이다.

사람이 태어나면 넓은 사회를 경험하기 전에 가정이라는 작은 공동체를 먼저 접하게 된다. 이때 가족들은 태어난 사람의 인생을 좌우하는 요인을 소유하고 있다. 가정 안에서 접하는 가족들의 말과 행동은 새롭게 인생을 출발하는 한 사람의 행복과 불행을 결정한다. 사랑이 많고 따뜻한 사람들 안에서 자라면 인격이 건강하게 형성된다. 반면에 부정적이거나 포악하고 거친 사람들 안에서 자라면 모난 인격을 얻게 된다. 특히 분노가 많은 사람 속에서 자란다면 반드시 보고 들은 대로 학습하게 된다. 마치 하나의 틀에서 같은 모습이 나오는 것처럼 사람 또한 함께하는 사람들의 영향력을 직접적으로 받아 같은 모습으로 살게 된다.

   태교를 중요시 여기는 이유가 여기에 있다. 태교 이후의 삶도 태교하듯이 살아야 하지만 자라나는 아이들을 태교하듯이 양육하는 사람은 많지 않다. 학습된 분노는 그 사람이 살아가는 동안 자신도 모르게 분노를 일으키는 원재료가 된다. "꼭 저렇게까지 화를 낼 필요가 있는가." 곁에 있는 사람들에게 이런 말을 자주 듣는다면 자신 안에 학습된 분노가 있는지 점검해야 한다. 부정적이거나 분노가 많은 사람들 안에서 자랐다면 부인하고 싶겠지만 그들과 똑같은 모습이 자신 안에 있는 것을 발견하게 될 것이다.

   곁에 있는 사람들에게 잘못된 영향력을 끼치지 않으려면 자신 안에 있는 분노의 원뿌리를 해결해야 한다. 분노의 원뿌리는 다른 사람을 피폐하게 하기 전에 가장 먼저 자신에게 피해를 입힌다. 이유모를 억울함과 우울함, 미움 뒤에 숨어있는 슬픔이나 무기력함이 자신을 괴롭힌다. 자신이 불행하니 곁에 있는 사람을 행복하게 할 수 없다. 수동적인 사람이라면 낮은 자존감 때문에 자신 스스로를 자학하며 살게 되겠지만 능동적인 사람이라면 곁에 있는 사람에게 분노의 불화살을 던지며 학대하는 불행을 초래할 것이다. 학습된 분노는 보고 듣는 또 다른 사람에게 고스란히 물려준다. 이것이 불행이 불행을 낳는 이유다. 학습된 분노는 미움의 기회를 만나면 상상할 수 없는 핵폭탄으로 분출된다.

학습된 분노의 위력

초대 왕 사울은 하나님의 말씀에 불순종하므로 버림을 받았다. 하나님의 영은 사울을 떠나고 그는 악령에 붙들려 번뇌하는 삶을 살고 있었다. 이때 다윗이 수금을 탄즉 사울이 상쾌하게 회복되었다. 이것을 계기로 다윗은 사울의 무기 드는 자가 되었다. 사울은 고질적인 블레셋의 문제를 해결해야 했다. 그런데 소년 다윗이 물맷돌로 블레셋 장군 골리앗을 무너뜨리고 돌아왔다. 사울의 앓던 이가 빠졌으니 위장의 답답함도 뚫려야 한다. 지끈거리던 두통도 마찬가지다. 이제는 다리 뻗고 잠을 잘 수 있으니 감사해야 한다. 그러므로 이 업적은 고질적인 문제를 해결한 공로로 훈장감이다. 그러므로 백성들의 어떠한 반응도 기분이 좋아야 마땅하고 자신도 즐거워야 한다.

> 사울이 그 말에 불쾌하여 심히 노하여 이르되 다윗에게는 만만을 돌리고 내게는 천천만 돌리니 그가 더 얻을 것이 나라 말고 무엇이냐 하고 그 날 후로 사울이 다윗을 주목하였더라.
>
> 삼상 18:8, 9

그런데 다윗을 향한 백성들의 말이 사울왕의 심장에 비수처럼 꽂혀 생각할수록 기분이 나빴다. 육십이 훌쩍 넘은 나이에 왕이 소년을 향해 느끼는 감정이다. 소년을 향한 백성들의 반응, 그의 붉은 얼굴, 빼어난 눈빛, 아름다운 얼굴, 용기, 무용, 구변이 뛰어난 소년 다윗 앞에 서니 자신이 너무 작아 보인다. 이것이 낮은 자존감이다.

어린 소년을 향해 느끼는 질투의 감정은 미움을 낳고 점점 자라나 분노를 일으켰다. 수시로 다윗을 향해 죽음의 창을 던져 보지만 날렵하게 피했다. 다윗은 견디다 못해 결국 분노의 창을 피해 도망했다. 사울은 분이 풀리지 않는다. 다윗이 자기가 보는 눈앞에서 사라져야 한다. 그래서 군사를 이끌고 다윗을 추격했다. 전쟁도 아닌데 소년 한 사람 죽이기 위해서 군사 3천 명씩 동원시켰다. "꼭 이렇게까지 할 필요가 있을까"라고 느껴진다. 이것이 바로 학습되어 저장된 분노의 사람에게서 표출되는 현상이다.

낮은 자존감의 사람은 자신감이 떨어진다. 쉼 없는 학대 속에서 자신의 존재를 발견하지 못하고 살았기 때문이다. 대부분의 사람 앞에 서면 자신이 너무 작아 보인다. 그래서 자신 보다 커 보이는 사람을 만나면 못 견뎌하고 비난하거나 억압하고 조종하며 짓밟는 형식으로 나타난다.

다윗을 만난 이후 사울의 인생은 불행의 가속이 붙었다. 사울은 다윗을 주목했다. 그 외의 것은 보이지 않는다. 다윗을 향한 사울의 분노는 멈추지 않는다. 둘 중 하나가 죽어야 끝이 난다. 그는 왕으로서 소유한 모든 것을 누려보지도 못하고 다윗만을 쫓다가 인생을 불행하게 마쳤다. 사울의 분노의 위력은 자신의 인생을 고스란히 불태우고 말았다.

이 외에 우리 안에서 분노가 일어나는 요인 중에 몇 가지만 점검해 보려고 한다.

은혜를 모르는 사람을 향한 분노

아브라함의 아내 사라는 나이 구십이 가까울 때까지 아이가 없었다. 하나님은 자녀를 주시겠다는 약속의 말씀을 주셨지만 그때까지 자녀 없이 사는 것이 외롭고 힘들었을 것이다. 어느 날 자신의 여종 하갈을 남편에게 주었다. 그렇게라도 남편에게 아이를 안겨주고 싶었을 것이다. 하갈은 여주인의 배려로 종의 신분에서 주인의 첩이 되었으니 은혜가 감사하다. 여주인을 섬기며 살다가 이제는 여종의 섬김을 받으며 살게 되니 삶도 윤택해졌다. 부자인 아브라함의 첩이 되었으니 권세도 대단하다. 여주인에게 없는 자녀도 잉태했으니 부러울 것이 없다. 자신의 삶이 이렇게 된 이유는 여주인의 은혜였다. 사람이 은혜를 오래 기억한다면 인품이 된 사람이다. 그러나 사람이 다 그렇지는 않다.

드디어 하갈이 여주인 사라를 멸시하기 시작했다. 여주인 사라는 하갈을 통하여 모욕을 당했다. "은혜도 모르고." 사라의 심장은 떨리기 시작한다. 사라는 하나님의 선지자다. 그러나 멸시 앞에서 예외가 없는 것 같다. 하갈을 향한 미움이 사라의 마음을 요동친다. 하갈을 볼 때마다 괘씸하고 불쾌하다. 미움은 점점 자라 증오를 낳고 분노의 불화살을 만들었다.

사라 안에 없던 분노가 생겼다. 잠을 잘 수 없다. 입맛도 없고 마음도 평온치 못하다. 괴로움에 뒤척이다 자신 가슴에 꽂혀 있는 멸시의 화살을 뽑아 학대의 화살로 다시 되돌려주었다. 사라의 분노는 하갈을 향한 심한 학대로 부메랑처럼 다시 되돌아갔다.

사래가 하갈을 학대하였더니 하갈이 사래 앞에서 도망하였더라.

창 16:6

이러한 학대는 하갈이 견뎌 내지 못한다. 자신이 던진 것보다 더 강력하게 날아오기 때문이다. 하갈은 결국 도망자의 신세가 되었다. 집안은 불행의 파도가 일렁거렸다. 하갈은 첩의 위치에서 잘 살 수도 있었다. 자녀를 출산하면 대단한 권세를 누리며 살 수 있다. 아브라함의 식탁에 숟가락만 얹어 놓고 사라에게 인정만 받으면 죽는 날까지 기름진 삶에 존경받으며 살 수 있다. 그런데 거기까지 내다보지 못하고 자신의 위치를 지켜내지 못했다. 어리석은 행동이라서 더욱 안타깝다. 내일을 생각하지 않고 행동하면 하갈처럼 모든 것이 순식간에 날아가 버린다. 그리고 내가 왜 그랬을까라고 생각하며 평생 후회하며 살게 된다.

피해를 입힌 사람을 향한 분노

이 책에서 반복적으로 등장하는 인물들이 있다. 이 사람들은 여러 문제를 일으키는 요인을 갖고 있기 때문이다. 반복적인 문제를 일으키는 사람은 대부분 다른 문제에서도 같은 요인으로 걸려 넘어진다.

에서는 이삭의 큰아들이다. 에서는 들 사람으로 사냥하기를 좋아했다. 에서는 남자다운 면모를 다 갖추었다. 날이 밝으면 들에 나가서 사냥한 사냥감으로 아버지의 입맛을 즐겁게 했다. 그는 활동적이고 쾌활한 사람이다. 그리고 성실하고 부지런하다. 하나님께 선택받지는 못했지만, 인간적으로는 부족할 것 없는 매력 있는 사람이다. 에서에게는 자신보다 늦게 태어난 쌍둥이 동생 야곱이 있다.

동생은 거짓되고 속이는데 선수였다. 그는 욕망의 사람이며 몸을 움직이는 것보다 머리 쓰는 것을 더욱 좋아한다. 똑똑한 머리를 좋은 방향으로 사용했다면 금상첨화인데 남을 속이는 쪽으로 발달하면 자신과 타인의 인생을 망칠 수 있다. 이런 사람은 기회만 있으면 주변 사람을 속인다. 그리고 자신의 욕망만 채우는 사람이다. 이런 사람이 곁에 있으면 인생이 이유 없이 힘들다. 에서의 인생이 그렇다. 에서는 아무 문제 없이 사는 사람이다. 그런데 동생이 놓은 덫에 자꾸 걸려 넘어진다.

들에서 돌아온 배고픈 에서는 동생에게 죽 한 그릇에 장자권을 빼앗겼다. 물론 에서가 장자권을 소홀히 여긴 것이 문제지만 그렇다고 다 문제를 발생시키지는 않는다. 이런 경우 틈을 노리는 사람이 있다면 걸려 넘어질 수 있다. 야곱은 형의 틈을 알아차리고 기회를 노리다가 목적을 달성했다. 장자권을 빼앗은 야곱의 머리는 속이는데 회전이 빠르다. 특히 상대가 에서처럼 단순한 사람이라면 자신의 목적을 달성하는 것은 죽 먹듯 쉬워진다. 그런 쪽으로만 발달한 뇌는 곁에 있는 사람을 계속 무너지게 한다.

어느 날 에서는 아버지의 축복을 받기 위해 사냥감을 잡으러 나갔다. 그 사이 집 안에서는 동생이 형 흉내를 내어 아버지의 축복을 가로챘다. 들에서 돌아온 에서는 자신이 받을 축복이 없어 크게 절망했다. 동생을 바라보는 순간 미움을 넘어선 분노가 일렁인다. 마음속으로 동생을 '죽이리라'(창 27:41)고 각오한다.

사기꾼 기질을 소유한 동생 때문에 에서의 인생이 고달프고 괴롭다. 동생만 나타나면 인생이 혼란스럽고 손해를 본다. 에서의 분노는 자신에게 피해만 주는 야곱을 죽이고 싶은 마음을 갖게 할 정도로 위력이 강하다. 이런 분노는 기회를 만나면 돌이킬 수 없는 사건을 일으킬 수도 있다.

자신의 실수나 잘못을 보게 될 때마다 느끼는 분노

사람의 몸에서 태어난 첫 사람 가인. 어느 날 동생과 함께 하나님께 제사를 드렸는데 자신만 하나님께 거절당했다. 믿음의 제사가 아니었기 때문이다. 하나님의 인정을 받은 동생을 볼 때마다 거절감이 되살아난다. 하나님을 향한 거절감은 자신의 수치를 드러낸다. 동생은 자신에게 잘못한 것이 없지만 자신을 비추는 거울이 되어 괴롭다. 동생을 통하여 자신의 실수와 잘못을 보게 될 때마다 동생을 향한 미움이 솟구친다. 동생이 없다면 가라앉을 분노의 마음이다.

가인이 몹시 분하여 안색이 변하니. 창 4:5

가인이 그의 아우 아벨을 쳐죽이니라. 창 4:8

자신을 비추어 비참하게 하는 요인을 없애는 것이 문제의 해결은 아니다. 그러나 분노의 마음은 상대적인 요인을 없애려는 파괴적인 힘이 있다. 이럴 경우 분노를 일으키는 요인이 눈에 안보이면 언제 그랬냐 싶게 다시 평안이 온다. 그러나 눈앞에 보이면 다시 가라앉은 분노가 활화산처럼 타오른다.

가인은 동생을 죽일 기회를 엿보다가 아무도 없는 들에서 동생을 쳐죽였다. 동생이 눈앞에서 없어지면 분노가 끝이 날까. 자신의 잘못과 실수에서 오는 분노는 자신의 양심 속에서 올라오는 것이기에 죽는 날까지 자신을 괴롭혔을 것이다. 가인은 땅에서 피하며 유리하는 자(창 4:12)의 불행한 삶을 살다가 대가를 톡톡하게 치루고 세상을 떠났다.

적수를 향한 분노

엘가나가 제사를 드리는 날에는 제물의 분깃을 그의 아내 브닌나와 그의 모든 자녀에게 주고 한나에게는 갑절을 주니 이는 그를 사랑함이라 그러나 여호와께서 그에게 임신하지 못하게 하시니 여호와께서 그에게 임신하지 못하게 하시므로 그의 적수인 브닌나가 그를 심히 격분하게 하여 괴롭게 하더라. 삼상 1:4-6

    엘가나라고 하는 사람에게 두 아내가 있었다. 한 사람의 이름은 한나요, 한 사람의 이름은 브닌나였다. 이 두 사람은 서로가 적수였다. 브닌나에게는 자식이 있고 한나에게는 자식이 없었다. 엘가나는 제사를 드리는 날에 제물의 분깃을 그의 아내 브닌나와 그의 모든 자녀에게 주었다. 그리고 한나에게는 갑절을 주었으니 한나를 사랑했기 때문이다. 브닌나는 자녀도 없는데 남편의 사랑을 독차지하는 적수 한나가 싫었다. 매년 여호와의 집에 올라갈 때마다 남편이 한나에게 갑절의 분깃을 주었기 때문이다. 한두 번이 아니라 매년 일어나는 일이었다.
    이런 일이 있을 때마다 브닌나는 속에서 분노가 일었다. 여러 명의 자녀를 낳은 권세도 힘이 없다. 남편의 마음은 오직 한나에게 정지되어 있다. 한나만을 사랑하는 남편도, 남편의 마음을 사로잡고 있는 한나도 보는 것이 괴로웠다. 브닌나의 마음은 갈기갈기 찢어졌다. 남편에 대한 상처가 쌓여가고 한나에 대한 미움이 자신의 마음을 괴롭혔다. 그 괴로움은 한나를 향한 분노가 되어 매년 여호와의 전에 올라갈 때마다 분출되었다. 브닌나의 분노는 자신의 적수인 한나를 심히 격분시키고 괴롭혔다.

자녀도 없는 한나, 인생의 유일한 낙은 남편이다. 남편의 사랑이 그나마 위로가 되지만 브닌나를 통한 괴로움은 견디기 힘들다. 한나가 울고 먹지 않는다. 분노에 찬 아내 브닌나, 슬픔에 젖어 있는 아내 한나, 두 아내의 모습을 지켜보는 남편의 마음은 괴롭다. 집안의 분위기는 불행한 기운에 휩싸여 을씨년스럽다.

괴로움을 견디다 못해 한나가 하나님께 엎드려 기도했다. 한나는 기도의 응답으로 사무엘을 얻었고 더 많은 자녀를 얻게 되었다. 브닌나는 차라리 한나에게 자식이 없을 때가 나았다. 자식을 여러 명 품게 된 한나는 완벽하게 남편의 사랑을 독차지하게 되었다.

이런 환경에서 브닌나는 분노의 불이 타오른다. 이제는 한나를 더 괴롭힐 수도 없다. 자신 안에 있는 분노의 화살을 던질 곳마저 없으니 스스로 괴로움에 견디다 못해 꺼져가는 인생을 살다가 떠났을 것이다. 경쟁하는 마음으로 핍박하면 상대방을 더욱 전진케 한다. 브닌나의 괴롭힘은 한나로 하여금 전진하게 했다. 이런 상황은 브닌나를 더욱 분노케 한다.

분노의 시작은 수없이 많은 요인에서 출발한다. 위에서 몇 가지를 제시했지만 지극히 일부분이다. 위와 같이 인생을 사는 동안 분노를 일으키는 문제는 예상치 못한 곳에서 발생한다. 죄의 본성을 가진 사람들이 함께 어우러져 살기 때문이다. 분노의 문제를 빨리 해결하지 않으면 마귀가 개입하는 틈을 주게 된다.

분을 내어도 죄를 짓지 말며 해가 지도록 분을 품지 말고 마귀에게 틈을 주지 말라. 엡 4:26, 27

마귀가 개입하면 걷잡을 수 없는 문제가 다가온다. 마귀가 틈을 타고 들어오기 전에 해결하는 것이 무엇보다 중요하다. 분노는 시간이 지날수록 위력이 강력해진다. 해가 지도록 품지 말라는 것은 마귀가 좋아하는 내적 환경을 배제하라는 것이다. 분노는 먼저 자신도 파괴하고 주변 사람도 파괴한다. 문제는 오기 전에 차단하는 것이 현명하다. 이미 도착해 버리면 상상조차 어려운 문제를 일으킨다. 당신은 지금 분노에 시달리고 있는가.

생각 관리

기도나 헌신이 다른 사람에게 뒤지지 않지만 어둠에 눌려 있는 사람들이 있다. 이런 사람들의 특징은 생각이 부정적이거나 상처의 마음에 휘청거리는 경우가 많다. 생각이 악하다는 것은 그만큼 상처가 많다는 것을 의미한다. 그래서 정상적인 대화나 소통이 어렵다. 생각이 파괴되었기 때문이다. 이러한 사람은 정상적인 생각을 말해도 인정하지 않는다. 자신의 틀에서만 들으려 하고 틀에서 벗어나면 듣지 않는다.

다른 사람에게 가해하기 전 그들은 먼저 피해자다. 반복적인 상처와 학대 속에서 형성된 마음이 자신의 의지와 상관없이 피폐함을 가져왔기 때문이다. 이런 사람들에게서 종종 어둠이 들어나기도 한다. 예수 이름으로 어둠을 명하면 나가지만 잠시 후면 다시 들어온다. 악한 생각의 집을 무너뜨리지 않으면 반복적으로 공격당하여 회복이 쉽지 않기 때문이다.

더러운 귀신이 사람에게서 나갔을 때에 물 없는 곳으로 다니며 쉬기를 구하되 쉴 곳을 얻지 못하고. 마 12:43

예수 그리스도께서 유대인들을 향하여 비유로 말씀하신 영적 원리를 우리는 알아야 한다. 유대인들에게 복음이 전파되니 율법주의를 타고 들어온 어둠이 하나둘씩 빠져 나갔다. 유대인들 안에서 나간 어둠의 휴식처는 물 없는 곳이었다. 물은 성령 또는 말씀이기에 삼위일체 하나님을 의미한다. 유대인에게서 나간 어둠은 하나님을 피해 쉴 곳을 찾아 다녔다. 마땅히 쉴 곳을 찾지 못한 어둠은 내가 나온 내 집으로 돌아가리라(마 12:44) 하고 와 보니 그 집이 비고 청소되고 수리되어 있었다. 복음으로 채워져야 할 집이 비어 있고 어둠이 좋아하는 율법주의가 유대인들에게 더 단단해져 리모델링이 되어 있었던 것이다.

유대인들의 율법주의적인 지식은 복음이 들어갈 수 없도록 견고한 집처럼 건축되어 있었다. 조상 대대로 내려온 장로의 유전과 전통의 집이 무너지기란 쉽지 않다. 복음이 전파되니 더욱 단단하게 마음을 닫고 견고해졌다. 그들에게 이러한 현상은 불행을 초래했다.

이때 저보다 더 악한 귀신 일곱을 데리고 들어가서 거하니 그 사람의 나중 형편이 전보다 더욱 심하게 되었다고 비유하셨다. 유대인들이 더욱 복음에서 멀어지고 있음을 의미한다. 결국 예수를 십자가에 못 박아 죽게 했다.

이 말씀을 우리의 삶에 적용해 보자. 복음을 듣지만 자신 안에 있는 악한 생각의 집을 무너뜨리지 않으면 이와 같이 더욱 악한 상태가 됨을 의미한다. 시간이 지날수록 악한 생각이 어둠이 거하는 견고한 집이 되면 주변 사람들까지도 곤고하게 만든다. 어둠은 악한 생각 속에서 안식을 누린다. 속에 들어와 있는 어둠이 삶에 악하고 부정적인 영향력을 끼치면 거의 먹지 못하고 잠을 자지 못하여 알코올이나 수면제에 의존해야만 잠을 잘 수 있다. 또한 심한 우울증 때문에 죽고 싶다는 생각만 하며 정상적인 생활이 어려워진다. 사람을 기피하고 가정생활, 부부생활, 직장생활의 일상적인 생활마저도 불가능한 상태가 된다. 이 정도 되면 빛을 싫어하여 밖을 나오거나 밝은 곳을 기피하여 늘 커튼이 드리워진 어두운 방에서 혼자 있기를 좋아한다. 어둠에 의하여 지배당하고 있지만 감지하지 못하고 점점 피폐해져 간다. 악한 생각들이 깊어지면 마음속에 들어와 차곡차곡 쌓인다. 이때 악한 생각들을 적절한 시기에 처리하지 못하면 어둠이 안식하는 집이 되어 버리는 것이다.

한 사람이 귀신이 어디서든지 아이를 잡으면 거꾸러져 거품을 흘리며 이를 갈며 파리해지는 아들을 데리고 예수님께 왔다. 예수님께서 그에게 언제부터 이렇게 되었는지 질문하셨다. 어릴 때부터니이다. 막 9:21

이 아이는 분명 어릴 때부터 방치된 상태에서 자랐을 것이다. 어둠의 공격은 마음이 건강한 사람에게 오지 않는다. 아니 어둠은 건강한 곳에 올 수 없다. 자신의 속성과 맞지 않기 때문이다. 상하고 찢긴 마음이나 부정적이고 불신앙적인 마음에 들어오기 때문이다. 가난해도 사랑이 많은 가정은 행복하게 살 수 있다. 하지만 진짜 불행한 것은 사랑이 없는 가정이다. 모든 가족들의 마음이 갈기갈기 찢긴 상태로 불행을 지속한다면 이 불이 온 산을 태우고도 남는 위력을 과시할 것이다.

어둠은 찢기고 상처 난 생각 속에 자리 잡는다. 어둠은 영이라서 눈으로 볼 수 없다. 그래서 사람들은 감쪽같이 속는다. 예수님께서 아이 속에 있는 어둠을 꾸짖었다. "말 못하고 못 듣는 귀신아 내가 네게 명하노니 그 아이에게서 나오고 다시 들어가지 말라"(막 9:25). 이때 어둠이 소리 지르며 아이로 심히 경련을 일으키게 하고 나갔다. 아이는 이제부터 어둠이 거하고 있던 악한 생각의 집을 무너뜨리고 상처에서 헤어 나와야 한다. 그렇지 않으면 어둠이 다시 공격해 올 것이기 때문이다.

영적 전쟁

마귀의 간계를 능히 대적하기 위하여 하나님의 전신 갑주를 입으라 우리의 씨름은 혈과 육을 상대하는 것이 아니요 통치자들과 권세들과 이 어둠의 세상 주관자들과 하늘에 있는 악의 영들을 상대함이라. 엡 6:11, 12

우리가 인생을 사는 동안 눈에 보이는 싸움은 보이는 것으로 그치지 않는다. 우리의 싸움은 혈과 육을 상대하는 것이 아니요 통치자들과 권세들과 이 어둠의 세상 주관자들과 하늘에 있는 악의 영들을 상대하는 것이다. 이는 의미심장한 말씀이다. 우리가 육신의 삶을 사는 동안 이해할 수 없는 일들이 일어난다. 사람은 영적 존재이기 때문이다. 그러므로 보이는 세상이 전부가 아니고 보이지 않는 영역에 영적 세계가 존재하고 있음을 반드시 기억해야 한다.

이 땅에서의 최초의 싸움은 영적 싸움이었다. 하나님이 인간을 창조하셨을 때 사람 안에는 죄가 없었으므로 혈과 육에 대한 싸움이 존재하지 않았다. 아담과 하와는 싸워야 할 이유가 없었다. 죄가 들어오지 않았기 때문에 싸움이라는 자체를 알 리가 없다. 그들은 한없이 평화롭고 행복했을 것이다.

위임 명령은 선택에 따라 삶의 질이 달라지지만, 금지 명령은 선택에 따라 죽고 사는 문제가 달려 있었다. 마귀의 공격이 어느 쪽에 맞춰질까. 바로 죽음이다. 마귀는 타락하여 하나님께 버림을 받았기 때문에 사람 또한 하나님께 버림받게 하는 것이 목적이다. 그래야 자기 백성을 삼을 수 있기 때문이다. 마귀의 전략은 오직 도둑질하고 죽이고 멸망시키는 것이다.

아담과 하와는 왜 타락했을까? 바로 영적 싸움이었기 때문이다. 영적 싸움은 부지중에 온다. 마귀는 우리가 미처 감지하기 전에 무너지도록 전략을 세운다. 우리의 싸움은 혈과 육에 대한 싸움이 아니라 배후에 보이지 않는 어둠과의 싸움임을 기억해야 한다.

혈과 육에 대한 싸움은 눈에 보이기 때문에 직감할 수 있다. 그러나 영적 싸움은 눈에 보이지 않기 때문에 잘 감지하지 못한다. 그래서 영적인 공격에 속아 넘어가며 육신의 싸움에 목숨 걸고 몸부림치는 것이다. 어두움이 에덴에서 하와를 공격했다. 이들은 금지된 열매를 먹는 순간까지 마귀의 공격을 받고 있다는 사실조차 모르고 있었다. 부지중에 영적 싸움에 말려든 것이다. 이렇듯 영적 싸움에서 마귀에게 정복당하고 죄에 빠져버리고 말았다.

최초의 사람 아담은 영적 싸움에서 패배했다. 전쟁은 그렇게 끝난 것처럼 보였다. 그러나 패배한 것으로 끝이 아니다. 불순종의 결과 죄가 세상에 들어오고 죄로 말미암아 사망이 들어왔다. 이때부터 마귀는 사람들의 인생을 파괴하기 위하여 우는 사자같이 삼킬 자를 찾아다닌다.

근신하라 깨어라 너희 대적 마귀가 우는 사자 같이 두루 다니며 삼킬 자를 찾나니 너희는 믿음을 굳건하게 하여 그를 대적하라 이는 세상에 있는 너희 형제들도 동일한 고난을 당하는 줄을 앎이라. 벧전 5:8, 9

틈을 주지 마라

불이 나면 신속하게 초기에 진압해야 한다. 작은 불일 때는 진압이 한결 쉽다. 물을 뿌리거나, 소화기, 또는 젖은 이불을 덮는 정도로도 충분히 진화할 수 있다. 그런데 조금만 방치하면 집을 다 태우고 주변까지 태워버린다.

어려서부터 분노와 혈기가 많은 가정에서 자랐다면 분명 자신뿐만 아니라 주변에 있는 사람도 피해자다. 지금 자신을 점검하라. 작은 불일 때 빨리 진화하고 가벼운 화상일 때 회복하라. 이러한 일은 자신 안에서 신속하게 이루어져야 한다. 회복의 출발은 자신 안에 있는 속사람의 상태를 제대로 감지하는 순간부터 시작되는 것이다. 부정적인 생각이나 상처의 생각을 오래 저장하면 마귀에게 틈을 주게 되는 것이다. 그러므로 수시로 재활용 쓰레기를 분리해서 버리고 먼지를 훌훌 털어버리듯이 악한 생각이 공격하는 순간 바로 처리해야 한다.

질병의 유형 가운데 단순하게 몸이 아픈 것은 치료가 쉽다. 그러나 정신적인 질병은 그렇게 단순하지가 않다. 복잡하게 얽혀 있는 생각은 마치 혈전에 막혀 엉켜 있는 혈관과 같다. 어디서부터 손을 대야 할지 막막하다. 몸은 마취 상태에서 의사가 알아서 수술하고 봉합하지만 정신적인 부분은 환자의 동의가 이루어져야 치료가 일어난다. 이는 오랫동안 해묵은 감정의 문제이기 때문이다. 그래서 치료가 어려울 수밖에 없다. 매번 처방 받은 신경안정제로는 치료가 일어나지 않는다. 근본적으로 생각의 영역이 고쳐져야 하기 때문이다.

주변에 있는 사람들에게 도움을 요청하지만, 자신의 오랜 감정에서 오는 문제를 해결해 주는 것은 간단하지 않다. 성령의 역사도 마찬가지다. 자신의 무거운 짐을 내려놓고 예수 그리스도께로 나아가는 동의가 자신 안에서 이루어져야 한다. 그리고 하나님의 말씀을 새기며 악한 생각의 집을 무너뜨리는 고통스러운 대 수술이 필요하다. 생각의 영역은 하나님의 말씀으로 채워질 때 치료가 일어난다. 말씀의 능력이 내 안에 새겨질 때 악한 생각의 집이 무너지기 때문이다.

근원에서 치료하라

여리고 성읍이 좋은 위치에 있으나 성읍에 사는 사람들은 고민이 있었다. 물이 나빠서 토산이 익지 못하고 떨어지는 것이다. 성읍 사람들은 고질적인 문제를 놓고 엘리사에게 도움을 요청했다. 엘리사는 소금을 담은 새 그릇을 가지고 물 근원으로 갔다. 그리고 소금을 던지며 외쳤다. "여호와의 말씀이 내가 이 물을 고쳤으니 이로부터 다시는 죽음이나 열매 맺지 못함이 없을지니라 하셨느니라"(왕하 2:21).

이 성읍의 물이 고쳐진 것은 소금의 효력이 대단해서가 아니다. 한줌의 소금이 나쁜 물 근원을 치료할 수는 없다. 썩어 있는 물 근원에 소금을 뿌리는 상징적인 행동은 죽은 인생들을 살리시는 예수 그리스도를 예표하는 것이다. 엘리사가 근원으로 나아가 물을 치료했으니 살아난 물이 흐르는 곳은 죽음이 있을 수 없고 열매 맺지 못함이 있을 수 없다.

상하고 찢겨 있는 상처 난 생각의 근원에 하나님의 은혜가 임해야 한다. 말씀 안에서 더럽고 추한 죄인된 나를 사랑하신 예수 그리스도의 십자가의 은혜를 깨달으면 심령 안에서 분노의 덩어리가 녹기 시작한다. 비로소 용서할 수 있는 마음이 되어 회복이 시작된다. 오랫동안 썩어 부패해 있던 생각의 근원이 고쳐지고 속사람이 새롭게 된다. 그때에야 비로소 옛사람을 버리고 새사람을 입은 복된 사람이 될 수 있다.

해답은 오직 예수 그리스도이며, 예수 그리스도는 곧 말씀이시다.

오직 여분네의 아들 갈렙은 온전히 여호와께 순종하였은즉 그는 그것을 볼 것이요
그가 밟은 땅을 내가 그와 그의 자손에게 주리라 하시고

신명기 1:36

06

실격당해 후퇴하는 인생들

환경을 탓하며 후퇴하지 마라. 불경기 가운데 나를 도우시는 하나님을 보는 자가 되라. 적도, 나도 제대로 알고 삶을 살아야 전진할 수 있다. 나는 예수 그리스도 안에서 구원받은 하나님의 자녀다. 우리 인생에 가데스바네아가 반복적으로 한 달에 한 번씩 올지도 모른다. 아니 매일, 매 순간 올지도 모른다. 이제는 우리의 신앙의 눈을 열어서 하나님을 바라보아야 한다. 하나님은 불가능을 가능케 하시는 분이다.

인생은 단체전이다

일반적으로 경기는 개인전과 단체전으로 구분할 수 있다. 개인전은 혼자만 잘 뛰면 되지만, 단체전은 모든 선수가 힘을 모아 잘 뛰어야 한다. 한마디로 팀워크가 중요하다. 이때 선수들은 심리적 상태, 몸 상태, 기량의 상태를 수시로 점검하면서 경기를 멋지게 뛰어야 한다. 그런데 어떤 선수는 본경기를 뛰기도 전에 준비운동만 하다가 실격당하거나 본경기에 투입되었어도 도중에 실격당하기도 한다. 경기 중에 한 사람이 실격당하면 내가 그 선수의 몫까지 뛰어야 하고, 내가 실격당하면 팀원 중 다른 선수가 내 몫까지 뛰는 수고를 해야 한다. 이와 같이 자신의 경기를 제대로 뛰지 못하는 사람과 한 팀을 이루면 경기가 몇 갑절로 힘들뿐 아니라 패배하는 결과를 가져올 수도 있다.

인생을 경기에 비유하자면 아마 단체전에 속할 것이다. 사람은 태어나는 순간부터 함께 뛸 부모와 형제들이 기다리고 있다. 이 선수는 가정 안에서 가족들과 함께 뛰다가 점점 자라면서 학교에서는 학우들과 뛰어야 하고, 직장에서는 동료들과, 교회에서 교우들과, 결혼하면 새로운 가정에서 새로운 선수들과 뛰어야 한다. 그런데 인생 경기에서 앞으로 나아가지 못하고 후퇴만 하다가 실격당하는 사람들이 있다. 이런 사람들은 후퇴하거나 실격당할 수밖에 없는 이유가 있다. 이들의 실패 이유가 다른 사람 눈에는 보이는데 정작 자신들은 보지 못한다. 이런 사람들과 함께 뛰면 없어도 될 문제가 다가오며 인생이 힘들 수밖에 없다.

이스라엘 백성이 광야에서 반복적으로 후퇴하다가 실격당한 지역이 있다. 바로 가데스바네아다. 가데스바네아는 가나안 남쪽 경계 지역에 근접해 있고 물이 넘쳐흐르는 네 개의 샘물이 있는 오아시스다. 사막의 오아시스는 여행에 지친 사람들에게 목을 적셔주는 안식할 수 있는 기름진 기쁨의 땅이다.

여호와께서 모세에게 말씀하여 이르시되 내가 너희에게 이르기를 우리 하나님 여호와께서 우리에게 주신 아모리 족속의 산지에 너희가 이르렀나니 너희의 하나님 여호와께서 이 땅을 너희 앞에 두셨은즉 너희 조상의 하나님 여호와께서 너희에게 이르신 대로 올라가서 차지하라 두려워하지 말라 주저하지 말라 한즉.

신 1:20, 21

　가데스바네아는 이스라엘 백성이 출애굽한 지 15개월 만에 밟은 땅이다. 아모리 족속의 산지인 이 땅에서 하나님의 전진 명령을 받았다. "올라가서 차지하라, 두려워하지 말라, 주저하지 말라." 가나안을 눈앞에 두고 하나님의 명령이 주어졌다. 이제 순종하고 올라가면 된다. 젖과 꿀이 흐르는 땅일 뿐만 아니라 애굽에서 혹독한 종살이의 삶을 살면서 사백삼십 년을 기다려온 땅이다. 하나님이 이스라엘 백성을 애굽에서 나오게 하신 목적은 약속의 땅 가나안을 정복하게 하기 위함이었다. 얼마나 가슴이 벅차고 설레는 순간인가. 하나님은 모세에게 주저하지 말고 곧장 올라가서 가나안을 취할 것을 명령하셨다.

　그러나 이스라엘 백성은 자신들의 생각을 주장하며 강력하게 정탐을 요구했다. "그냥 올라가면 안 됩니다. 철저하게 정탐한 후 분석하고 검토한 자료를 가지고 올라가야 합니다." 논리적이고 상식적이고 합리적인 것 같다. 그들의 요구가 참으로 현명해 보이지만 이는 하나님을 신뢰하지 못한 불신앙에서 출발한 행동이었다. 하나님은 그들의 요구에 어쩔 수 없이 정탐을 허락하셨다. 가나안 땅을 정탐하는 것은 하나님의 계획 밖의 일이다. 그러나 이스라엘 백성이 자신들의 선택을 고집스럽게 요구했기 때문에 허락하신 것이다. 그래서 모세는 열두 지파의 수장들을 뽑아 정탐을 보냈다.

지피지기 백전불태(知彼知己柏田不殆)

바란 광야 가데스에 이르러 모세와 아론과 이스라엘 자손의 온 회중에게 나아와 그들에게 보고하고 그 땅의 과일을 보이고 모세에게 말하여 이르되 당신이 우리를 보낸 땅에 간즉 과연 그 땅에 젖과 꿀이 흐르는데 이것은 그 땅의 과일이니이다 그러나 그 땅 거주민은 강하고 성읍은 견고하고 심히 클 뿐 아니라 거기서 아낙 자손을 보았으며 아말렉인은 남방 땅에 거주하고 헷인과 여부스인과 아모리인은 산지에 거주하고 가나안인은 해변과 요단 가에 거주하더이다. 민 13:26-29

사십 일 후에 열두 지파의 수장들이 그동안 세밀하게 정탐한 보고서를 가지고 돌아왔다. 직접 가나안 땅에 가서 정탐해 보니 젖과 꿀이 흐르는 땅이었다. 잘 먹고 기름진 땅에 사니 거주민들은 강하게 보였다. 성읍은 견고하고 심히 클 뿐 아니라 거인들이 살고 있었다. 열두 명 중 열 명의 정탐꾼들이 자신들의 정탐한 상황 그대로를 보고한 내용이었다. 그렇다면 가나안 땅은 하나님이 말씀하신 대로 아주 윤택하고 너무 좋은 땅 아닌가. 이들이 정복하기만 하면 그들이 누린 것이 다 자신들의 것이 된다. 이때 흥분되어야 한다. 그런데 흥분은커녕 좌절에 빠져버리고 말았다. 이유는 초점에 문제가 생겼기 때문이다. 메뚜기 같은 우리가 크고 장대한 자들을 이길 수 있을까라고 생각하면 겁부터 나고, 견고하고 심히 큰 성읍을 무슨 방법으로 물리칠 수 있을까라고 생각하면 무기력한 자신들의 모습만 비참하게 보인다. 그들이 눈으로 보고 온 모습은 그저 대단해 보이기에 기가 죽어 돌아왔다.

> 그 땅을 정탐한 자 중 눈의 아들 여호수아와 여분네의 아들 갈렙이 자기들의 옷을 찢고 이스라엘 자손의 온 회중에게 말하여 이르되 우리가 두루 다니며 정탐한 땅은 심히 아름다운 땅이라 여호와께서 우리를 기뻐하시면 우리를 그 땅으로 인도하여 들이시고 그 땅을 우리에게 주시리라 이는 과연 젖과 꿀이 흐르는 땅이니라 다만 여호와를 거역하지는 말라 또 그 땅 백성을 두려워하지 말라 그들은 우리의 먹이라 그들의 보호자는 그들에게서 떠났고 여호와는 우리와 함께 하시느니라 그들을 두려워하지 말라 하나. 민 14:6-9

여호수아와 갈렙은 현실 가운데서 역사하시는 하나님을 인정하는 믿음이 있었다. 옆에서 열 명의 정탐꾼들의 이야기를 듣다가 "하나님이 우리와 함께 하시니 우리가 올라가자 그들은 우리의 먹이다"라고 백성들을 설득하기 시작했다. 이들에게서는 눈에 보이는 아름다운 땅을 하나님이 주실 것을 확신하는 신앙이 물신 묻어났다. 그런데 설득력 있게 외치지만 아무도 귀를 기울이지 않았다.

가나안 땅을 정탐하고 돌아온 사람들의 의견이 십 대 이로 나누어졌다. 두 명은 "우리가 곧 올라가서 그 땅을 취하자 능히 이길 것이다"라고 말하고, 열 명은 그들이 자신들보다 강하기 때문에 "능히 올라가서 그 백성을 치지 못할 것"이라고 말한다. 열 명의 입 기운이 두 사람의 말을 제압해 버렸다. 열 명의 정탐꾼 안에 있는 불신앙과 백성들 안에 있는 불신앙이 같이 호흡하며 움직이기 시작했다. 열 명의 부정적인 소리가 두 명의 믿음의 소리를 흡수해 버렸다. 사람들의 마음이 점점 요동치는 가운데 열 명의 음성은 더욱 높아지고 절망적이었다. 점점 그들의 소리가 회중들의 심령을 파고 들어갔다. 광야 교회 성도들에게 열 명의 불신앙적인 영향력이 누룩처럼 번져갔고 여기저기에서 원망하고 통곡하는 소리가 들려왔다. 순식간에 부정적 영향력이 이스라엘을 둘러쌌다.

온 회중이 소리를 높여 부르짖으며 백성이 밤새도록 통곡하였더라. 민 14:1

"지피지기 백전불태(知彼知己百戰不殆)" 적을 알고 나를 알면 백번 싸워도 위태롭지 않다는 뜻이다. 열 명의 보고는 지극히 사실적이고 현실적이다. 하지만 이들은 보이지 않는 부분을 감지하지 못했다. 후에 이스라엘 백성이 여호수아와 여리고 성을 점령할 때 여리고 백성은 이미 간담이 녹아 있었다고 성경은 말한다. 하나님의 역사를 소문으로 들은 그들은 이미 간담이 녹아 있었다. 하나님이 올라가라 하실 때 그냥 올라가면 된다. 심리적으로 위축되어 있는 그들을 하나님은 알고 계셨다. 싸움은 힘으로만 하는 것이 아니다. 심리적으로 위축되어 있으면 아무리 힘이 세도 패배할 수밖에 없다.

적을 알았다면 다음은 나를 정확하게 알아야 한다. 이스라엘 백성들이 자신들에 대해 검토하지 못한 부분이 있다. 적에 대한 심리적 지식도 없었으나 더더욱 자신들에 대한 지식도 대단히 부족했다. 그저 그들 앞에서 자신들이 메뚜기 같아 보일 뿐이다. 적들 앞에서 형편없이 보이는 자신이 그저 작아 보일 뿐이다. 광야에서 오랫동안 방황하며 소진하는 시간 동안 빈손뿐인 그들은 어느 면으로나 안정감 있는 삶을 사는 가나안 원주민들과 비교해서 월등할 것 하나 없는 방랑자 인생이다. 이들은 스스로 자신들의 초라함 때문에 기가 죽은 상태다. 경기를 치를 필요도 없이 이들은 스스로 패배하고 있었다. 이들의 모습이 안타깝다. 자신들을 정확하게 분석했다면 반드시 삶은 달라졌을 것이다.

이스라엘은 하나님의 백성들이다. 아브라함을 부르시고 모든 족속으로 복을 받게 하시려고 민족을 약속하셨다. 애굽에서 사백삼십 년 동안 민족을 이룬 이스라엘을 출애굽하게 하시고 그들을 구름 기둥과 불기둥으로 인도하셨다. 그리고 약속의 땅 가나안을 주시기로 작정하셨다. 이유는 여자의 후손인 예수 그리스도가 오시기 위한 통로로 쓰시기 위함이었다. 하나님이 아브라함과 이삭과 야곱에게 같은 약속을 주셨다. "내가 이 가나안 땅을 네 자손에게 주리라." 그건 바로 오실 예수 그리스도를 통해서 이방의 모든 민족, 바로 우리뿐만 아니라 예루살렘과 땅 끝까지 주의 복음을 통하여 택한 백성들이 주님께 돌아오게 하기 위한 하나님의 세밀한 계획이셨다. 하나님의 특별 계획은 하나님이 반드시 이루어 나가신다.

그러기에 가나안은 겁낼 땅이 아니다. 가나안은 하나님의 백성들을 위하여 하나님이 설정해 놓으신 땅이다. 그리고 이스라엘 백성들을 선민이 되게 하셨다. 이것은 오직 이스라엘만이 누린 은혜다. 이스라엘 백성들은 자기 자신을 알고 정탐꾼들의 보고에 절망하지 않아야 한다. 종살이의 삶을 끝내고 애굽에서 나온 것은 하나님이 인도하셨기 때문이다. 하나님은 백성들을 끝까지 책임지신다. 무엇이 두려운가. 세상보다 크신 하나님이 내 편이시다. 그러므로 더 두려울 것이 없다. 그런데 열 명의 입 기운에 두 사람의 의견은 무시되었다. 그리고 순식간에 열 명의 부정적인 영향력이 온 백성들을 원망의 구덩이로 밀어 넣었다.

문제는 가나안이 문제가 아니다. 가나안의 원주민도 견고한 성읍도 아니다. 이들이 통곡하며 밤새 울어야 하는 이유는 적에 대해서도, 나에 대해서도 제대로 알지 못했기 때문이다. 이것은 하나님에 대한 불신앙을 만들어 냈다. 이 땅에 있는 그 어떤 이방 민족도 누리지 못한 하나님에게서 온 특권을 누리고 있는 그들이 자신이 누리고 있는 은혜를 보지 못했다. 우리는 자신이 어떤 사람이며 어떤 존재인지를 제대로 알아야 한다. 우리는 하나님이 예수 그리스도를 이 땅에 보내 주셔서 피 값 주고 사신 귀한 존재라는 것을 믿고 기억해야 한다. 적을 알고 나를 알아야 하지만 이스라엘 백성들은 대적들만 보였다. 그러니 적군만 바라보면 심장이 떨리는 것이다.

여호와께서 모세에게 이르시되 이 백성이 어느 때까지 나를 멸시하겠느냐. 민 14:11

하나님을 모르고 문제가 되는 가나안에만 집중하면 하나님을 멸시하게 된다. 꼭 가나안에 가서 정탐할 필요도 없이 하나님이 가라 하시면 그냥 가면 된다. 이것이 믿음이다. 하나님이 함께하겠다고 하시니 분석하고 검토할 필요도 없다. 하나님은 이스라엘 백성이 하나님을 멸시했다고 말씀하신다.

우리는 하나님의 자녀이기에 마귀의 종처럼 살지 않아야 한다. 가나안 땅에 있는 적군만 바라보지 말고 하나님의 귀한 자녀인 자신을 바라보면 된다. 이스라엘 백성은 하나님의 놀라우신 계획과 탁월한 작전을 뒤로하고, 형편없는 자신들의 작전을 선택하고 경기를 치르면서 실격당하고 말았다. 하나님이 도와주시지 않았다고 말해서는 안 된다. 또한 내 편이 아니라고 말해서도 안 된다. 하나님은 가서 정복하라고 명령하셨기 때문이다.

실패한 인생

너희 시체가 이 광야에 엎드러질 것이라 너희 중에서 이십 세 이상으로서 계수된 자 곧 나를 원망한 자 전부가 여분네의 아들 갈렙과 눈의 아들 여호수아 외에는 내가 맹세하여 너희에게 살게 하리라 한 땅에 결단코 들어가지 못하리라. 민 14:29, 30

출애굽 1세대 가운데 이십 세 이상으로 전쟁에 나갈 수 있는 계수된 자가 장정만 육십 만이었다. 이들 가운데 여호수아와 갈렙을 제외하고 모든 이들이 인생 경기에서 실격당했다. 불신앙으로 인한 원망의 결과였다. 절망스러운 인생들을 어찌하면 좋은가. 젖과 꿀이 흐르는 땅을 눈앞에 두고 실격당하여 후퇴하는 선수들이다. 이제부터 이들에게는 힘겨운 광야를 다시 배회하며 패잔병으로 살아가야 할 남은 날들의 대가가 기다리고 있다. 우리가 인생을 살면서 만나는 고난은 대부분 나의 잘못된 선택에서 온 결과물이다. 하나님은 우리를 붙드시고 우리 가운데 함께하시며 그것도 영원히 책임지시리라 약속하셨다. 그분이 바로 내 하나님이시다.

그러므로 하나님의 백성은 강대한 적군을 바라보지 않고 우리 뒤에서 역사하시는 전지전능하신 하나님을 바라보아야 한다. 지금까지 홍해를 건너게 하시고, 마라의 쓴 물을 단물로 바꾸어 주시며, 배가 고플 때 부르짖으면 만나를 주셨다. 고기가 생각날 때 부르짖으면 메추라기를 주셨다. 하나님 앞에 목마르다고 부르짖을 때 물을 주셨다. 어떤 이들은 "아주 열심히 기도하는데 왜 안 되는 걸까?"라고 물을 수 있다.

오직 믿음으로 구하고 조금도 의심하지 말아야 한다(약 1:6, 7). 의심하는 자는 마치 바람에 밀려 요동하는 바다 물결과도 같다. 아무리 많은 시간 기도해도 믿음이 없고 의심한다면 응답을 받지 못한다. 이스라엘 백성은 믿음이 없었다. 그래서 문제가 올 때마다 원망하고 불평한 것이다. 주님이 지키실 것을 확신한다면 가데스바네아에서 원망을 멈추고 절망의 자리에서 일어날 수 있다.

가데스바네아는 사시사철 끊임없이 물이 흐르는 기름진 땅이다. 그러나 이들에게는 실격당한 땅이기에 썩 달갑지 않다. 출애굽 1세대들은 가데스바네아를 떠나 다시 광야에서 배회하며 하나둘씩 죽어갔다. 그렇게 지나간 세월이 38년이다. 이제는 출애굽 1세대 가운데 남아 있는 몇 명 말고는 모두가 광야 1세대들이다.

> 첫째 달에 이스라엘 자손 곧 온 회중이 신 광야에 이르러 백성이 가데스에 이르더니 미리암이 거기서 죽으매 거기에 장사되니라 회중이 물이 없으므로 모세와 아론에게로 모여드니라 민 20:1, 2

1차 가데스바네아에서 실격 판정을 받은 선수들이 하나둘 인생에서 퇴장하고 남은 선수들이 다시 그 땅에 도착했다. 이들은 메마른 땅 광야에서 즐거움의 낙도 소망도 없이 죽어간 실격당한 부모의 삶을 가슴 아프게 지켜본 다음 주자들이다. 이때가 출애굽 후 사십 년이 되는 첫째 달이었다. 가데스바네아는 오아시스 지역이다. 그런데 다시 와서 보니 물이 마르고 없다. 38년 전 실격당한 부모 세대를 생각하며 쓰디쓴 마음으로 겨우 도착한 땅인데 예전에 기름 지던 모습을 찾아볼 수 없다. 왜 일까? 이 땅이 예전처럼 기름지고 물이 풍성했다면 이스라엘 백성은 가나안을 눈앞에 두고 "여기가 좋아, 여기가 가나안이야"라고 하며 전진하지 않았을 것이다. 이스라엘 백성을 잘 아시는 하나님이 환경을 바꿔 놓으신 것이다.

지금 다시 찾은 가데스바네아에 물 한 방울 없다면 우리를 전진하게 하기 위한 계획이며 하나님의 놀라우신 은혜임을 깨달아야 한다. 하나님은 이 시대를 사는 영적 이스라엘 백성이 전진하기를 원하신다. 지금 하나님은 당신에게 "가나안을 향해 전진하라"고 말씀하신다. 가나안으로 가야 기름진 땅을 만날 수 있기 때문이다. 이토록 하나님의 섭리는 놀랍고 경이롭다. 이런 사실을 깨닫고 아는 자가 복 있는 사람이다. 그런데 이스라엘 백성은 38년 전 부모 세대의 불신앙을 다시 반복하고 있다. 불행하게 사는 사람은 불행할 수밖에 없는 요인이 있다. 실패만 거듭하는 사람 또한 실패할 수밖에 없는 요인이 있다.

세월이 지나도 변하지 않는 삶

백성이 모세와 다투어 말하여 이르되 우리 형제들이 여호와 앞

에서 죽을 때에 우리도 죽었더라면 좋을 뻔하였도다. 민 20:3

이스라엘은 하나님의 깊은 뜻을 깨닫지 못하고 물 한 방울 없는 마른 땅에서 모세와 아론에게로 달려들어 다투었다. 누군가를 볼 때 기분 좋은 사람이 있는가 하면, 심장이 멎을 것 같은 사람이 있다. 할 수만 있으면 누구를 만나든 상대방에게 기분 좋은 복된 존재가 되어야 한다. 모세와 이스라엘 백성과의 관계가 참 미묘하다. 모세는 이스라엘 백성을 만난 후 사십 년 동안 인생에서 가장 힘든 준비운동을 했다. 불평불만을 일삼는 불신앙의 선수 이스라엘은 오랜 시간 변함없는 모습으로 모세와 함께 뛰어온 지긋지긋한 존재들이다. 그러나 모세는 실격당한 선수들 대신에 다른 선수를 투입하여 끝까지 뛰어야 한다. 모세에게는 이들을 이끌고 가나안으로 들어가 땅을 정복하는 본경기가 남아 있다. 이것이 모세의 사명이다.

힘든 선수들과 경기를 뛰느라 고생했기에 모세마저도 실격당한다면 슬픈 일이다. 그러므로 실격당한 자에게 시선을 두지 말고 모세는 자신의 사명에 초점을 두어야 한다. 인생 경기를 치르는 동안 잘 준비된 선수와 함께 경기를 치르고 있다면 크나큰 복임을 알아야 한다. 그러므로 우리 자신들 각자가 잘 준비된 선수가 되어 나와 함께 뛰는 자들을 신바람 나게 뛰도록 해야 한다. 반면에 부정적이고 하나님에 대한 불신앙적인 선수들은 자신들 뿐만 아니라 함께 뛰는 다른 선수들에게 치명적인 타격을 입히고 있음도 알아야 한다.

> 오직 여분네의 아들 갈렙은 온전히 여호와께 순종하였은즉 그는 그것을 볼 것이요 그가 밟은 땅을 내가 그와 그의 자손에게 주리라 하시고 여호와께서 너희 때문에 내게도 진노하사 이르시되 너도 그리로 들어가지 못하리라. 신 1:36, 37

모세는 세상을 떠나기 전 마지막 설교에서 가데스바네아 사건을 회상하며 언급했다. 1차 가데스바네아에서 이스라엘 백성은 실격당했다. 그런데 모세는 "너희 때문에" 자신도 그곳에서 실격당했다고 말한다. 모세는 여호수아와 갈렙만 들어갈 수 있다는 하나님 말씀에 메인 걸까. 그래서 38년 동안 자신이 이스라엘 백성과 함께 실격당했다는 마음으로 살아온 것 같다. 미디안 광야에서 아내 십보라와 자녀들과 나름대로 행복하게 살았던 그가 불신앙의 사람들 경기에 투입되어 죽을 만큼 고생했지만 실격당한 줄 알고 있으니 모세의 마음이 갈기갈기 찢겨진 상태다.

이스라엘 백성이 물이 없는 문제로 모세와 아론과 심하게 다투고 있다. 어떤 그룹에 있느냐에 따라서 우리 인생은 달라진다. 교회 안에도 이스라엘과 같은 부정적이고 불신앙적인 그룹이 있다. 신앙의 사람은 악한 일에 동참하지 말아야 한다. 원망과 불평을 일삼는 사람들의 특징은 자신을 보지 못한다는 데 있다. 이 사람 때문에, 저 사람 때문에 모든 문제가 타인 때문에 왔다고 푸념한다.

자신을 보지 못하는 이런 사람은 원망과 불평에 찌들어 있다.

예전에 교도소 사역을 할 때, 동역한 목사님이 늘 괴로워했다. 반복적으로 문제를 일으키는 출소자들 때문이다. 경찰서에서 전화가 오면 가슴이 철렁하다고 했다. 출소자들 가운데 사흘이 지나지 않아 같은 범죄를 저지르는 사람들 때문이다. 경찰서에 달려가 "너 왜 그랬어, 예수 믿고 잘살아 보겠다고 했잖아"라고 하면, 그들의 대답은 한결같다. "이번 한 번만 하고 안 하려고 했어요. 목사님, 용서해 주세요." 이제는 변화될 때도 되었다.

이스라엘 백성은 모세에게 원망하고 불평하며 같은 팀 안에서 서로 대적하는 경기를 뛰고 있다. 모세는 사십 년간 그들의 불신앙과 소행을 참고 또 참았다. 이들의 불신앙 때문에 광야에서 38년을 안 해도 될 고생을 했다. 불신앙의 사람과 함께 뛰면 인생이 힘들어진다. 그들의 몫까지 뛰어야 하기 때문이다. 그들의 행위에 지쳐버린 모세가 하나님의 명령을 따라 지팡이를 잡았다. 모세는 사십 년 동안 이스라엘 백성 때문에 너무 심령이 상해 있었다. 모세의 말에 억양이 강하게 뿜어져 나온다

> 모세와 아론이 회중을 그 반석 앞에 모으고 모세가 그들에게 이르되 반역한 너희여 들으라 우리가 너희를 위하여 이 반석에서 물을 내랴 하고. 민 20:10

분위기가 싸늘하다. 지금 이런 분위기는 실격당하는 아픔을 가

져올 수 있다. 그러므로 한 번만 더 죽을힘을 다해 참아야 한다, 모세가 여기서 실격당한다면 너무나 가슴 아픈 일이다. 어찌하든지 본경기에 출전해야 한다. 준비운동을 본경기처럼 뛰면 안 된다. 그런데 이들은 사십 년 동안 준비운동을 하면서 본경기를 치를 수 없을 정도로 에너지를 소진했다. 가나안이 눈앞에 있으니 조금만 참으면 된다. 그런데 바위를 명하여 쏟아져 나온 물을 이스라엘 백성에게 마시게 하기에는 감정 조절이 안 된다. 하나님 말씀에 순종해야 하는데 38년 동안 쌓인 분노가 한꺼번에 치밀어 올랐다. 이 위력은 반석을 향하여 명령하기엔 너무 컸다. 거의 돌발적인 상황이 벌어졌다. 지팡이를 들고 있던 모세의 손이 부들거리며 힘 있게 반석을 두 번이나 내리 쳐버렸다(민 20:11).

> 여호와께서 모세와 아론에게 이르시되 너희가 나를 믿지 아니하고 이스라엘 자손의 목전에서 내 거룩함을 나타내지 아니한 고로 너희는 이 회중을 내가 그들에게 준 땅으로 인도하여 들이지 못하리라 하시니라. 민 20:12

가슴이 저리도록 안타깝지만 그곳에서 모세도 사십 년간 준비운동만 하다가 실격당하고 말았다. 모세는 힘든 사람들을 만나 힘에 지나도록 고생을 했다. 가데스바네아 2차 사건은 모세를 생각나게 하고 가슴이 먹먹하게 한다. 모세는 사십 년 동안 진이 빠지도록 준비운동만 하다가 가나안 정복을 위한 본경기를 뛰어 보지도 못했다. 그리고 여호수아로 선수 교체가 되었다. 본경기에 출전하지도 못하고 준비운동만 하다가 끝난 인생 모세와 이스라엘. 이들이 실격당한 이유는 바로 불신앙이다. 이스라엘 백성들의 불평불만은 불신앙에서 출발했고, 하나님의 거룩함을 나타내지 못한 모세 또한 마찬가지다.

가나안을 눈앞에 두고 하나님은 모세를 산꼭대기로 부르셨다. 가나안을 향해 사십 년을 헉헉대며 왔으나 밟을 수 없는 땅 가나안이 눈앞에 있다. 멀찍이서 바라보며 회한의 눈물을 흘렸을 마지막 순간을 생각하니 모세와 이스라엘의 만남이 가슴 아플 뿐이다. 신앙이 성숙한 이스라엘을 만났다면 모세의 마지막 인생도 아름다웠을 것이다. 이들 인생의 여정이 나를 보는 것 같다.

예수 믿고 구원받았으나 반복적인 문제 가운데서 나오지 못하고 있다면 반드시 이유가 있다. "단련하셔서 크게 쓰실 거야"라는 말만 되새기며 스스로 자기를 위로하지 않았으면 한다. 이제는 후퇴하게 하는 요인을 뽑아내야 할 때다. 물이 없는 가데스바네아 문제가 아니다. 바로 나의 불신앙이 문제다. 환경 탓하지 마라. 대부분 후퇴하는 사람들의 유형은 비슷하다. 우리 부모 때문에, 우리 회사 때문에, 경기가 안 좋아서 등등, 이런 사람들은 이렇게 살다가 엎드러진다. 모세도 "너희 때문에"라고 말하지만 결국은 모세 자신도 하나님의 거룩함을 나타내지 못한 자신의 불신앙 때문에 실격당한 것이다. 인생의 경기를 치르면서 전진하고 싶어도 전진할 수 없다고 생각하고 있다면 부정적인 요인이 자신의 발목을 붙들고 있기 때문임을 깨달아야 한다. 깨닫지 못하면 반복적으로 후퇴한다. 인생의 날개가 너덜너덜해져 더는 날 수 없는 상태까지 와도 여전히 후퇴를 선택한다. 그리고 마침내는 실격당하는 아픔을 겪게 되는 것이다.

환경을 탓하며 후퇴하지 마라. 불경기 가운데 나를 도우시는 하나님을 보는 자가 되라. 적도, 나도 제대로 알고 삶을 살아야 전진할 수 있다. 나는 예수 그리스도 안에서 구원받은 하나님의 자녀다. 우리 인생에 가데스바네아가 반복적으로 한 달에 한 번씩 올지도 모른다. 아니 매일, 매 순간 올지도 모른다. 이제는 우리의 신앙의 눈을 열어서 하나님을 바라보아야 한다. 하나님은 불가능을 가능케 하시는 분이다. 하나님은 무에서 유를 창조하시는 분이다. 우리는 하나님이 귀하게 여기는 존재임과 동시에 하나님은 우리의 편이심을 기억하고 끝까지 지키신다는 변치 않는 진리를 믿어야 한다. 나의 가데스바네아는 무엇이며, 반복적으로 가데스바네아를 떠나 다시 방황할 수밖에 없는 이유가 무엇인지 다 함께 묵상해야 한다. 그리고 먼 길을 돌아 맴돌면서 가나안 땅을 들어가지 못하고 광야에서 엎드러지며 실격당하지 않도록 살아야 한다. 마지막으로 믿음으로 하나님을 신뢰하고 전진을 선택하고 적용한다면 당신의 인생이 복될 것이다.

이스라엘이 여호수아가 사는 날 동안과 여호수아 뒤에
생존한 장로들 곧 여호와께서 이스라엘을 위하여 행하신
모든 일을 아는 자들이 사는 날 동안 여호와를 섬겼더라.

여호수아 24:31

07
균형 잡힌 튜닝

지혜로운 사람은 미래의 삶을 계획하고 선택하며 적용한다. 당신이 내일을 준비한다면 가정을 돌아보며 자녀들의 신앙과 삶을 매 순간 균형 있게 튜닝해야 한다. 나의 신앙을 자녀들에게 물려주기 원한다면 삶 속에서 신자다운 삶을 사는 본을 보여야 한다. 그리고 하나님의 사랑을 함께 나누기를 즐거워해야 한다. 육신의 번영만 물려주는 것은 자식들을 죽음에 몰아넣는 것이다. 정복 세대가 실수하며 걸어간 길을 우리는 걷지 않도록 지금 영적으로, 육적으로 튜닝하고 또 튜닝해야 한다.

새로운 삶을 위해

　오케스트라에서 연주하기 전에 개별 악기의 음을 표준음에 맞춰 조절하고 조율하는 것을 튜닝(tuning)이라고 한다. 모든 악기는 온도와 습도에 따라 현이나 면이 늘어나기도 줄어들기도 한다. 예민한 현악기는 물론이고 피아노와 드럼도 튜닝이 필요하다.

　당신은 인생을 살면서 과도기를 만나 혼란의 시간을 보낸 적이 있을 것이다. 이때 우리에게 필요한 것이 튜닝이다. 삶의 모든 부분에서 늘어난 부분은 조이고, 줄어든 부분은 조금 느슨하게 튜닝할 필요가 있다.

　'가나안 정복 세대'에서 '가나안 신세대'로 넘어가는 과도기는 말씀을 묵상할 때마다 가슴이 저리도록 아픔이 밀려온다. 그들의 모습이 우리가 사는 모습과 거의 흡사하기 때문이다. 신앙의 열정은 있지만 삶은 등한시하는 믿음의 사람들, 불균형적인 삶이 불러온 고질적인 문제, 다음 세대를 준비하지 못한 이스라엘에게 필요했던 것은 균형 잡힌 튜닝이었다.

정복 세대는 출애굽 1세대들이 사십 년 동안 방황하는 가운데 광야에서 태어났다. 이들은 부모 세대들이 원망과 불평 속에서 만난 처절함을 보고 자랐고, 메마르고 건조한 땅에서 고생하며 살았기 때문에 고생이 두렵지 않다. 또한 하나님의 기적을 체험한 신앙으로 무장된 세대다.

정복 세대는 태어나면서부터 자신들의 의지와 상관없이 광야가 기다리고 있었다. 그들은 선택의 여지없이 황량한 광야에서 힘겨운 인생을 출발했다. 가난하고, 먹을 것도 없고, 모든 것이 열악한 환경에서 태어난 자들이다. 낮에는 뜨거운 열기와 밤에는 추위가 엄습하는 땅 광야다. 하나님이 구름 기둥과 불기둥으로 인도하시는 은혜가 없다면 죽을 수밖에 없는 땅이다.

메추라기는 하나님이 보너스로 주신 것이다. 한 달 동안 코에서 냄새가 나도록 먹게 하시고 그쳤다. 그리고 사십 년 동안을 그들은 만나만 먹었다. 태어나서 싱싱한 과일도, 신선한 채소도 먹어본 적이 없는 그들, 여벌 옷, 누울 집은 그들에게 사치스러운 것이었다.

정복 세대는 고생을 고생으로 여기지 않는다. 워낙 고생이 체질화되었기 때문이다. 이런 세대가 무언가를 해낸다. 우리나라가 현재 부강함을 누리는 것은 정복 세대의 업적 때문이다. 나는 어렸을 때 전깃불이 없던 시대를 살았었다. 등잔불이 가물가물 기억나고 호롱불이 기억난다. 초가집에서 살았던 삶도 기억이 생생하다. 어느 날 새벽부터 온 동네에 노래가 울려 퍼졌다. "새벽종이 울렸네. 새 아침이 밝았네. 너도 나도 일어나 새마을을 가꾸세." 우리의 정복 세대들은 새벽부터 열심히 부역하며 초가지붕을 뜯어냈다. 전깃불이 들어오고 각 집 앞에 생활폐수가 흘러내리는 도랑을 덮고 길도 넓혔다. 지금도 그때의 추억이 기분 좋게 떠오른다. 정복 세대의 수고 끝에 우리의 삶의 질은 몰라보게 향상되었다. 지나온 날들을 뒤돌아보니 모든 것이 하나님의 은혜였다.

정복 세대는 철저하게 하나님의 은혜로만 산 자들이다. 바위에서 샘이 터지고, 아침이면 만나를 거두었다. 하나님은 직접 먹이시고 입히셨기에 그들의 삶은 매 순간 기적의 삶이었다. 그렇게 정복 세대들은 하나님의 역사하심 가운데 하나님의 존재를 체험하며 살았다. 환경은 열악하고 힘들지만 함께하시는 하나님 안에서 보호받으며 그들 인생에 가장 복된 삶을 살았다. 이들은 하나님의 은혜 안에서 영적으로 육신적으로 혹독한 인생의 훈련을 받은 세대들이다. 출애굽 1세대들이 광야에서 엎드러지고 있는 동안 정복 세대들은 가나안 정복을 위하여 균형 잡힌 튜닝을 하고 있었다.

가나안 땅 정복

네 하나님 여호와께서 네 조상 아브라함과 이삭과 야곱을 향하여 네게 주리라 맹세하신 땅으로 너를 들어가게 하시고 네가 건축하지 아니한 크고 아름다운 성읍을 얻게 하시며 네가 채우지 아니한 아름다운 물건이 가득한 집을 얻게 하시며 네가 파지 아니한 우물을 차지하게 하시며 네가 심지 아니한 포도원과 감람나무를 차지하게 하사. 신 6:10, 11

이스라엘 백성들에게 가나안은 거저 주어지지 않는다. 그들이 들어가면 정복하는 수고를 해야만 하는 땅이다. 그들에게는 주인의식이 절실히 필요했다. 우리가 나라와 민족을 사랑한다면 나라에 대한 주인의식이 있어야 한다. 또한 이 시대의 교회를 사랑한다면 우리가 섬기는 교회와 모든 세워진 교회들을 향한 주인의식을 가지고 있어야 한다. 주인의식이 없다면 결코 가나안은 정복할 수 없다. 하나님이 그들에게 주신 땅이기에 지금부터는 이스라엘 백성들이 주인이다. 그러므로 기쁨으로 나아가 정복하고 누려야 한다.

여호수아가 출애굽 2세대들인 정복 세대와 가나안으로 들어갔다. 광야에서 철저하게 하나님 은혜로 살았던 체험 신앙인들이 여호수아의 지휘로 가나안 땅을 점점 정복해 나가기 시작했다. 우리 부모의 세대들이 가난함을 벗기 위하여 주야로 일했던 것처럼 가나안 땅에 들어간 정복 세대도 땀 흘리며 정복해 나갔다.

많은 세월이 화살처럼 지나가고 하나님의 약속하신 말씀이 성취되고 있었다. 원주민들이 수고하여 쌓아 올린 모든 것들이 이스라엘의 전리품이 되었다. 점점 삶은 안정되고 정복한 땅에서 얻은 전리품들이 창고에 쌓여 갔다. 전쟁은 끝나갔고 천하장사 여호수아도 세월을 이겨낼 수 없었다.

여호수아의 고별 설교

그러므로 이제는 여호와를 경외하며 온전함과 진실함으로 그를 섬기라 너희의 조상들이 강 저쪽과 애굽에서 섬기던 신들을 치워 버리고 여호와만 섬기라. 수 24:14

여호수아는 출애굽 세대이지만 여호수아와 같은 사람이 있었기 때문에 가나안 정복이 이루어진 것이다. 여호수아와 갈렙은 출애굽 세대를 대표한다. 모든 이들이 엎드려지는 광야에서 이들은 보배와 같다. 여호수아와 갈렙은 출애굽 1세대임에도 불구하고 광야에서 엎드려진 자들과 구분되었다. 철저히 하나님을 향한 신앙을 소유했기 때문이다.

여호수아가 죽음을 앞두고 이스라엘 백성들에게 말씀을 증거했다. 이스라엘 백성들의 삶의 기준은 하나님의 말씀이었다. 모세를 통하여 시내산에서 받은 율법은 백성들로 하여금 죄를 깨닫고(롬 3:20), 예수 그리스도를 바라보며 하나님께 나아오게 하기 위함이셨다. 그러므로 하나님의 은혜 안에 거하기 위하여 철저하게 말씀을 붙들고 살아야 했다. 가나안 땅을 정복한 하나님의 백성들은 원주민들과 혼합해서도 언약도 해서는 안 된다.

가나안 땅에는 저주받은 함의 족속들이 살고 있었다. 그들이 살았던 땅에는 많은 신과 우상들이 여기저기 세워져 있었다. 그렇지만 하나님의 백성들이 함의 족속들을 진멸하고 정복했기에 저주받은 땅이 복을 받는 땅으로 바뀌어야 한다. 단순히 땅을 차지해서 재산을 소유한 것으로 끝난다면 재앙이다. 땅을 차지하는 순간 동시에 그 땅에 있는 우상들도 깨끗하게 치워 버리고 하나님이 통치하시는 땅이 되도록 해야 한다. 그런데 이들은 땅을 정복하는 일에만 급급했다. 땅을 정복하는 일은 열심히 정복한 만큼 재산이 늘어나고 생활이 안정되고 삶을 윤택하게 하기 때문이었다. 정복 세대는 눈만 뜨면 정복하러 나갔고, 종일 정복하고 가정으로 돌아오면 순간에 피로가 몰려왔다. 그러니 피로를 풀기 위하여 만사 일을 제쳐놓고 일찍 깊은 잠을 청해야 했다. 정복 세대는 가나안 땅을 정복하느라 다른 일에 신경 쓸 겨를이 없었다. 이때 정복 세대는 가장 귀한 것을 놓치고 말았다.

아직도 정복해야 할 땅이 남아 있지만 떠날 날이 가까운 여호수아가 정복한 땅을 바라보니 그 안에 무수히 많은 형상의 우상들이 있었다. 버려야 할 때 버렸어야 했는데 시기를 놓쳤다. 세상을 떠날 즈음에야 영적 지도자 여호수아의 눈에 우상들이 들어왔다. 그래서 황급하게 이스라엘 백성들을 불러 모았다. '이제는' 여호와를 경외하며 온전함과 진심함으로 섬기라고 당부한다. 이 말은 '지금까지' 살아온 삶은 방치된 상태였다는 것이다. '이제는'이라는 말이 너무도 안타깝게 들린다. 여호수아도 땅을 정복하느라 '지금까지'의 삶 속에서 너무나 중요한 것을 놓쳐 버렸다. 시간이 훌쩍 지나가 문제가 커지기 전에 매일 튜닝했어야 함이 마땅하다. 그러나 이들은 육신의 삶 속에서 땅을 정복하는 일에만 몰두하다가 그만 하나님의 말씀을 삶에 적용하며 사는 것을 놓치고 말았다.

불균형을 이룬 삶

우리는 육적인 삶과 영적인 삶을 균형 있게 살아야 한다. 땅을 정복하는 일에만 급급하다가 영적인 날개가 부러지고 나면 매일같이 울어야 할 일들이 생긴다. 정복 세대는 땅을 정복하느라 가나안 신세대들이 우상의 도시인 신도시에서 자라나고 있음을 염두에 두지 않았다. 가나안에서 태어난 아이들은 골목골목마다 이방인들의 삶이 배어 있는 곳을 뛰어다니며 성장했다. 어느덧 우상이 익숙해졌고 이방인들이 우상숭배 하는 모습도 친숙해져 버렸다. 그리고 어느덧 그들의 문화에 동화되어 갔다. 이쯤 되면 땅을 치고 후회해도 돌이키기 쉽지 않다. '그때 치웠어야 했는데' 여호수아의 입에서 외마디가 새어 나온다.

　우리가 살아가는 환경은 무엇보다도 중요하다. 어떤 환경을 선택하며 사느냐에 따라 삶의 방향성이 달라지기 때문이다. 가나안은 젖과 꿀이 흐르는 기름진 땅이지만, 가나안 원주민들이 섬기는 다양한 우상들을 버려야 하는 결단이 그들에게 필요한 땅이기도 했다. 여호수아는 죽음을 앞두고 광야에서 태어나고 가나안을 정복한 '정복 세대'들과 하나님을 알지 못하는 '가나안 신세대'들에게 절절하게 당부했다. 그러나 너무 늦었다. 가장 적절하게 튜닝했어야 할 시기를 놓쳐버렸다. 땅을 정복하는 순간순간 점검이 이루어졌어야 했다. 여호수아의 불균형적인 리더십은 엄청난 대가를 불러왔다. 사상이 뇌리에 박히면 뽑아내기가 쉽지 않다. 그래서 삶을 사는 동안 주변 환경을 돌아보며 놓치는 것이 없는지 수시로 살펴야 한다. 여호수아의 당부가 가나안 신세대들의 귀에는 들어오지 않는다. 이미 혼합되었기 때문이다. 이때가 '영적 과도기'이다. 이제야 환경을 돌아보니 영적으로 타락해 버린 자녀들이 근심으로 다가온다. 과도기가 오기 전에 방치된 영역을 돌아보았어야 했다.

　오로지 땅을 차지하기에 바쁜 장정들은 믿음으로 가나안을 정복하고 있지만 가정까지 돌아볼 여유가 없었다. 정복하는 순간 함께하시는 하나님의 은혜가 놀랍다. 그러나 가정 안에서 자녀들과 배우자에게 무슨 일이 벌어지는지는 관심을 두지 않았다. 그리고 가족들과 대화 나눌 시간은 엄두도 내지 못했다. 시간만 나면 오직 오늘은 어느 쪽으로 나가서 땅을 정복할까만 골몰한다. 그리고 아내에게 자녀 양육과 모든 살림을 일임했다. 자녀들은 대부분 엄마의 영향력을 더 많이 받고 자랐다. 이는 신앙도 마찬가지였다. 광야에서 지긋지긋하게 고생한 정복 세대 엄마들은 그때를 뒤돌아보아 다시 돌이키고 싶지 않았다. 정복한 땅에서 남편이 들고 오는 전리품은 점점 곳간에 채워지고 걱정거리가 없게 되었다. 체험신앙은 소유했지만 번영에 빠져 겨우 신앙을 유지하고 있다. 어느덧 신세대들은 우상을 가정 안에 들여오고 이미 원주민들과 혼합된 상황에 빠졌다. 그러나 그들은 자녀들의 영적인 삶에 대해 고민 한 번 없이 자신들의 신앙만 겨우 유지하는데 그쳤다.

> 만일 너희가 여호와를 버리고 이방 신들을 섬기면 너희에게 복을 내리신 후에라도 돌이켜 너희에게 재앙을 내리시고 너희를 멸하시리라 하니 백성이 여호수아에게 말하되 아니니이다 우리가 여호와를 섬기겠나이다 하는지라. 수 24:20, 21

여호수아가 백성들의 신앙을 점검하면서 그들 안에 들여온 이방 신들을 버리지 않으면 하나님이 재앙을 내리시고 멸하실 것을 강력하게 권고했다. 이때 정복 세대는 두 번 생각할 것도 없이 오직 여호와만 섬기겠다고 고백했다. 이것이 정복 세대의 신앙이다. 그들은 하나님의 크심을 아는 자들이다. 광야에서 함께하신 하나님을 그들은 떠날 수가 없었다. 너무나 생생한 하나님의 일들을 체험했기 때문이다. 광야에서 태어나는 순간에도 가나안 땅을 정복하는 순간에도 하나님의 놀라우신 은혜가 늘 그들과 함께하셨다.

하나님은 모든 사람의 하나님이 아니시다. 하나님을 믿고 경외하며 순종하고 따라가는 자의 하나님이시다. 우리는 예수 그리스도의 중보로 하나님과 화목하게 되었다. 우리는 하나님의 자녀요 하나님은 우리의 아버지다. 하나님이 우리의 아버지가 되심은 우리를 창조하셨고, 자녀 삼아 주셨고, 아가페 사랑을 통하여 끝까지 책임을 다하시며 인도하시는 분이시기 때문이다.

하나님은 우리를 사랑하시기 때문에 질투하신다. 하나님의 백성은 하나님의 주권적인 은혜로 구원을 받았다. 구원이 나의 노력으로 되는 것이라면 한 사람도 구원받지 못할 것이다. 구원은 죄의 문제가 해결되지 않으면 절대 받을 수 없다. 하나님은 예수 그리스도를 믿는 믿음을 통해 구원의 은혜를 주셨다. 이것이 하나님의 주권이다. 하나님은 질투의 하나님이시기에 삶 속에서 백성들의 우상숭배를 용서하지 않으신다. 만약에 우상숭배 한다면 그 대가를 감당해야 할 것이라고 말씀하셨다.

영적 과도기

여호수아는 영적으로 무디어진 이스라엘 백성의 미래를 염려하며 다시 신앙을 각성시켰다. '아직' 영적으로 하나님이 느껴지는 부모 세대와 '이미' 영적으로 혼탁해진 신세대 사이에 미묘한 기류가 흘렀다. '아직'에 속한 부모 세대는 여호수아의 명령이 떨어지기가 무섭게 우상들을 치우느라 분주했다. 그런데 '이미'에 속한 신세대들은 '부모님들이 알아서 치우시겠지'라고 생각하며 무관심으로 일관했다. 자녀들의 방 구석구석에 있는 우상들을 치우느라 부모들은 바빴다. 가나안 신세대들은 정복 세대의 고조된 영적인 분위기에 묻어가지만 사실 이래도 저래도 상관이 없었다. 요즘 시대에 모태 신앙인들이 그렇다. 가만히 있어도 부모 세대들의 신앙의 그늘에서 쉼을 얻을 수 있다. 부모 세대들의 기도에 힘입어 평안을 누리며 소리 없이 묻어가고 있다. 제법 예배생활도 견고해 보이고 삶도 그럭저럭 순탄해 보인다. 하지만 보이는 것이 다가 아니다.

이들은 지금 '영적 과도기'를 지나느라 너무나도 혼란스럽다. 열심히 우상을 치우고 있으나 마음 한구석에는 먹먹한 눌림이 있다. '우상을 치운다고 해결이 될까' 속사람 속에서 자꾸 되새기는 말이다. 우상을 던지는 것으로 상황은 끝나지 않는다. 우상을 섬길 수밖에 없는 그들의 혼합된 신앙이 문제이기 때문이다. 자녀들을 잘못 키웠다고 후회하지만 이미 잘못된 틀이 형성되어 버린 가슴 아픈 상황이 우리의 마음을 착잡하게 한다. 우리는 나 자신만의 신앙으로 만족하지 않고 가정을 돌아보며 균형 잡힌 튜닝을 해야 한다. 그 시간은 낭비가 아니라 투자다. 바쁜 시간을 나누어 쓸 줄 아는 사람이 현명한 사람이다.

구원받은 하나님의 백성들은 비록 삶이 분주하고 바쁠지라도 하나님의 나라를 건강하게 세워나가야 한다. 나 혼자만의 뜨거운 신앙으로는 역부족이다. 주변에 있는 모든 사람과 뜨거운 열정이 함께 불타올라야 한다. 지금 여호수아의 마지막 설교가 나의 귓전을 스칠 뿐 아니라 마음에 새겨져야 한다. 그리고 후회하기 전에 주변 환경을 빠짐없이 돌아보며 버릴 것들을 미련 없이 던져야 한다. 가나안 땅에 살면서 자신도 모르는 사이 가정 안으로 미끄러져 들어온 불순물들을 하나씩 치워가며 자신뿐만 아니라 주변의 모든 것을 점검하고 갱신시켜야 한다.

불균형적인 삶의 결과물

이스라엘이 여호수아가 사는 날 동안과 여호수아 뒤에 생존한 장로들 곧 여호와께서 이스라엘을 위하여 행하신 모든 일을 아는 자들이 사는 날 동안 여호와를 섬겼더라. 수 24:31

하나님의 역사하심을 생생하게 체험하고 기억하는 이들, 하나님 중심의 삶을 살았던 정복 세대들이 하나둘씩 다 죽어갔다. 이제부터 가나안 신세대들이 영적으로, 육적으로 부모의 삶을 이어 나아가야 할 시기가 왔다. 그런데 이들에게 신앙의 미래가 보이지 않으니 심적으로 답답하고 막막하다. 우상의 땅 가나안에서 정착하고 살아야 할 이스라엘 백성들은 여호수아가 죽고 난 후에도 여전히 하나님을 의지하며 살아야 했지만 이후의 세대들은 여호와를 알지 못하고 살았다.

어떤 삶이든 미래가 없다면 잘 산다고 말할 수 없다. 정복 세대의 신앙은 탁월했지만 그들의 미래는 영적으로 타락한 가나안 신세대들이었다. 그런데 자신들의 신앙만큼은 누구와 비교해도 뒤지지 않는다고 자부하며 살았던 정복 세대들이 다음 세대를 준비하지 않고 하나둘씩 죽어갔다. 그들 중 어느 누구도 다음 세대를 위하여 가슴 저리도록 고민한 사람이 없었다. 그저 하나님의 기적 속에서 가나안 땅을 정복하는 일에만 전념하고 살았다. 그들은 매일같이 앞서가셔서 싸우시는 하나님을 체험했으나 자식들의 신앙 관리는 해주지 못했다. 그저 안타까울 뿐이다.

가나안 신세대들은 부모들이 가나안 땅에 들어와 수 없이 전쟁하며 차지한 기업을 수고 없이 물려받은 자들이다. 배우지 못한 부모의 한 때문에 자녀들이 원 없이 공부했다. 배고픈 보릿고개를 물려주지 않으려는 부모들의 극성스러운 사랑으로 가만히 앉아서 호강을 누렸다. 가나안 신세대들은 고생을 모르고 자랐다. 그래서 간절하게 기도해본 적도 없다. 그러므로 하나님의 살아 계심도 체험하지 못했다. 이런 상태의 자녀들을 놓고 가나안 1세대는 무책임하게 하나둘씩 조상들에게 돌아가 버렸다.

이스라엘 자손이 여호와의 목전에 악을 행하여 바알들을 섬기며 애굽 땅에서 그들을 인도하여 내신 그들의 조상들의 하나님 여호와를 버리고 다른 신들 곧 그들의 주위에 있는 백성의 신들을 따라 그들에게 절하여 여호와를 진노하시게 하였으되.

삿 2:11, 12

가나안 신세대들이 여호와의 목전에 악을 행하고 있다. 마치 신앙을 소유한 부모 세대가 떠나기만을 기다렸다는 듯이 부모 세대가 떠나기가 무섭게 이들은 주저 없이 바알 신을 섬겼다. 부모 세대들은 자녀들에게 번영만 유산으로 물려주고 떠났다. 안타까운 일이다. 부모 세대들의 신앙은 산속에 묻혀 있는 용암처럼 자신들 안에만 숨겨져 있고 자녀들 세대에게는 표출되지 않았다. 가나안 신세대들은 부모 세대들의 신앙을 볼 수 없었다. 자녀들에게 본을 보여 주지 않았기 때문이다.

부모 세대들은 가나안 신세대들에게 그저 삶의 번영만 꿈꾸게 했다. 성공과 출세에만 전념하게 했다. 그리고 자신들은 가나안 땅을 정복하는 일에만 전념하며 그저 한스럽던 가난, 지긋지긋한 고생의 삶을 벗어나기 위하여 기도했고 부르짖었다. 그런 가운데 놓친 것들이 있다. 바로 자녀 세대에게 신앙을 물려주지 못한 실수를 범한 것이다. 가나안 신세대들은 여호와 하나님을 버렸다. 그리고 다른 신들 곧 원주민들의 신들을 따라 그들에게 절하며 여호와를 진노하시게 했다. 가나안 땅에 들어와 불과 한 세대가 지나고 다음 세대가 오는 짧은 기간 동안 균형 잡힌 튜닝 한번 없이 이처럼 신앙이 타락하고 말았다.

방송에서 한 노인의 한탄하는 모습을 보았다. 50대 중반인 노인의 딸은 알코올 중독 상태에서 매일같이 홀로 사는 노모를 구타하며 욕설을 했다. 노인의 딸은 온전한 상태가 아니었다. 상태가 심각하여 환청을 듣고 거의 환각 상태에 빠져 살았다. 딸은 뜻밖의 말을 했다. "어렸을 때 엄마, 아빠는 매일 싸웠어요. 학교에 돌아오면 어느 날은 엄마가 피를 흘리고 있었고, 또 어느 날은 아빠가 피를 흘리고 있었어요." 딸은 매일매일 엄마와 아빠가 싸우는 모습에 두려움에 떨며 자랐다. 이 딸은 사회생활에 적응하지 못하고 결국 피폐해진 상태로 엄마 집에 들어와 함께 살고 있었다.

이 가정의 불행이 참으로 안타까웠다. 피폐해진 딸은 엄마와 아빠가 경작한 농사의 결과물이었다. 그런데 홀로 남은 노모는 그것을 알지 못했다. 노모는 딸이 태어나면서부터 문제인 것처럼 말했다. 그러나 딸은 대학교 다닐 때까지 공부도 잘했다. 그러나 우울증과 대인기피증 때문에 정상적인 사회생활을 할 수 없었다. 그렇다면 부모가 만든 가정환경이 딸을 그렇게 만든 것 아닌가. 그러나 노모는 원인을 잘못 알고 있었다. '결혼을 안 했더라면' 결혼한 것이 문제인가? '저런 자식을 안 낳았더라면' 딸이 태어난 것이 문제인가? 그렇지 않다. 피폐해진 딸의 모습은 부모가 살아온 결과물이다.

가나안 신세대의 문제

하나님은 가나안 땅을 밟기 전에 정복 세대에게 모세의 율법 책에 기록된 것을 지켜 행하라고 명령하셨다. 하나님 말씀대로 살기 위해서는 힘쓰고 애써야 한다. 신앙의 열정은 거저 오지 않기 때문이다. 그런데 그 말씀을 마음에 묻어두었다. 영적 과도기를 만난 가나안 신세대는 원주민들의 삶 속으로 녹아 들어갔다. 부모들이 기도하는 모습도 봤고, 하나님 나라를 위해 헌신하는 모습도 보았지만 영적으로 무지했다.

이스라엘 자손이 여호와의 목전에 악을 행하여 바알들을 섬기며 애굽 땅에서 그들을 인도하여 내신 그들의 조상들의 하나님 여호와를 버리고 다른 신들 곧 그들의 주위에 있는 백성의 신들을 따라 그들에게 절하여 여호와를 진노하시게 하였으되 곧 그들이 여호와를 버리고 바알과 아스다롯을 섬겼으므로 여호와께서 이스라엘에게 진노하사 노략하는 자의 손에 넘겨 주사 그들이 노략을 당하게 하시며 또 주위에 있는 모든 대적의 손에 팔아 넘기시매 그들이 다시는 대적을 당하지 못하였으며 그들이 어디로 가든지 여호와의 손이 그들에게 재앙을 내리시니 곧 여호와께서 말씀하신 것과 같고 여호와께서 그들에게 맹세하신 것과 같아서 그들의 괴로움이 심하였더라. 삿 2:11-15

영적으로 무지하면 우상을 하나님처럼 섬기게 된다. 영적 과도기를 겪는 가나안 신세대는 보이지 않는 하나님보다 눈에 보이는 우상에게 위로받았다. 부르짖어도 당장 달려와 도울 수 없으나 눈으로 볼 수 있고 손으로 만질 수 있었기 때문이다. 지갑 속이나 베개 속에 넣어둔 부적이나, 차 트렁크 속에 달고 다니는 북어가 훨씬 더 마음이 든든하고 믿음직한 것처럼 말이다. 그들은 원주민들이 섬기는 바알에게 엎드려 경배하며 기도하고 그들과 혼합하며 먹고 마시고 즐거워했다. 하나님은 그들의 소행을 보시면서 더는 참으실 수가 없으셨다. 그동안 정복 세대는 가나안을 정복하는 동안 매번 승전가를 불렀었다. 하나님을 의지하고 살았던 세대에는 밟는 땅마다 정복되었다. 땅을 정복할 수 있도록 하나님은 앞서나가 싸우셨기 때문이다.

그러나 정복하던 땅에서 가나안 신세대는 원주민들에게 다시 정복당하기 시작했다. 하나님은 이방인들을 재앙의 도구로 사용하셨기 때문이다. 평화롭던 삶이 처참하게 짓밟혔다. 매일의 삶이 노략당했다. 고생이라고는 해 본 적이 없는 신세대들에게 괴로움이 나날이 더해 갔다. 믿음의 세대인 부모 세대가 죽고 영적 과도기를 만난 가나안 신세대는 다시 출애굽 1세대처럼 광야의 인생으로 돌아갔다. 이렇게 혼란스러운 과도기에는 하나님을 인정하고 다시 돌아가 균형 잡힌 튜닝을 해야 한다. 그러면 다시 회복할 수 있다. 그러나 이들은 잠시 주춤하다가 다시 우상에게로 돌아서는 삶을 반복하며 살았다.

영적 건물의 기초

영적 건물을 바치고 있는 기초는 육신의 삶이다. 육신의 삶이 건강하면 영적 건물이 견고하다. 영적으로 자주 시험에 드는 사람들의 유형은 육신의 삶 속에서 문제에 허덕이는 경우가 대부분이다. 육신의 삶이 형통하지 않으면 신앙도 흔들린다. 가나안 신세대를 바치고 있는 기초는 정복 세대였다. 그런데 가나안 신세대의 영적인 삶이 무너졌다. 그들은 하나님을 버리고 우상을 숭배하며 살았다. 가나안 신세대들의 신앙이 무너졌다면 그 원인은 기초를 이루고 있는 정복 세대를 점검해야 얻을 수 있다. 정복 세대는 영적으로는 신앙의 삶을 살았으나 삶에서 신앙을 적용하지 못하고 자녀 양육에 실패한 사람들이다. 신앙은 삶과 하나여야 한다. 신앙과 삶은 두 날개다. 어느 한쪽이 부실하다면 날아오를 수 없거니와 날기를 시도하는 순간 떨어질 것이다.

어찌 보면 가나안 신세대는 피해자다. 부모 세대들의 불균형적인 신앙이 신세대들의 삶을 망가뜨렸다. 그로 말미암아 부모 세대의 미래가 무너졌다. 삶이 관리가 안 되고 기울어지면 영적인 근육을 강화하는 것이 쉽지 않다. 자신들의 신앙은 미미하게나마 소유하고 살았으나 신앙을 교육하고 이끌어가야 하는 삶을 적용하지 못하니 겉보기만 번영으로 찬란했고 영적인 삶은 무너져 버린 것이다. 그러므로 자신의 환경과 주변 사람을 시시로 돌아보고 잘 관리하는 현명함이 있어야 한다. 정복 세대는 광야의 사십 년 동안을 혹독한 훈련 가운데 살아왔다. 그리고 하나님의 이적을 시시로 체험하며 살았다. 그들의 부모들은 불평불만만 하다가 가나안을 들어가지 못했다. 그들의 부정적인 모습, 불신앙적인 모습은 정복 세대에 뼈저린 아픔의 기억이다. 그들은 부모들이 처절하게 엎드러지는 모습을 생생하게 보며 살았다. 그래서 그들은 가나안으로 나아갈 수 있었다. 그러나 부모 세대가 된 정복 세대는 신세대들의 삶을 준비시키지 못하고 무너지도록 만들었다. 아이러니하다.

정복 세대가 하나둘씩 떠나고 난 후 '영적 과도기'에 접어들면서 이스라엘 백성들은 다시 혼란을 겪으며 고난 속으로 빠져갔다. 이들의 모습은 부모 세대가 살아온 결과물이다. 지혜로운 사람은 미래의 삶을 계획하고 선택하며 적용한다. 당신이 내일을 준비한다면 가정을 돌아보며 자녀들의 신앙과 삶을 매 순간 균형 있게 튜닝해야 한다. 나의 신앙을 자녀들에게 물려주기 원한다면 삶 속에서 신자다운 삶을 사는 본을 보여야 한다. 그리고 하나님의 사랑을 함께 나누기를 즐거워해야 한다. 육신의 번영만 물려주는 것은 자식들을 죽음에 몰아넣는 것이다. 정복 세대가 실수하며 걸어간 길을 우리는 걷지 않도록 지금 영적으로, 육적으로 튜닝하고 또 튜닝해야 한다.

08
복의
가치 기준

부족한 것이 많아도 내 안에 하나님 말씀이 있다면 최고의 복을 받은 사람이다. 야삽의 인생이 달라졌다. 복에 대한 가치 기준만 아니라 가치관도 달라졌다. 복에 대한 가치 기준을 영적인 복으로 설정한 그의 선택은 남은 인생을 만족한 삶으로 인도할 것이다.

삶이 불행하다면 복에 대한 가치 기준을 다시 선택하고 재설정하라. 그리고 미련 없이 잘못된 가치관을 바꾸어라. 눈에 보이는 번영에 가치 기준을 두지 않고 영원한 생명에 둔다면 평안과 행복을 누리는 삶을 살 수 있을 것이다. 하나님께 가까이 함이 우리에게 복이다.

가치관의 중요성

　세상에서 비슷한 인생을 사는 사람은 있어도 똑같은 삶을 사는 사람은 없다. 가정환경과 경제적 상황이 다르고 지식과 생각이 다르기 때문이다. 모든 사람은 각기 다른 환경에서 저마다의 삶을 살아간다. 어떤 사람은 부족함이 없는데 불행한 사람이 있고, 부족한 것이 많은데도 행복한 사람이 있다. 모든 것이 풍족한데도 불평불만이 넘치는 사람이 있는가 하면 가진 것이 없지만 감사가 넘치는 사람이 있다.
　우리는 예수 그리스도를 믿는 신앙인이다. 세상 사람들과 우리는 달라야 한다. 그러나 세상 사람들과 구별되지 않게 살아가는 믿음의 사람들이 많다. 믿음 안에 있으면서 세상 사람들처럼 부정적이고 불평불만에 빠져 사는 신앙인들이 있다. 그리고 자신의 삶에 대해 한탄하고 다른 사람을 부러워하기도 한다. 이유는 '복의 가치 기준' 때문이다. 사는 동안 어떤 복에 가치 기준을 두느냐에 따라 그 사람의 가치관이 형성된다. 살아가는 동안 복에 대한 가치 기준이 잘못 서 있다면 그 사람은 결코 행복하거나 만족하지 않을 것이다. 믿음의 사람은 반드시 복에 대한 가치 기준을 제대로 설정하고 가치관을 정립해야 행복한 삶을 살 수 있다. 복은 크게 두 가지로 분류할 수 있다.

> 사랑하는 자여 네 영혼이 잘됨 같이 네가 범사에 잘되고 강건하기를 내가 간구하노라. 요삼 1:2

첫째, 영혼이 잘되는 영적인 복이다.

영적인 복은 예수 그리스도 안에서 구원받고 하나님이 주시는 하늘의 신령한 복을 받아 누리는 것이다. 사람은 동물과 다르게 하나님의 형상대로 지음을 받았다. 우리는 이 땅에서 여행자일 뿐이다. 그래서 이 땅에서 호흡이 멈추는 날 우리 인생의 여행을 마치고 본향으로 돌아가야 한다. 그런데 돌아갈 본향이 없다면 비참할 것이다. 돌아갈 본향이 없는 사람은 꺼지지 않는 유황불 못에서 영원히 고통받게 되고, 돌아갈 집이 준비된 사람은 영원한 천국에서 살게 될 것이다.

하나님은 창세 전부터 하나님의 백성을 선택하셨다. 그리고 하나님의 때에 부르셨다. 하나님의 자녀로 부르심을 받은 하나님의 백성은 예수 그리스도 안에서 영생을 얻고 영적인 복 안에서 삶을 살아간다. 구원은 하나님 나라가 우리 안에 임하는 것이기에 천국으로부터 임하는 평안과 만족한 은혜를 누리며 살게 되는 것이다. 이것이 영적인 복이다.

둘째, 범사에 잘되고 강건한 육적인 복이다.

육신의 복은 육신의 삶을 사는 동안 땅의 기름진 복을 받아 누리는 것이다. 살아 숨 쉬는 우리에게는 반드시 육신의 복이 필요하다. 하나님은 사람이 사는 동안 자연 만물을 통해 일반적인 복을 주시며 우리의 삶을 윤택하게 하신다. 또한 우리에게 육신의 복을 누리며 살 수 있도록 위임의 복을 주셨다. 그러므로 하나님이 위임하신 복을 적용하며 땅을 정복하고 다스리면 땀을 흘리고 수고한 만큼의 대가가 삶의 윤택한 육적인 복으로 나타난다.

영혼이 잘되는 영적인 복과 범사에 잘되고 강건한 육적인 복은 사람에게 반드시 필요하다. 이 두 가지의 복을 균형 있게 공급받는 것은 대단히 중요하다. 그러나 둘 중에 최고의 가치 기준을 어디에 두느냐에 따라 우리의 행복과 불행이 결정된다.

시편 73편은 아삽이 지은 시다. 아삽은 다윗 시대의 사람으로 성전 찬양대 지휘자였다. 하나님을 찬양하는 자들은 남다른 영적 감각이 있다. 하나님을 향한 열정뿐만 아니라 주님의 임재에 대한 민감함도 탁월하다. 이런 사람들은 자신의 영적 관리만 잘하면 깊은 은혜의 삶을 살 수 있다. 그러나 아삽은 불행의 늪을 지나며 실족할 뻔한 위기를 만난 적이 있음을 고백하고 있다.

시험이 오는 이유

하나님이 참으로 이스라엘 중 마음이 정결한 자에게 선을 행하시나 나는 거의 넘어질 뻔하였고 나의 걸음이 미끄러질 뻔하였으니 이는 내가 악인의 형통함을 보고 오만한 자를 질투하였음이로다. 시 73:1-3

아삽이 말하는 '마음이 정결한 자'는 복에 대한 최고의 가치 기준을 영적인 복에 두고 사는 자들을 말한다. 이들은 잠시 순례자의 길을 지나 본향을 향하여 나아가는 자들이며 도착지는 천국이다. 그러므로 번영을 꿈꾸며 나아가는 자들과는 삶의 양식이 다르다. 마음이 정결한 자는 하나님 안에서 영적인 삶을 살면서 내세에 소망을 두고 사는 자들을 의미한다.

반면에 '악인들'은 복에 대한 최고의 가치 기준을 육신의 복에 두고 사는 자들이다. 악인들은 세상에서의 삶에 목숨 걸고 살 수밖에 없다. 그들에게는 내세의 삶이 저주이기 때문이다. 그래서 악인들은 입을 굳게 다물고 번영을 이루어낸다. 이 땅에서의 삶이 끝이기 때문이다. 악인들은 눈을 부릅뜨고 육신의 삶에 집착해서 번영을 이루고 눈부시게 발전한 삶에 목적을 둔 자들이다. 이들의 도착지는 지옥이다.

아삽은 나름대로 자신이 가지고 있는 하나님에 대한 지식이 있었다. "선을 행하시나"를 "복을 주시나"로 해석해도 무방할 것 같다. 아삽은 하나님을 이스라엘 가운데 마음이 정결한 자에게 복을 주시는 분으로 생각하고 있었다. 아삽은 이스라엘에 많은 사람이 있으나 하나님의 선택을 받은 영적 장자에게 복 주심을 깨닫고 있었다. 그리고 이 말 속에는 자신이 복 받을 수 있는 자에 속해 있다는 확고한 생각이 들어 있음도 감지할 수 있다.

그런데 악인의 형통함을 보면서 자꾸 시험에 빠져 거의 미끄러질 상황을 만났다. 악인들의 삶을 보면서 마음이 흔들렸다. 그리고 견딜 수 없었다. 아삽은 자신의 가치 기준과 삶 사이에서 나타나는 괴리감 때문에 복에 대한 가치관이 혼란스러웠다. '나는 하나님의 자녀인데 왜 저들보다 못한가'라는 생각이 아삽을 괴롭혔다. 아삽이 이토록 괴로운 이유는 복에 대한 최고의 가치 기준이 육적인 복에 설정되어 있었기 때문이다. 영적으로 민감하게 하나님을 찬양해야 할 아삽이 매번 시험에 빠져 비틀거렸다.

복에 대한 아삽의 가치관

아삽은 참 이스라엘로서 구원받은 하나님의 백성이다. 그런데 자신보다 형통한 악인들을 눈뜰 때마다 지켜보는 것이 괴로웠다. 그들은 예수 그리스도 밖에 있는데 너무나 윤택하다. 자녀들도 출세의 가도를 달리고 고급 승용차에 고가의 저택을 소유하고 있다. 그뿐인가, 화려한 치장을 한 모습은 아삽을 자꾸 시험 들게 하고 질투의 마음을 일으켜 무척이나 괴롭게 했다.

> 그들은 죽을 때에도 고통이 없고 그 힘이 강건하며. 시 73:4

아삽은 악인들이 사는 동안 기름진 삶 속에서 누리며 행복하게 살더니 죽을 때에도 고통이 없는 모습을 이해할 수 없었다. 구원받은 나보다 더 나은 삶을 사는 그들, 게다가 매일같이 성전에서 찬양만 하는 자신에 비해 좋은 음식과 값비싼 옷과 명품으로 치장한 그들이 부럽기까지 하다. 게다가 그들은 늙지도 않고 강건하여 장수한다. 아삽의 속이 뒤틀린다. 그리고 상대적으로 그들보다 부족하게 느껴지는 자신이 비참하다.

> 사람들이 당하는 고난이 그들에게는 없고 사람들이 당하는 재앙도 그들에게는 없나니. 시 73:5

아삽은 악인들을 부러워하는 자신 내면의 심리적 상태를 표출하고 있다. 아삽은 번영을 누리며 사는 자들 이면에서 그리 흥미로울 것 없는 하루하루가 따분했다. 매일매일 습관처럼 드리는 찬양도 감동이 없다. 인류 최고의 찬양 팀을 만들겠다고 최선을 다하여 지휘하지만 영혼 없는 찬양만 울려 퍼진다. 악인들처럼 즐기고 싶지만 지켜보는 눈이 너무 많다. 시간이 지날수록 악인들의 삶이 더욱 확대되어 눈에 들어왔다. 아삽의 눈에는 악인들의 번영 속에 고난도 없고 재앙도 없어 보이는 것과 그들이 누리는 것들만 눈에 들어왔다. 상대적으로 초라하게 느껴지는 자신의 삶이 한심스러워 뒤척인다.

> 그러므로 교만이 그들의 목걸이요 강포가 그들의 옷이며 살찜으로 그들의 눈이 솟아나며 그들의 소득은 마음의 소원보다 많으며 그들은 능욕하며 악하게 말하며 높은 데서 거만하게 말하며 그들의 입은 2)하늘에 두고 그들의 혀는 땅에 두루 다니도다.
>
> 시 73:6–9

요즘 대기업 회장과 그의 자녀들의 갑질 문제가 논란이 되고 있다. 그들은 경제적 능력과 회사에서의 권력을 가지고 있다. 그래서 두려울 것도, 무서울 것도 없는 것 같다. 그들은 자신의 그늘 안에 있는 사람들 위에서 제왕처럼 군림한다. 다른 사람들의 인격 따위에는 별 관심이 없다. 폭언과 폭행, 그리고 탐욕과 교만으로 가득하다.

가난한 자들은 하루 벌어 하루 먹고 산다. 한 달 동안 열심히 일한 월급으로 한 달을 먹고 산다. 하지만 돈이 많은 사람은 가만히 앉아 있어도 돈이 돈을 번다. 아삽 눈에는 교만한 악인들을 지켜보는 것이 괴롭다. 자신의 삶에 비해 그들의 기름진 삶과 상상을 초월한 경제적인 부요함은 상대적 빈곤을 느끼게 하기에 충분하다.

악인들은 가난한 자들을 비웃고 조롱하며 상대를 무시하고 얕잡아 본다. 마치 자신보다 더 높은 사람이 없는 것처럼 행동한다. 그들은 돈의 위력을 과시하며 주변에 있는 사람들을 조종하고 군림하기도 한다. 때로는 가난한 자들을 짐승 취급하며 짓밟기도 한다. 게다가 자신들이 하나님인양 교만하기 그지없다. 악인들의 이러한 모습을 보면서 아삽의 복에 대한 가치관이 바람 앞의 갈대처럼 흔들려 사각거렸다. 오히려 악인들의 군림하는 모습이 부럽기까지 하며 자신도 저런 삶을 살아봤으면 하는 마음이 간절하다.

그러므로 그의 백성이 이리로 돌아와서 잔에 가득한 물을 다 마시며 말하기를 하나님이 어찌 알랴 지존자에게 지식이 있으랴 하는도다 볼지어다 이들은 악인들이라도 항상 평안하고 재물은 더욱 불어나도다. 시 73:10-12

신앙인들 가운데 복에 대한 최고의 가치 기준을 육신의 복에 두고 아삽처럼 마음이 흔들리는 사람들이 있다. 아삽이 번영을 누리며 사는 자들을 바라보며 부러워하는 동안 또 다른 아삽들이 하나 둘씩 번영을 바라보며 세상으로 스며들기 시작한다. 마치 썩은 고기를 찾아다니는 굶주린 하이에나처럼 악인들의 잔에서 흘러넘치는 세상 것들을 게걸스럽게 핥기 시작했다. 아무리 핥아도 번영에 대한 갈증은 해갈되지 않는다. 그렇게 한참을 허겁지겁 핥다가 멈춰 서서 하는 말이 가관이다. "하나님이 어찌 알랴 지존자에게 지식이 있으랴." 이스라엘 중 마음이 정결한 삶을 살았어도 복에 대한 최고의 가치 기준이 제대로 설정되지 않으면 이 모양이 된다. 악인임에도 불구하고 항상 평안하고 재물이 불어나는 것 좀 보라고 외쳐댄다. 그리고 우리도 그렇게 살자고 분위기를 몰아간다. 여기에 동참하지는 않았지만 아삽도 그들과 함께 마음속에서 이미 합류하고 있었다.

하나님을 찬양하는 자 아삽은 하나님의 성전에 거하면서 영성 있는 자로 존경받았을 것이다. 두 손 들고 경배하며 때로는 눈물도 흘렸고, 그가 입은 찬양하는 자의 옷은 거룩하기 그지없어 보이고 가까이할 수 없는 대단한 존재로 보였을 것이다. 아삽의 재능을 뭇사람들은 사모하며 부러워도 했을 것이다.

> 내가 내 마음을 깨끗하게 하며 내 손을 씻어 무죄하다 한 것이 실로 헛되도다 나는 종일 재난을 당하며 아침마다 징벌을 받았도다. 시 73:13, 14

아삽은 형편없이 무딘 영혼이 되어 깊은 나락으로 추락하는 날개 없는 독수리 같은 신세가 되었다. 그의 모습 속에서 영적인 것은 찾아볼 수가 없다. 오히려 자신이 영적으로 살아온 날들이 무의미하고 헛되게 느껴질 뿐이다. 하나님을 찬양하며 성전에서 보낸 시간이 아깝고 억울하다는 생각도 든다. 이미 악인들의 삶 속에 녹아 들어간 이스라엘 중 마음이 정결했던 자들에 대한 부러움이 솟구쳐 오르기까지 한다. 악인들의 삶 속에 혼합된 그들이 어느 순간부터 얼굴에 윤기가 돌고 화려한 옷을 입고 다니는 모습 속에 밤잠을 이루지 못하고 갈등한다.

복에 대한 가치 기준에 혼란이 오고 생각은 골똘해졌다. 밤잠을 이루지 못하니 불면증에 편두통까지 합세했다. 점점 삶에 대한 의욕이 상실되어 갔다. 아삽의 속마음은 날마다 전쟁이다. 영적인 복이 우선인가, 육적인 복이 우선인가. 둘 사이에서 혼란스럽다. 성전에서 하나님을 높이고 열심히 신앙생활을 했으나 악인들보다 부족하게 느껴지는 나의 삶을 어떻게 이해해야 할지 고민이다. 눈만 뜨면 이 생각 저 생각이 아삽을 괴롭게 한다. 마치 범죄하고 징벌을 받는 자처럼 자신 속에서 자신을 징벌하며 눈을 뜰 때마다 고통스럽다.

눈을 뜨면 징벌을 받는 고통이 따르니 아삽의 인생은 재난을 당한 자 같이 혹독하다. 온종일 재난을 당한 자 같은 삶을 살고 있으니 삶이 피폐해지고 정상인의 삶의 궤도에서 벗어났다. 이런 상태에서 가정생활이 온전할 수 없다. 사회생활과 사람과의 관계성 또한 마찬가지다. 참 이스라엘인데, 직분자이고 리더인데, 이는 곁에서 지켜보는 사람들의 생각일 뿐이다. 아삽은 괴로움의 극치에 다다랐다. 그렇게 아삽은 자신 스스로를 파괴하고 있었다.

내가 만일 스스로 이르기를 내가 그들처럼 말하리라 하였더라면 나는 주의 아들들의 세대에 대하여 악행을 행하였으리이다 내가 어쩌면 이를 알까 하여 생각한즉 그것이 내게 심한 고통이 되었더니. 시 73:15, 16

아삽은 마음속으로 엄청난 전쟁을 치르며 갈등했지만, 혼합된 자들처럼 행동에 옮기지는 못했다. 그리고 스스로 위안 삼는 그의 고백이다. '그들처럼 말로 표현하지 않고 주변 사람들에게 악영향을 끼치지는 않았으니 그나마 다행이야.' 그리고 번영 속에서 기름진 삶을 사는 자들을 보면서 다시 속에서 불이 난다. 질투심 때문에 견딜 수가 없다. 아삽의 이런 모습에 우리의 마음이 답답해진다. 바로 내 모습이기 때문이다.

아삽은 이 문제 때문에 몸부림치고 있지만 해답을 찾지 못하고 있다. 바로 깨닫지 못하기 때문이다. 복에 대한 최고의 가치 기준을 육적인 복에 설정했기에 아삽의 가치관은 모든 것이 육적인 것에 기울어져 있다. 아삽은 육신의 눈을 통과해 들어오는 것으로 모든 것을 판단하고 평가했다. 그리고 비교하며 결정했다. 그러므로 악인들이 행복해 보이고 이스라엘 중 마음이 정결한 자들이 불행해 보인다. 꼭 예배자의 삶을 살 필요가 있는지 갈등하면서 어느 쪽에 서야 할지 갈피를 잡을 수 없다. 자신이 가지고 있는 가치관으로 문제를 해결하려하니 답이 나오지 않고 스스로 몸부림만 칠 뿐이다.

새로운 가치 기준

하나님의 성소에 들어갈 때에야 그들의 종말을 내가 깨달았나이다. 시 73:17

이 은혜가 얼마 만인가. 마음에서 하나님의 성전을 떠나 방황하며 육신의 눈으로 들어오는 것들을 보면서 고뇌하며 살던 나날들. 아삽은 여느 날과 다름없이 무기력한 모습으로 습관처럼 성전에 들어갔다. 자리에 앉는 순간 심령 깊은 곳에서 평안이 일렁였다. 날마다 눈뜰 때마다 징벌이요 종일토록 재난당한 자의 삶을 살았던 고통이 일순간 사라지고 머리가 맑아졌다. 순간 악인들의 최후의 모습이 파노라마처럼 스쳐 지나갔다. 심장이 부들거리며 떨리고 거룩한 두려움이 솟구쳐 왔다. 자칫 지옥으로 떨어지는 악인들의 모습이 내 모습이 되었을 뻔했다는 아찔함에 몸서리치며 안도의 한숨을 깊이 품어냈다. 그리고 "오, 하나님!" 아삽은 외마디 비명을 질렀다.

복에 대한 최고의 가치 기준을 육적인 복에 두고 있는 아삽에게 하나님은 찾아오셨다. 자신의 의지와 상관없이 일어나는 영적인 은혜로 인해 아삽은 거의 반사적으로 무릎을 꿇고 머리를 조아리며 엎드렸다. 눈에는 하염없이 눈물이 흐르고 입에서는 천상의 소리가 울려 퍼졌다. "사랑한다, 아들아, 내가 너를 잘 아노라." 어느덧 영혼 없는 찬양이 사라지고 심령 안에 은혜의 강물이 넘실거렸다. 그리고 서서히 자신의 모습이 확대되며 내가 어떤 존재인가를 깨닫게 되었다.

사람들의 삶 가운데 육적인 삶은 일부분이다. 그리고 육적인 삶은 잠시 머물다가 사라지는 안개와 같은 것이다. 눈에 보이지 않는 4차원의 영적 세계는 눈에 보이는 3차원의 현실 세계를 품고 있다. 눈에 보이는 세계보다 보이지 않는 세계가 훨씬 광대하다. 육신의 삶은 칠십이요 강건하면 팔십이다. 그러나 보이지 않는 세계는 끝이 없고 영원하다. 아삽은 영적인 세계의 영적인 복을 놓치고 살았다. 하나님의 백성들은 악인들과 달라야 한다. 영적인 세계를 볼 수 있어야 하고 영적인 복을 생각할 수 있어야 한다. 복에 대한 최고의 가치 기준을 영적인 복에 둔다면 아삽처럼 도둑질 맞는 인생을 살지 않을 것이다.

주께서 참으로 그들을 미끄러운 곳에 두시며 파멸에 던지시니 그들이 어찌하여 그리 갑자기 황폐되었는가 놀랄 정도로 그들은 전멸하였나이다 … 내 마음이 산란하며 내 양심이 찔렸나이다.

시 73:18-21

영적인 눈이 열리니 악인들의 최후의 모습이 보이기 시작했다. 마지막 심판대에서 지옥으로 떨어지는 그들의 모습은 소름 돋을 정도로 아찔했다. 악인들은 이 땅에서 먹고 마시고 즐기며 사는 일에 목숨을 걸고 사는 자들이다. 아삽도 한때는 영적인 삶을 누리지 못하고 일락만을 즐기며 사는 자들이 부러울 때가 있었다. 그런데 이제는 그들의 삶이 추하고 불쌍해 보인다. 그리고 그들을 부러워하며 질투했던 자신의 모습도 부끄럽다. 악인들의 그늘을 그리워하며 악인들에게 들어가 혼합하며 사는 자들을 부러워했던 자신의 모습이 하염없이 작아 보였다. 그리고 복의 가치 기준을 육적인 복에 두고 살면서 잃어버린 시간이 너무나 아쉽다. 이제 하나님 앞에서 낯을 들기가 부끄럽다. 이스라엘 중 마음이 정직한 자라고 자부했는데 돌이켜보니 양심에 찔림만 느껴질 뿐이다.

새로운 삶의 유턴

아삽의 시야가 달라졌다. 자신의 삶을 돌아보니 모든 것이 은혜다. 왜 그동안 하나님의 은혜를 발견하지 못했을까. 배고파 굶주린 것도, 헐벗은 것도 아니다. 자녀들도 잘 자라고 있고 가족들은 모두가 건강하다. 그동안 보이지 않던 것들이 줄줄이 보이기 시작했다. 어느 한 곳 하나님의 손길이 닿지 않은 곳이 없다. 우주 만물이 나를 중심으로 돌고 있었다. 내가 세상의 주인공이다. 나는 영생을 얻었으며 하나님을 섬기는 가정을 이끌고 있다. 이제야 모든 것이 제대로 보인다.

복에 대한 최고의 가치 기준을 영적인 복에 두니 모든 것이 새롭다. 어제의 아삽과 오늘의 아삽은 분명 같은 사람이고 환경도 같은 환경이다. 그런데 속사람이 달라지니 삶도 달라졌다. 질투의 마음으로 고통스러웠던 삶도 지나갔다. 눈만 뜨면 자신이 비참해 보였던 모습도 사라졌다.

> 내가 이같이 우매 무지함으로 주 앞에 짐승이오나 내가 항상 주와 함께 하니 주께서 내 오른손을 붙드셨나이다 주의 교훈으로 나를 인도하시고 후에는 영광으로 나를 영접하시리니 하늘에서는 주 외에 누가 내게 있으리요 땅에서는 주 밖에 내가 사모할 이 없나이다 내 육체와 마음은 쇠약하나 하나님은 내 마음의 반석이시요 영원한 분깃이시라. 시 73:22-26

아삽은 자신이 우매 부지한 자였을 뿐만 아니라 육적인 복만 바라보다가 실족할 뻔한 짐승 같았다고 고백한다. 하나님은 자신을 붙드셨고 주의 교훈으로 인도하셨을 뿐만 아니라 후에는 영광으로 영접하실 것을 이제야 깨달았다. 그리고 하나님밖에 없음을 고백한다. 아삽의 인생 가운데 어제와 오늘이 달라진 이유는 복에 대한 최고의 가치 기준을 재설정했기 때문이다. 자신이 영적인 복을 받은 자임에 감사하니 영혼이 자유롭다. 그리고 생각이 달라지니 입술의 고백이 달라진다. 멀게만 느껴지던 하나님과의 관계가 친밀하게 느껴졌다. 하나님의 하나님 되심을 인정하고 하나님의 자녀다운 삶을 선택할 수 있게 되었다. 바로 영적인 복이다.

> 무릇 주를 멀리하는 자는 망하리니 음녀 같이 주를 떠난 자를 주께서 다 멸하셨나이다. 시 73:27

아삽은 하나님을 멀리하고 번영을 꿈꾸며 살던 자들이 부러웠었다. 그들의 기름지고 윤택한 삶은 아삽의 질투를 일으켰었다. 그런데 지금은 달라졌다. 눈에 보이는 현실에 집중했던 아삽이 보이지 않는 영적인 세계를 보게 된 것이다. 주를 멀리한 자들이 멸망받을 최후의 모습이 눈에 생생하게 떠오른다. 온몸에는 소름이 오르고 오싹해진다. 음녀 같이 주를 떠난 자들의 최후의 모습은 아삽의 눈앞에서 쉽게 사라지지 않았다. 육적인 복에 집중할 때는 '하나님이 계시는가'라고 생각하며 갈등했었는데 이제는 하나님이 살아 계셔서 악인들을 멸하심을 고백하고 있다.

보이지 않는 영역은 광대하다. 내가 현실에 존재하며 살고 있으나 눈으로만 보는 것은 한계가 있는 것들이 무수히 많다. 집 안에 진드기가 기어 다녀도 잘 보이지 않는다. 미세한 먼지가 존재하는데 역시 눈에 보이지 않는다. 이루 다 말할 수 없는 많은 것들을 보지 못하고 사는 육신의 한계가 있음에도 그런 사람이 보이지 않는 하나님을 볼 수 있는 것이 복이다. 악인들을 진멸시키는 하나님을 보게 된 아삽은 순간에 영적으로 훌쩍 성숙해졌다. 그리고 당당하게 선포한다. "무릇 주를 멀리하는 자는 망하리니 음녀 같이 주를 떠난 자를 주께서 다 멸하셨나이다."

우리도 아삽처럼 달라질 수 있고 또한 달라져야 한다. 실족을 자주 경험하는 사람일수록 철저하게 자신을 점검해야 한다. 나는 목회현장에서 아삽처럼 실족의 위기에 서 있는 사람들을 여러 번 만났다. 굶거나 헐벗지 않음에도 불구하고 불행한 사람들이 있다. 그런 사람들의 생각은 굉장히 부정적이고 회의적이다. 다른 사람들보다 부족한 것이 없음에도 자신이 가장 불행하다고 생각한다. 이런 사람들의 특징은 자신을 육신의 눈으로 바라보며 다른 사람과 늘 비교한다는 것이다. 실상 비교했을 때 그들과 별로 부족함이 없음에도 비참한 생각을 하는 사람들이 있다. 이런 사람들은 자라면서 형성된 '낮은 자존감' 때문에 고통받는 사람들일 경우가 많다. 낮은 자존감은 사랑을 받지 못하고 자랐거나 학대로 말미암아 온 상처가 쌓여 있는 경우의 사람들이다. 그러므로 자신의 눈에 비춰진 자신의 모습이 너무 작게 보인다. 이런 사람은 형편없게 느껴지는 자기 자신에게서 시선을 떼지 못하고 늘 다른 사람과 비교하며 비참한 생각에 사로잡혀 사는 경우가 많다. 이런 사람들이 육적인 복에 최고의 가치 기준을 두고 산다면 불 위에 기름을 뿌리는 것과 같이 큰 불행으로 몸부림치며 살게 된다.

이런 경우 나름대로 기도생활이나 헌신의 생활을 성실하게 하고 있지만 늘 어둡고 불행해 보인다. 그리고 다른 사람들이 나를 비웃고 조롱한다고 오해하는 상황을 종종 만들어낸다. 곁에서 지켜보는 사람도 안타깝다. 그러나 치유가 쉽지 않다. 너무 오랫동안 틀이 형성되어 있기에 잘못 형성된 틀을 무너뜨리는 일은 산모가 출산하는 고통과는 비교도 안 될 만큼 힘겹다. 신앙생활을 하는 사람들은 하나님 안에서 영적으로 누릴 수 있어야 한다. 이 누림은 누군가가 대신 만들어 주지 않는다. 아니 만들어 줄 수가 없다. 실족할 위기에 찾아온 사람들의 모습을 보면 해결책이 의외로 간단할 때가 많다. 그런데 회복을 시키고 싶어도 잘되지 않는다. 그들 자신이 낮은 자존감에서 헤어 나오려 하지 않고, 복에 대한 최고의 가치 기준을 영적인 복에 설정하려 하지 않기 때문이다. 아삽도 많은 시간을 그렇게 보내왔음을 고백하고 있다. 그러한 시간은 다 잃어버린 시간이다. 다시 주워 담을 수 없는 버려진 시간을 여기서 잠시 멈추고 계산해 보라. 그리고 새로운 삶으로 유턴하라.

형통한 사람

사람들은 자신의 삶이 형통하기를 소망한다. 형통은 모든 일이 뜻대로 잘되어 가는 것을 말한다. 이것은 세상 사람들이 생각하는 개념이다. 그래서 세상 사람들은 만사형통을 좋아한다. 하는 일마다 자기 뜻대로 잘되기를 바라기 때문이다. 그러나 하나님 안에서의 형통은 좀 다른 의미를 내포하고 있다. 하나님 안에서의 형통은 하나님 나라를 위한 계획이 나를 통해 이루어지는 것을 의미한다. 즉 내 뜻대로가 아니라 하나님의 뜻대로 이루어지는 것을 말한다. 하나님의 계획이 나를 통해 이루어질 때 꼭 좋은 일만 일어나는 것은 아니다. 때로는 고난과 환난이 다가오기도 한다. 생각지 못한 힘겨운 일들을 만날 수도 있다. 그뿐 아니라 죽음의 위기를 만나며 순교를 당할 수도 있다. 하나님은 그런 상황을 통하여 계획을 이루어 가시기도 하신다.

> 여호와께서 요셉과 함께 하시므로 그가 형통한 자가 되어 그의 주인 애굽 사람의 집에 있으니 그의 주인이 여호와께서 그와 함께 하심을 보며 또 여호와께서 그의 범사에 형통하게 하심을 보았더라. 창 39:2, 3

요셉은 하나님이 함께하시므로 형통한 자였다. 하나님 안에서 형통함을 누리는 사람은 다른 사람에게도 나의 형통함을 보여 주게 된다. 보디발 장군은 자신의 노예인 요셉의 형통함을 보았다. 요셉의 형통함은 하나님이 함께하시는 것이었다. 육신의 복이 넘치는 삶을 사는 보디발은 요셉의 형통함을 부러워했다. 자신의 한갓 노예에 불과한 요셉이 평안하고 형통하다. 요셉을 향한 하나님의 계획은 단계적으로 준비되어 있다. 노예 생활은 삶의 과정일 뿐이다. 하나님이 주시는 형통함은 영적인 복만을 의미하지 않는다. 반드시 육적인 복도 따라온다. 하나님은 요셉의 인생에 육적인 복도 넘치도록 부어 주셨다. 하나님은 요셉과 함께하심을 보디발 장군에게 보여 주기 위해서 보디발 장군의 집에도 육적인 복을 넘치게 주신 것이다.

모든 삶의 과정이 시온의 대로처럼 뚫려 있지는 않다. 하나님이 선하신 길로 인도하시는 길에는 중간중간에 난코스도 있다. 보디발 장군의 아내가 요셉을 미혹했을 때, 겉옷을 벗어 던지고 그 자리를 뛰쳐나왔다. 벗어 던진 요셉의 겉옷은 그를 애매하게 고난받게 하는 증거물이 되었다. 그 사건으로 요셉은 애매하게 감옥살이를 하게 되었다. 하나님이 함께하시는데 왜 이런 일이 일어날 수 있을까 궁금할 수 있다.

사람들은 인생의 문제를 만나면 저주라고 생각한다. 그러나 하나님이 인도하시는 삶은 고난도 있고, 환난도 있다. 요셉은 감옥에서 술 맡은 관원장과 떡 굽는 관원장의 꿈을 해석한 사건을 계기로 바로 앞에 서게 된다. 그 후에 요셉은 국무총리가 되어 이스라엘 백성을 기근에서 구출할 수 있었다.

고난의 장애물을 두려워하지 마라. 고난 뒤에 반드시 하나님이 준비하신 복이 있다. 고난의 허들을 뛰어넘을 수 있는 영적 근력을 키워야 한다. 영적 근육이 강화되면 삶 속에서 만나는 장애물은 두렵지 않을 것이다. 인생을 살면서 부딪치게 되는 고난과 환난을 정복해야 한다. 고생을 경험한 사람은 고생이 두렵지 않다. 가난을 겪은 사람은 가난이 두렵지 않다.

하나님께 가까이 함이 내게 복이라 내가 주 여호와를 나의 피난처로 삼아 주의 모든 행적을 전파하리이다. 시 73:28

자신이 고난과 환난 중에 있어도 복에 대한 가치 기준을 어디에 두느냐에 따라 행복할 수도, 불행할 수도 있다. 많은 물질이 있어도 하나님과 멀어지면 저주다. 건강해도, 명예와 권세가 하늘을 찔러도 영적인 복을 받지 못하면 저주받은 인생이다. 반면에 부족한 것이 많아도 내 안에 하나님 말씀이 있다면 최고의 복을 받은 사람이다. 아삽의 인생이 달라졌다. 복에 대한 가치 기준만 아니라 가치관도 달라졌다. 복에 대한 가치 기준을 영적인 복으로 설정한 그의 선택은 남은 인생을 만족한 삶으로 인도할 것이다.

삶이 불행하다면 복에 대한 가치 기준을 다시 선택하고 재설정하라. 그리고 미련 없이 잘못된 가치관을 바꾸어라. 눈에 보이는 번영에 가치 기준을 두지 않고 영원한 생명에 둔다면 평안과 행복을 누리는 삶을 살 수 있을 것이다. 하나님께 가까이 함이 우리에게 복이다.

09
기도의 방법

제자들은 약속의 말씀을 붙들고 이루어 주시는 때까지 기도해야 했다. 열흘이 되어가고 오순절 날이 이르렀다. 홀연히 하늘로부터 성령의 능력이 임하시고 제자들은 성령의 충만함을 받았다. 그리고 그때부터 증인의 삶을 살게 되었다. 기도 응답을 이루어 주시는 분은 하나님이시다. 나의 때가 아닌 하나님의 때를 기다리는 인내의 기도가 있어야 응답은 이루어진다.

자신을 점검

 기도는 응답을 위한 몸부림이다. 기도의 방법을 다루기 전에 먼저 언급할 것이 있다. 기도의 응답은 기도자의 원함을 채우는 것이 아니라 하나님의 계획을 나타내시는 것이다. 무응답도 응답이라는 말을 들어보셨다면 이 말에 공감하게 될 것이다. 응답을 설정해 놓고 기도하면 종종 실망을 경험한다. 하나님은 목적 없이 사람의 요구를 채워주시는 분이 아니시기 때문이다. 내가 원하는 대로 얻어내는 것이 기도가 아니라 하나님이 주시고자 하시는 것을 받는 것이 기도에 대한 응답이다.

 그런즉 너희는 먼저 그의 나라와 그의 의를 구하라 그리하면 이

모든 것을 너희에게 더하시리라. 마 6:33

　예수님께서 먼저 그의 나라와 그의 의를 구하라고 말씀하셨지만 인생의 산적한 문제는 늘 걸림돌이다. 대부분 문제로 인해 삶이 온통 어지럽고 마음이 산산이 깨어져 있다. 이때 신앙인들은 삶 속에 있는 문제를 안고 열심히 기도하지만 오랜 세월 동안 해결받지 못한 문제들이 골칫거리다. 그럴 때마다 내가 지고 가야 할 십자가라고 체념하듯이 생각해 버린다.

　우리는 신앙생활 하는 내내 기도가 만사를 변화시킨다 생각하고 부르짖었다. 그리고 기도하면 다 하나님이 알아서 해 주실 것으로 믿고 여기까지 왔다. 그뿐인가 매일매일 하루에 몇 시간씩 기도하면 해결될 줄 알았다. 그래서 밤마다 교회에 홀로 나가 철야하며 기도하기도 했다. 새벽마다 기도하며 부르짖기도 했고 때로는 금식하고 작정하며 매달려 보기도 했다. 그러나 그렇게 기도한 지 어언 수년, 아니 수십 년, 그런데 아직도 고질적으로 풀리지 않는 문제가 턱 버티고 있다.

　세월은 흐르고 해결의 기미는 보이지 않으니 체념해 버릴까 생각도 해보지만 포기하기엔 신앙인으로서 마음이 찜찜하다. 기도해서 응답받았다는 간증을 들으면 더더욱 허기진다. 이제는 부르짖으며 기도하라는 설교 말씀도 들어오지 않고 애써 천국을 향한 소망으로 마음을 달래고 위안 삼으려 하지만 마음의 호수는 퍼렇게 멍들어만 간다.

기도의 방법　191

나는 피폐해진 많은 사람과 상담 경험이 있다. 교회 안에서 교우들과의 관계성 문제나 직장에서 동료들과 만나는 문제보다 대부분 가정 안에서 일어나는 문제들이 큰 비중을 차지했다. 내담자들은 나뿐 아니라 이미 여기저기 많은 사람에게 도움을 요청한 경험이 있다. 그러나 해답을 얻지 못하고 방치된 지 오래다. 내담자들은 상담자 앞에서 자신들이 살아온 인생을 한 시간, 두 시간, 시간 가는 줄 모르고 쏟아낸다. 마치 다 알고 있는 의사 앞에서 시시콜콜한 증상까지 다 말하고 싶은 환자의 심리와 똑같다. 나는 그들의 말을 다 듣고는 있지만 처음 쏟아내는 몇 마디에 이미 문제의 원인이 파악된다. 그 뒷말은 듣지 않아도 들은 것처럼 다 보이는 이야기다. 사람 사이에서 일어나는 문제의 원리는 간단하며 대부분 위임받은 복을 선택하고 적용하지 못한 원인이 많기 때문이다.

이처럼 같은 문제를 지속하며 사는 사람들이 있다. 나는 반복적인 문제를 만드는 이들의 인생에 투입돼 문제 해결하는 것을 즐거워하지 않는다. 그들도 지치고 나도 지치기 때문이다. 똑같은 이야기를 몇 년씩 반복하게 한다. 그래도 알아들으면 다행인데 대부분이 알아듣지 못한다. 가슴 아픈 일이다.

원인을 환경이나 타인에게서 찾으려 하는 사람들은 문제를 놓고 기도에만 열중한다. 이러한 기도는 아무리 많은 세월이 흘러도 해결되기 어렵다. 자신이 해야 할 일을 선택 적용하지 않고 생긴 문제이기 때문이다.

우리는 왜 이렇게 문제에 허덕이며 살아야 하는가. 나는 피폐해진 내담자들을 보면서 성경을 다시 보기 시작했다. 어느 날 성령께서 기록된 성경의 말씀을 묵상하는 나의 눈을 여셨고 삶을 살아가는 지혜의 말씀을 깨닫게 하셨다. 그래서 성도들에게 체질이 되도록 반복적으로 가르치는 일에 열정을 쏟고 있다. 나는 성경적 적용을 통하여 되도록 문제없이 사는 법을 먼저 가르치고 난 후 문제 해결법을 가르친다. 문제 해결에 우선순위를 두면 해결받고 난 후 같은 문제를 또 발생시킨다. 금식하고 작정해서 해결받는다 해도 자신이 같은 문제를 반복한다면 반드시 이유를 알아야 한다.

> 예수께서 거기에서 떠나가실새 두 맹인이 따라오며 소리질러 이르되 다윗의 자손이여 우리를 불쌍히 여기소서 하더니 예수께서 집에 들어가시매 맹인들이 그에게 나아오거늘 예수께서 이르시되 내가 능히 이 일 할 줄을 믿느냐 대답하되 주여 그러하오이다 하니 이에 예수께서 그들의 눈을 만지시며 이르시되 너희 믿음대로 되라 하시니 그 눈들이 밝아진지라. 마 9:27-30

우리가 기도할 때 부르짖기만 해도 응답받는 경우가 있다. 대부분 부르짖는 기도만으로 응답을 받을 수 있는 문제는 두 맹인의 경우와 같이 감찰하시는 하나님의 시선에 발견될 때 이루어진다.

어느 날 두 맹인이 예수 그리스도를 따라오며 소리질렀다. "다윗의 자손이여 나를 불쌍히 여기소서." 이들은 목청껏 소리를 질러 앞서가시는 예수님께 애절하게 부르짖었다. 이때 예수님께서 그들의 믿음을 보시고 그들의 눈을 만지시니 밝아지므로 응답을 받았다. 맹인의 눈을 열기 위해서 사람이 할 수 있는 일은 없다. 이처럼 우리가 가진 문제들 가운데 사람이 할 수 없는 문제들도 많이 있다. 이때는 무조건 하나님께 매어 달려 부르짖어야 한다. 이때 기도가 하나님께 상달되면 하나님은 직접 해결해 주신다. 세상 의학으로 치료할 수 없는 질병이나 사람의 힘으로 할 수 없는 문제들이 부르짖는 기도만으로 응답을 이루는 범주에 속한 것들이다.

단계적인 기도의 적용

> 구하라 그리하면 너희에게 주실 것이요 찾으라 그리하면 찾아낼 것이요 문을 두드리라 그리하면 너희에게 열릴 것이니 구하는 이마다 받을 것이요 찾는 이는 찾아낼 것이요 두드리는 이에게는 열릴 것이니라. 마 7:7, 8

우리의 고민은 부르짖는 기도만으로 응답받을 수 없는 문제들이다. 이러한 문제는 구하고, 찾고, 두드리는 기도의 단계를 적용해야 한다.

첫째, 구하는 단계
구하는 기도는 하나님께 기도해야 할 문제를 보고하는 것이다.

하나님께 보고할 때에는 간절하게 부르짖어야 한다. "너는 내게 부르짖으라 내가 네게 응답하겠고 네가 알지 못하는 크고 은밀한 일을 네게 보이리라"(렘 33:3). 부르짖는 기도는 큰 소리만을 의미하지 않는다. 부르짖는 기도는 간절하게 전심으로 해야 한다. "한나가 속으로 말하매 입술만 움직이고 음성은 들리지 아니하므로 엘리는 그가 취한 줄로 생각한지라"(삼상 1:13). 자녀가 없던 한나의 기도는 엘리 제사장 눈에 술 취한 사람처럼 보였다. 소리는 들리지 않고 입술만 움직이며 기도했기 때문이다. 그러나 하나님의 시선에 발견되어 응답받았다. 한나의 기도는 하나님 보시기에 간절한 기도였다. 간절하게 기도하면 하나님은 들으신다. 구하는 기도는 하나님께 발견되는 것이 가장 중요하다. "여호와의 눈은 온 땅을 두루 감찰하사 전심으로 자기에게 향하는 자들을 위하여 능력을 베푸시나니"(대하 16:9). 하나님은 우리를 지켜보시며 기도하는 자의 믿음을 요구하신다.

부르짖는 기도는 다음 단계로 나아가기 위한 전주곡이다. 문제를 풀어가기 위한 방법 또한 하나님께로부터 받아서 적용해야 한다.

둘째, 방법을 찾는 단계

예수님께서는 제자들에게 구한 후 방법을 찾으라고 가르치셨다. 하나님이 역사하실 때는 반드시 그분의 방법으로 역사하신다. 1단계에서 하나님께 구했다면 2단계에서는 하나님이 요구하시는 방법을 알아야 한다. 지금 나의 문제를 어떻게 해결해야 할까를 고민하고 있다면 반드시 하나님의 방법으로 해결해야 한다. 하나님의 방법은 한치의 착오도 없고 완전하다.

블레셋은 저주받은 함의 후예로 가나안 땅에 정착해 살던 원주민이다. 출애굽 한 이스라엘 백성이 가나안에 정착해 사는 동안 블레셋은 이스라엘의 숙적으로 골칫거리이며 고민거리였다. 이스라엘이 다윗에게 기름을 부어 자신들의 왕으로 삼았다. 이 소식을 들은 블레셋 사람들이 다윗을 찾으러 올라와 르바임에 진을 쳤다.

> 다윗이 여호와께 여쭈어 이르되 내가 블레셋 사람에게로 올라가리이까 여호와께서 그들을 내 손에 넘기시겠나이까 하니 여호와께서 다윗에게 말씀하시되 올라가라 내가 반드시 블레셋 사람을 네 손에 넘기리라 하신지라. 삼하 5:19

다윗이 눈을 들어보니 르바임 골짜기에 블레셋 군사들이 가득 차 있었다. 너무나 긴급한 문제가 발생했다. 적들이 무장하고 나와서 다윗을 치러 온 것이다. 이런 문제는 내 힘으로 할 수 없다. 이때 다윗이 긴급하게 하나님께 기도했다. 그리고 방법을 하나님께 물었다. "내가 블레셋 사람에게 올라가리이까 여호와께서 그들을 내 손에 넘기시겠나이까." 하나님은 말씀하셨다. "올라가라 내가 반드시 블레셋 사람을 네 손에 넘기리라." 이 말씀은 너희가 싸울 때 하나님이 대신 싸워주시겠다는 방법에 대한 기도 응답이다. 그러나 하나님은 혼자서 모든 것을 알아서 해주시지는 않는다. 반드시 하나님의 백성과 함께 일하신다. 그러므로 응답이 이루어지기까지 단계적 기도를 멈추면 안 된다.

다윗은 무장하고 이스라엘 백성들과 전쟁터로 나갔다. 긴장감을 가지고 무장할 뿐 아니라 그들과 부딪치며 싸워야 한다. 하나님이 함께 계시니 겁날 것이 없다. 다윗은 이스라엘 백성들을 이끌고 전쟁터로 나갔다. 그런데 다윗이 블레셋과 전쟁을 하는 가운데 하나님이 대적들을 물을 흩으심 같이 흩어 주셨다. 전쟁에서 다윗은 하나님의 은혜로 가볍게 승리하고 돌아왔다. 그런데 흩어졌던 블레셋 군인들이 전열을 정비하고 다시 르바임 골짜기로 나왔다.

문제가 해결된 줄 알았더니 다 해결된 것이 아니었다. 우리가 인생의 문제를 해결할 때 유념해야 할 부분이다. 이스라엘을 괴롭히던 오랜 숙적. 한 번 전쟁을 치른 것으로 끝난 것이 아니다. 반복적으로 공격하며 올라오는 블레셋. 그러나 그럴 때마다 하나님께 구하고 가르쳐 주시는 방법을 따라 끝까지 싸워야 한다.

우리 인생에 쉼 없이 나를 공격하는 블레셋이 있다. 블레셋의 문제는 내 힘으로 해결할 수 없는 문제다. 이런 긴급한 문제는 하나님께 1단계 기도인 구하는 기도를 더욱 부르짖어 기도해야 한다. 그리고 이때 2단계 기도인 지혜로운 방법을 받아서 적용해야 한다. 강력한 블레셋일수록 한 번의 전쟁으로 끝나지 않는다. 전열을 다시 정비하고 반복해서 올라온다. 끝났다 싶으면 다시 올라오기를 반복한다. 이러한 상황이 여러 번 아니 수년간 일 수도 있다. 그래도 두려워하거나 중도 포기하지 않아야 한다. 하나님이 함께

하시고 도와주시기 때문이다. 지금 인생의 블레셋과 대치하고 있다면 두려워하지 말고 하나님의 방법을 따라 나아가야 한다.

블레셋 사람들이 다시 올라와서 르바임 골짜기에 가득한지라 다윗이 여호와께 여쭈니 이르시되 올라가지 말고 그들 뒤로 돌아서 뽕나무 수풀 맞은편에서 그들을 기습하되 뽕나무 꼭대기에서 걸음 걷는 소리가 들리거든 곧 공격하라 그 때에 여호와가 너보다 앞서 나아가서 블레셋 군대를 치리라 하신지라. 삼하 5:22-24

반복적인 블레셋의 문제. 이 문제를 놓고 다윗은 하나님께 다시 2단계 기도인 방법을 여쭈었다. 같은 문제로 매번 싸워야 하지만 방법이 항상 같은 것은 아니다. 그러므로 문제가 있을 때마다 새로운 작전을 하나님께 여쭤봐야 한다. 하나님의 계획하심은 치밀하고 정확하시기에 실수가 없으시다. 이때 하나님은 세밀한 방법을 말씀하셨다. "올라가지 말고 그들 뒤로 돌아서 뽕나무 수풀 맞은편에서 그들을 기습하되 뽕나무 꼭대기에서 걸음 걷는 소리가 들리거든 곧 공격하라." 단기적으로 끝날 게임이 아닌 문제가 있을 때 우리는 힘을 분배해서 싸워야 한다. 절대로 조급하거나 성급하게 문제를 해결하려고 하지 마라.

문제 해결은 방법뿐만 아니라 해결하는 시기도 아주 중요하다. 방법이 좋다고 다 승리하는 것은 아니다. 방법을 적용하는 적절한 시기 또한 매우 중요하다. 하나님은 올라가지 말고 그들 뒤로 돌아서 뽕나무 수풀 맞은편에서 기습하라고 명령하신다. 이번 블레셋에 대한 문제 해결 방법은 기습적으로 공격하는 것이다. 이때 뽕나무 꼭대기에서 걸음 걷는 소리로 공격할 시기를 신호하시겠다고 말씀하신다. 이 신호의 때가 공격할 시기다. 하나님에게서 온 시기와 방법을 받았다면 다음은 3단계 기도로 나아가야 한다.

셋째, 두드리며 실행하는 단계

다윗은 하나님의 명령대로 바로 실행에 옮겼다. 이전에 전쟁을 치른 방법과 다르게 하나님은 가르쳐 주신 대로 블레셋 군대 뒤쪽으로 군사를 이끌고 갔다. 그리고 뽕나무 수풀 맞은편에 기습할 군사를 배치했다. 이스라엘 군사는 민첩하게 행동했다. 뽕나무 꼭대기에서 걸음 걷는 소리가 들릴 때까지 하나님의 신호를 숨죽이고 기다렸다.

뽕나무 꼭대기에서 들릴 걸음 걷는 소리는 고요함 속에서 집중해야 들을 수 있는 소리다. 우왕좌왕하면 자칫 하나님의 신호를 놓칠 수 있다. 기다림에 지쳐 나른함에 빠져 있어도 안 된다. 신호가 빨리 오지 않는다고 다시 부르짖어서도 안 된다. 이때는 실행하라는 하나님의 신호면 된다. 응답을 이루어 주실 줄 믿고 믿음으로 기다려야 한다. 모든 군사가 귀를 하나님께 쫑긋 세우고 실행 명령을 들어야 한다.

문제 해결을 위한 3단계 기도에서는 침묵하며 실행의 시기를 포착하는 것이 무엇보다 중요하다. 문제를 해결할 때 방법은 좋았는데 시기를 놓쳐 안타까울 때가 있다. 사람들이 나누는 대화 가운데 문제에서 헤어 나오지 못하는 사람들을 보면서 '시기를 놓쳐서 안타까워'라는 말을 많이 한다. 질병에 대해 알고 있었지만 치료할 시기를 놓친 사람들도 있다. 경제적으로 위기에 있을 때 도와줄 사람이 있었지만 도움받을 시기를 놓친 사람도 있다. 좋은 직장에 들어갈 수 있었지만 시기를 놓친 사람도 있다. 우리가 부르짖으며 기도했지만 부르짖고만 있다가 하나님이 원하시는 시기를 놓친 경우도 태반이다. 목회하면서 시기를 놓쳐서 힘겨워하는 신자들을 종종 만나게 된다. 이 사람들은 기도를 안 한 것이 아닌데 왜 아직도 힘겨워하는가. 바로 단계적인 기도를 적용하지 못했기 때문이다.

조용하게 침묵하는 가운데 뽕나무 꼭대기에서 걸음 걷는 소리가 들렸다. 순간 긴장감이 맴돈다. 모든 군사가 일사불란하게 무기를 들고 공격태세를 갖추었다. 그리고 하나님의 신호를 받은 다윗의 명령에 따라 기습적으로 공격했다. 이것이 기도의 3단계인 실행이다. 실행은 하나님이 도와주시는 가운데 내가 나아가는 것이다.

이에 다윗이 여호와의 명령대로 행하여 블레셋 사람을 쳐서 게바에서 게셀까지 이르니라. 삼하 5:25

이스라엘 군대가 공격해 나아가는데 놀라운 일이 벌어졌다. 군대가 도착하기도 전에 누군가가 먼저 공격하고 있다. 도착해 보니 태반이나 쓰러져 있다. 오, 놀라우셔라. 자세히 보니 하나님이 앞서 나아가 블레셋 군대를 치시는 것이 아닌가. 그뿐 아니라 이스라엘 군대에 힘을 주시니 바람 앞에 갈대 꺾이듯이 블레셋이 쓰러진다. 하나님이 주신 방법과 시기에 맞춰 실행하니 승리의 깃발이 휘날렸다. 이스라엘은 기도의 3단계를 통해서 문제 해결을 받았다.

우리가 기도할 문제를 만나면 어떤 기도를 해야 할지 생각해야 한다. 내가 당한 문제가 사람의 힘으로 할 수 없는 문제라면 무조건 하나님께 매달려야 한다. 응답을 이루기까지 목숨 걸고 부르짖어야 한다. 중풍에 걸린 하인의 문제를 가지고 예수님께 나온 백부장처럼(마 8:10), 귀신들린 딸의 문제를 가지고 온 가나안 여인처럼(마 15:22), 내가 할 수 있는 것이 아무것도 없다면 이럴 때 부르짖는 간절한 기도가 필요하다.

그러나 숙적 블레셋의 문제를 가지고 있는 다윗처럼 반드시 전쟁터에 나아가 싸워야 하는 일이 남아 있다면 그 가운데서 역사하실 하나님을 기대하며 나아가야 한다. 이때 3단계 기도의 방법을 적용하면 된다. 보고하고, 방법을 찾고 실행하는 단계를 거칠 때 하나님의 도우심으로 승리를 얻게 될 것이다. 그러나 응답이 이루어지기까지 많은 시간을 기다려야 할 때도 있다.

기도 응답의 때

우리가 3단계 기도를 통해서 기도하나 응답이 이루어지는 것은 때가 있다. 응답을 이루어 주시는 분이 하나님이시기에 기도 응답 또한 하나님의 때에 이루어 주신다. 기도가 이루어지는 것은 하나님이 원하시는 요인이 충족되는 순간이다. 수소 폭탄이 핵반응을 일으키기 위해서 모두 일곱 개의 원소 봉이 필요하다고 한다. 이 일곱 개의 원소 봉이 다 들어갔을 때 비로소 핵반응이 일어나기 시작하는데 여섯 개 들어갈 때까지는 아무 반응이 일어나지 않다가 마지막 일곱 번째 원소 봉이 들어가는 순간에 핵반응이 일어나기 시작하고, 에너지가 강력하게 분출되기 시작한다고 한다. 즉, 모든 요인이 충족될 때에 핵반응이 나타나고, 그로 인한 위력은 감당할 수 없을 만큼 대단하다고 한다.

무슨 일이든지 필요가 충족되기 이전에는 아무 일도 일어나지 않는다. 기도 응답이 이루어지는 때도 마찬가지다.

첫째, 믿음의 분량이 필요하다.

너희 중에 누구든지 지혜가 부족하거든 모든 사람에게 후히 주시고 꾸짖지 아니하시는 하나님께 구하라 그리하면 주시리라 오직 믿음으로 구하고 조금도 의심하지 말라 의심하는 자는 마치 바람에 밀려 요동하는 바다 물결 같으니 이런 사람은 무엇이든

지 주께 얻기를 생각하지 말라 두 마음을 품어 모든 일에 정함이 없는 자로다. 약 1:5-8

기도에는 반드시 믿음이 따라야 한다. 하나님이 이루어 주실 것을 믿지 못하면서 하는 기도가 무슨 소용이 있겠는가. 시간낭비일 뿐이다. 기도 응답이 이루어지기 위해서는 반드시 믿음이 필요하다. 나는 목회하면서 믿음의 사람들을 종종 만난다. 한 번 믿음으로 문제 해결을 받은 사람은 또 다른 문제를 가지고 와도 믿음으로 해결을 받는다. 이런 사람은 매번 문제를 가지고 왔다가 홀가분하게 돌아간다. 믿음으로 해결받았기 때문이다. 그런데 믿음으로 문제 해결을 받지 못한 사람은 어떤 문제를 가지고 와도 해결받지 못하는 것을 종종 보게 된다. 이런 사람은 아무리 열심히 기도해도 문제 해결의 끝은 오지 않는다. 하나님은 안 들어주신다고 불평하나 하나님의 문제가 아니라 믿음 없는 자신의 문제임을 알지 못한다.

둘째, 기도의 분량이다.

주여 이제도 그들의 위협함을 굽어보시옵고 또 종들로 하여금 담대히 하나님의 말씀을 전하게 하여 주시오며 손을 내밀어 병을 낫게 하시옵고 표적과 기사가 거룩한 종 예수의 이름으로 이루어지게 하옵소서 하더라 빌기를 다하매 모인 곳이 진동하더니 무리가 다 성령이 충만하여 담대히 하나님의 말씀을 전하니라.

행 4:29-31

오순절 날 성령의 충만을 받고 난 후 베드로와 요한은 표적과 기적을 나타내며 복음을 증거했다. 유대인은 예수 그리스도의 이름으로 복음을 전하는 일에 대하여 위협하며 핍박하기 시작했다. 베드로와 요한은 공회에 붙잡혔고 다른 제자들은 복음을 전하다 만난 위협받는 문제를 놓고 기도하기 시작했다. 그런데 얼마를 기도했던가! 마침내 기도를 마치고 빌기를 다하매 모인 곳이 진동하며 무리에게 다시 성령의 충만함이 임하셨다. 그로 말미암아 제자들은 위협을 무릎 쓰고 담대히 복음을 증거하게 되었다. 위협받은 문제로 기도한 제자들의 기도는 기도의 분량이 채워지는 순간 응답이 이루어진 것이다. 기도 응답이 이루어지기까지 기도의 분량은 반드시 채워져야 하는 요인이다.

셋째, 순종의 분량이다.

거기에 유대인의 정결 예식을 따라 두세 통 드는 돌 항아리 여섯이 놓였는지라 예수께서 그들에게 이르되 항아리에 물을 채우라 하신즉 아귀까지 채우니. 요 2:6, 7

예수님께서 갈릴리 가나의 혼례식에 참석하셨다. 그런데 잔칫집에 포도주가 떨어졌다. 예수님께서 항아리에 물을 채우라 명령하셨다. 이해할 수 없지만 하인들은 순종했다. 여섯 개의 돌 항아리에 물을 채웠다. 예수님께서 말씀하셨다. "이제는 떠서 연회장에게 갖다 주라." 하인들이 항아리에 채워진 물을 떠서 손님들에게 갖다 주었다. 그런데 놀랍게도 물이 아니라 최상급의 맛을 내는 포도주였다. 우리가 기도할 때 하나님은 순종을 요구하실 때가 있다. 순종 또한 하나님은 원하시는 분량에 이르기까지 인내하며 채워야 한다. 순종의 분량이 다 차오르면 물이 변하여 포도주가 되는 것처럼 문제에서 응답이 이루어지는 역사를 맛보게 될 것이다.

넷째, 때(시간)의 분량이다.

오순절 날이 이미 이르매 그들이 다 같이 한곳에 모였더니 홀연히 하늘로부터 급하고 강한 바람 같은 소리가 있어 그들이 앉은 온 집에 가득하며 마치 불의 혀처럼 갈라지는 것들이 그들에게 보여 각 사람 위에 하나씩 임하여 있더니 그들이 다 성령의 충만함을 받고 성령이 말하게 하심을 따라 다른 언어들로 말하기를 시작하니라. 행 2:1-4

예수님께서 승천하시기 전 제자들에게 부탁하신 말씀이 있다. 성령 세례를 받기 위해 약속하신 성령을 기다리라고 명령하셨다. 예수님의 승천하신 모습을 지켜본 제자들은 예루살렘을 떠나지 않고 한곳에 모여서 기도하기 시작했다. 예수님께서 주신 약속의 말씀은 응답이었다. 그러나 응답을 이루어 주시기까지 제자들은 하나님의 때를 기다려야 했다. 제자들은 하나님의 때를 기다리면서 집중적으로 기도하기 시작했다. 하루 이틀 시간이 흘러갔다. 언제 약속이 이루어질지 아무도 모른다. 그러므로 제자들은 약속의 말씀을 붙들고 이루어 주시는 때까지 기도해야 했다. 열흘이 되어가고 오순절 날이 이르렀다. 홀연히 하늘로부터 성령의 능력이 임하시고 제자들은 성령의 충만함을 받았다. 그리고 그때부터 증인의 삶을 살게 되었다. 기도 응답을 이루어 주시는 분은 하나님이시다. 나의 때가 아닌 하나님의 때를 기다리는 인내의 기도가 있어야 응답은 이루어진다.

    기도 응답을 받았는데 오랜 세월이 지나도 아직 이루어지지 않고 있다면 하나님의 때를 기다려야 한다. 하나님의 응답하심과 응답이 이루어지는 시기는 하나님이 결정하신다. 아브라함도 자녀에 대하여 칠십오 세에 응답받고 백세에 응답을 얻었다. 지금 어둠 속에서 빛나는 한 줄기 빛이 절실하다면 성경적인 기도 방법을 적용하고 많은 문제에서 회복되는 즐거움을 맛보게 되기를 진심으로 소망한다.

10
신앙과 삶

믿음이 있다면 반드시 행함이 따라오는 것이 영적 원리다. 믿음 안에는 행할 수 있는 능력이 함께 있기 때문이다. 우리가 믿음을 선물로 받는 순간 성령의 능력이 우리 안에 오셔서 주인 되신다. 이때부터 성령은 자신이 원하는 삶을 요구하시며 이끌어 가신다. 우리가 어두운 세상을 밝게 비추는 빛 자체이며 썩어 있는 세상을 변화시키는 소금 자체라고 말씀하셨다. 빛이 밝혀주기를 원한다면 어두운 곳으로 나아가야 하고, 소금이 맛을 내려면 던져져야 한다.

인생은 여행이다

이 사람들은 다 믿음을 따라 죽었으며 약속을 받지 못하였으되 그것들을 멀리서 보고 환영하며 또 땅에서는 외국인과 나그네임을 증언하였으니 그들이 이같이 말하는 것은 자기들이 본향 찾는 자임을 나타냄이라 그들이 나온바 본향을 생각하였더라면 돌아갈 기회가 있었으려니와 그들이 이제는 더 나은 본향을 사모하니 곧 하늘에 있는 것이라 이러므로 하나님이 그들의 하나님이라 일컬음 받으심을 부끄러워하지 아니하시고 그들을 위하여 한 성을 예비하셨느니라. 히 11:13-16

목적지를 정하지 않고 무작정 떠나는 여행도 있지만, 대부분의 사람들은 어디를 갈 것인지를 정하고 여행에 필요한 것들을 준비해서 떠난다. 목적지를 정하지 않고 막연히 떠나는 여행은 많은 시행착오를 겪을 수 있다. 우리 모두는 이 세상의 여행자이고 우리의 삶은 여행이라고 할 수 있다. 그리고 이 세상은 목적지가 아니고 잠시 머무는 경유지일 뿐이다. 이 땅에서의 여행이 끝나면 반드시 본향으로 돌아가야 한다. 그러나 본향은 아무나 갈 수 있는 곳이 아니다. 본향은 믿음을 따라 산 사람들이 가는 곳이다.

이 세상에 태어난 많은 인생은 목적지를 모르고 살아간다. 그래서 이 땅에서의 삶이 전부인 것처럼 사는 것이다. 예수 그리스도 안에서 구원 얻은 우리도 목적지 없이 살아온 날들이 있었다. 목적지 없는 삶은 마치 브레이크가 고장난 차에 비유할 수 있다.

신앙 안에 들어오기 전 우리 역시 내리막길에서 돌진하는 고장난 차와 같이 질주하며 달려왔다. 그리고 주변에 있는 환경에 상상할 수 없는 파괴력을 나타내며 살아왔다. 바울이 예수 그리스도를 만난 후 이런 고백을 했다.

> 내가 전에는 비방자요 박해자요 폭행자였으나 도리어 긍휼을 입은 것은 내가 믿지 아니할 때에 알지 못하고 행하였음이라.
>
> 딤전 1:13

우리도 마찬가지다. 예수 그리스도를 만나기 전에는 불안정한 인생을 살았다. 바울은 자신의 삶을 이전과 이후로 비교하고 있다.

그가 이전에 끼친 영향력은 무엇인가? '비방자', '박해자', '폭행자'다. 바울의 삶은 평범하지 않다. 우리는 자신이 살아온 날들의 삶을 제대로 알지 못한다. 지나온 삶 가운데 했던 말과 행동을 잘 기억하지 못한다. 그리고 대부분 자신이 한 행동에 대해서만큼은 당당하다. 나는 강직하다, 거짓말은 못 한다, 잘못된 것은 눈으로 그냥 보고 넘어가지 못한다, 뒤끝이 없다 등등.

바울 역시 자신의 행동을 달아보지 못했다. 그 누구도 따라갈 수 없는 유대주의적인 열정으로 불탔던 사람이다. "나는 팔 일만에 할례를 받고 이스라엘 족속이요 베냐민 지파요 히브리인 중의 히브리인이요 율법으로는 바리새인이요 열심으로는 교회를 박해하고 율법의 의로는 흠이 없는 자라"(빌 3:5, 6). 바울은 자기 자신에 대해 대단한 사람으로 여기며 살았다. 그리고 그러한 삶에 대해 이러한 모든 요인이 자신을 유익하게 한다고 위험천만한 생각을 하며 살았다.

가장 귀한 보배

내가 그리스도를 위하여 다 해로 여길뿐더러 또한 모든 것을 해로 여김은 내 주 그리스도 예수를 아는 지식이 가장 고상하기 때문이라 내가 그를 위하여 모든 것을 잃어버리고 배설물로 여김은 그리스도를 얻고 그 안에서 발견되려 함이니 내가 가진 의는 율법에서 난 것이 아니요 오직 그리스도를 믿음으로 말미암은 것이니 곧 믿음으로 하나님께로부터 난 의라. 빌 3:7-9

바울은 자신만만하고 세상적으로 내세울 것이 많은 사람이었다. 사람들 앞에서 자신을 굽혀야 할 이유도 없다. 자신의 탁월함 속에 산 사람이기 때문이다. 어느 날 바울은 그리스도인들을 잡아다 옥에 넘겨주기 위하여 다메섹을 가고 있었다. 홀연히 빛이 바울을 둘러 비추었다. 순간 바울에게 찾아오신 예수 그리스도는 바울 인생에 가장 귀한 보배가 되셨다. 그 이후에 바울은 지금까지 좇았던 율법의 의를 버리고 믿음의 의를 소유했다. 그리고 예수 그리스도를 아는 믿음의 지식이 얼마나 고상한지를 깨닫게 되었다. 바울은 이전까지 목적지 없이 살았던 잘못된 열심을 배설물처럼 여기며 미련 없이 던져 버렸다. 그리고 새로운 삶을 선택했다.

이스라엘 백성들은 하나님이 주신 율법의 본질을 깨닫지 못했다. 율법의 본질은 죄를 깨닫고 여자의 후손을 보게 하기 위함이다. "율법은 죄를 깨달음이니라"(롬 3:20). 그러나 이스라엘 백성들은 율법을 통하여 자신의 의를 이루고자 노력했다. 율법은 이스라엘 백성들에게 멍에였고 무거운 짐이었다. 그런 그들에게 여자의 후손인 예수 그리스도가 오셨다. 2천여 년 전 우리의 보배이신 예수 그리스도는 십자가에서 인류의 죄를 담당하시고 돌아가셨다. 예수 그리스도는 죽은 지 사흘 만에 부활하신 후 승천하셨다. 그리고 하나님 보좌 우편에 앉아 계신다. 그리고 하나님께 받아서 보혜사 성령을 이 땅에 부어 주셨다. 이날이 바로 오순절이다. 오순절 성령 강림 이후에 복음 전하는 곳마다 많은 영혼이 구원을 받기 시작했다. 그로 말미암아 교회가 세워졌고 교회는 급속하게 부흥했다.

바울은 가는 곳마다 다메섹에 찾아오셔서 만나 주신 예수 그리스도를 증거했다. "오직 의인은 믿음으로 말미암아 살리라"(롬 1:17). 그렇다. 바울이 전한 복음이다. 예수 그리스도를 믿기만 하면 구원의 은혜를 얻는다. 천하 없어도 예수 그리스도가 없으면 영생을 얻을 수 없다. 그러므로 바울은 가는 곳마다 교회를 세우고 믿음으로 말미암은 의에 대한 복음을 전파했다. 이 복음은 율법의 의를 이루기 위하여 몸부림쳤던 유대인의 지식과 충돌했다. 그러나 복음에는 타협이 없다. 사도들이 전하는 복음은 유대인뿐만 아니라 이방인에게도 급속도로 전파되었다. 그리고 교회는 부흥해 나갔다. 그런데 사도들의 고민은 더욱 커져만 갔다. 이유는 변화하지 않는 성도들의 삶 때문이었다. 야고보는 이러한 고민을 성령의 감동에 따라 자신의 서신서에 기록해 놓았다.

사도들의 고민거리

내 형제들아 만일 사람이 믿음이 있노라 하고 행함이 없으면 무슨 유익이 있으리요 그 믿음이 능히 자기를 구원하겠느냐.

약 2:14

야고보는 구원받았다고 자부하지만 변화되지 않는 성도들에게 애절하게 말한다. 너희가 믿음이 있다고 말하면서 왜 행함이 없느냐고 질문한다. 우리나라에 복음이 들어온 지 어언 130여 년이 되었다. 대한민국의 교회와 성도들이 지금쯤은 많이 성숙해 있어야 한다. 그런데 성숙의 시기를 걸어가야 하는 때에 많은 사람이 교회를 등지고 있다. 여러 가지 이유가 있겠지만 신앙과 삶이 함께 걸어가지 못한 결과물일 것이다. 신앙과 삶은 둘이 아니고 하나다. 믿음과 행함이 하나이듯 말이다. 우리의 신앙은 가난한 시대를 지나오면서 한쪽으로 기울어졌다. 오직 복을 받기 위하여 신앙의 열정을 쏟았다. 주변을 돌아볼 겨를 없이 교회는 많이 부흥했다. 그러나 바벨탑을 바라보듯이 밖에서 교회를 바라보는 시선은 곱지 않다.

신앙만을 강조하며 달려온 시간, 주변 사람들과 동떨어진 곳으로 너무 멀리 와버렸다. 교회를 외면하고 떠나가는 사람들 속에서 우리가 회복해야 할 것들이 있다. 바로 야고보의 외침을 점검해야 할 때이다. "만일 형제나 자매가 헐벗고 일용할 양식이 없는데 너희 중에 누구든지 그에게 이르되 평안히 가라, 덥게 하라, 배부르게 하라 하며 그 몸에 쓸 것을 주지 아니하면 무슨 유익이 있으리요"(약 2:15, 16). 덕을 끼치며 살아야 할 우리의 삶. 그러나 신앙만을 추구하며 살아온 신앙의 양상들. 일주일에 두 번 금식하고, 하루에 세 번씩 정해 놓고 기도하며, 십일조를 구분해 드리며 헌신했던 바리새인들의 신앙처럼 우리도 열정적인 새벽기도와 철야

예배, 그리고 쉼 없는 헌신들이 있었다. 이 정도면 건강한 교회가 세워지고 건강한 성도들로 북적여야 한다. 그런데 마이너스 성장이다.

야고보는 주변을 돌아보라고 명령한다. 가장 가깝게는 가족들이다. 주변을 돌아보니 가장 가까운 가족들도 곁에 없다. 내가 믿는 예수에 대해 치를 떨며 고개를 휘젓는다. 내가 믿는 예수라면 자신의 주먹을 믿겠다고 말하는 이들도 있다. 사람들은 우리의 신앙을 알 수 없다. 하나님을 향하여 가지고 있는 신앙은 눈으로 볼 수 없기 때문이다. 오직 행동을 보면서 우리의 신앙인 됨을 평가하는 것이다.

초대교회 성도들의 신앙 또한 행동을 통해 점검받아야 했다. 그런데 교회는 날마다 부흥해 가고 북적이는데 그들의 삶은 이전과 여전했다. 그들은 자신의 신앙을 자랑하지만 곁에서 지켜보는 사람들은 신뢰하지 않는다. 그래도 그리스도인들은 예수면 다 된다고 외친다. 그러나 곁에 있는 사람들은 코웃음 친다. 이것이 초대교회 사도들의 고민이자 우리의 현실적인 고민이기도 하다.

믿음의 분기점

하나님 말씀은 우리를 비추는 거울이다. "주의 말씀은 내 발에 등이요 내 길에 빛이니이다"(시 119:105). 계속해서 말씀의 거울에 자신을 비추다 보면 자신이 죄인임을 알게 된다. 이때 자신의 더러움을 보면서 괴로움의 터널을 다시 통과해야 한다. 이전에 보지 못했던 악하고 추한 모습을 보면서 우리는 괴로움에 몸서리치기를 반복하며 믿음의 분기점에 도착한다. 이곳이 인생의 유턴 지점이다. 바울은 자신의 이전의 모습을 죄인 중에 괴수로 표현하고 있다. 바울은 자신을 보았기 때문에 이런 고백을 할 수 있었다. 바울이 자신을 본 지점은 믿음의 분기점이었다. 이전에는 보이지 않았다. 그러나 믿음의 분기점에 도착하니 자신이 밝히 드러나 보였다.

나 자신도 나의 더러움에 몸서리치며 울부짖고 회개했던 날들이 있었다. 일일이 열거할 수 없는 수없이 많은 죄가 주마등처럼 지나갔다. 세상에 태어나서 내가 죄인임을 알게 됐던 그 자리 그 순간은 고통 그 자체였다. 그때가 예수 그리스도가 나를 찾아오신 믿음의 분기점이었다. 나의 죄악을 보는 순간 악하고 더러움에 숨이 멎을 것 같았던 고통이 밀려왔다. 그러다가 정신을 잃고 쓰러졌다. 몇 시간 만에 깨어나 보니 드디어 새로운 삶이 나를 기다리고 있었다. 세상은 아무것도 변한 것이 없었지만 나는 이전의 사람이 아니었다. 나무의 흔들거림도, 새의 지저귀는 소리도, 모든 환경도 이전의 것이 아니라 온통 새롭고 아름다웠다. 어디선가 나를 향한 속삭임이 들려오는 듯했다. 발걸음은 땅에 닿지 않고 사뿐사뿐 걸어 다녔고 마음은 공중을 나는 나비처럼 너풀거렸다. 이 행복감과 만족감은 믿음의 분기점에서 나를 찾아오신 예수 그리스도에게서 온 것이었다. 소심했던 내가 이제는 어제의 내가 아니었다. 믿음의 분기점에서의 경험은 나의 속사람을 바꿔놓았다. 그리고 나의 겉 사람의 변화에 대한 숙제를 안겨 주었다. 이것이 내가 체험한 믿음의 분기점에서의 사건이었다.

사람들이 전도를 받아 교회에 나오면 가장 먼저 접하는 것이 말씀이다. 하나님의 말씀은 성령의 감동을 받은 자들이 하나님께 받아 기록한 책이다. 곧 말씀은 하나님이시다(요 1:1). 사람은 말씀을 통해 하나님을 알아간다. 말씀은 가장 먼저 우리 자신을 보게 하고 죄인 됨을 깨닫게 한다. 말씀을 통하여 보게 된 내 죄악 된 모습을 보는 것은 굉장히 고통스럽다. 하나님의 말씀 앞에 서면 마치 알몸으로 벗은 것과 같은 수치심이 느껴진다. 에덴에서 아담과 하와가 범죄한 후 하나님 앞에서 느꼈던 것과 같은 수치심이다. 말씀을 자기 자신에게 비추기 전에는 수치가 보이지 않는다. 그런데 보이지 않았던 더러움이 말씀 앞에 서니 보이기 시작한다. 이때가 가장 고통스러울 때다. 잘 살았다고 생각했는데, 형편없이 더러운 자신을 보며 탄식이 절로 나온다. 그리고 지나온 시간이 주마등처럼 지나가면서 부끄러움에 소름이 돋는다.

누구나 더러운 자기 자신을 보는 것이 즐거운 사람은 없다. 이제는 수없이 자신을 전복시키며 가정을 피폐하게 만들고 주변 사람을 고통스럽게 했던 우리 자신을 유턴시켜야 한다. 말씀을 통하여 자신을 비추는 일을 회피한다면 어느 순간 또 전복사고를 일으킬 것이다.

인생의 유턴 지점과 변화의 시점은 하나님의 말씀에 비추어진 나를 바로 보는 것이다. 야곱은 밧단아람에서 삼촌에게 속을 때 형에서를 속였던 자신을 보지 못했다(창 29:25). 그리고 자신을 속인 삼촌 라반에게 따지듯이 말했다. 삼촌이 나를 속이심은 어찌 됨이니이까. 자신을 속인 삼촌에게 너무도 당당하다. 삼촌에게 속임 당한 후 자신이 당한 아픔이 형 에서의 아픔이었음을 깨달아야 하지만 안타깝게도 야곱은 자신의 모습을 보지 못했다. 내가 어떻게 살았는지는 별로 신경 쓰지 않는다. 아니 모르고 산다. 그러나 다른 사람의 행동에 대해서는 일거수일투족 너무나도 잘 보인다. 그래서 과거의 자신의 모습과 같은 모습이지만 별개의 사건으로 생각한다. 어떤 문제가 있을 때 깨닫고 지나가는 것이 복이다. 다시는 같은 문제를 반복하지 않도록 뼈저리게 느껴야 한다. 그래야 변화가 일어난다. 말씀의 거울에 자신을 비출 때 세밀하게 자신이 보이도록 정면으로 바라보아야 한다. 말씀을 들을 때 귀를 닫지 말고 생각을 분산시키지 마라. 그리고 말씀에 비추어진 자신을 직시하라.

나를 깨뜨리는 고통

말씀을 통해 자신을 발견했다면 변화의 자리로 나아가야 한다. 말씀을 통하여 자신을 본 후 우리는 처절한 싸움을 해야 한다. 변화는 오랜 세월 체질화된 습관에서 나를 깨뜨리는 작업이다. 평생 살면서 학습된 지식과 그 지식을 통한 말과 행동, 형성된 견고한 틀을 무너뜨리는 작업은 만만치가 않다. 이것을 무너뜨릴 때 나오는 소음과 진동, 날아다니는 먼지, 포기할까, 외면할까 갈등하고 고민한다. 여기에서 굴복하면 전복사고의 위험을 다시 품고 사는 것이다. 힘겨운 대가를 겪어야 하지만 포기하기에는 인생이 너무 소중하다. 이 땅에서의 삶은 여행자의 삶이지만 반드시 주님 앞에서 들추어질 것이다. 변화를 두려워하지 마라. 그리고 몸부림치며 변화의 터널로 들어가라. 당신의 인생이 달라질 것이다.

믿음의 분기점에서 유턴하면 자신을 깨뜨려야 하는 과제가 기다리고 있다. 바울은 다메섹에서 예수님을 만났다. 바울에게 다메섹은 믿음의 분기점이며 영생의 자리다. 바울 인생의 이전과 이후의 경계선이 그어진 자리이기도 하다. 인생의 유턴 지점을 만나면 극명하게 대조된 삶을 살게 된다. 그러나 하루아침에 이루어지는 것은 아니다. 바울은 이전의 삶을 씻기 위해 십여 년 동안 아라비아 사막에서, 고향 다소에서 하나님의 다루심을 통하여 훈련받았다.

나는 이 과정을 '골방의 자리'라고 표현한다. 믿음의 분기점에서 유턴한 사람은 누구나 경험하는 것이다. 하나님은 하나님의 백성을 세밀하게 다루신다. 살아오는 동안 체질화된 오염에서 정결하게 씻기 위하여 다시 한번 처절한 고통의 터널을 지나야 한다. 물론 육신의 옷을 벗는 날까지 끝나지 않는 싸움이다. 그러나 확실하게 말할 수 있는 것은 믿음의 분기점에서 유턴한 사람은 반드시 자신을 깨뜨리는 고통 속에 변화의 삶이 찾아온다는 것이다. 어떤 사람은 더디 오기도 하지만, 어떤 사람은 급속도로 변화한다. 급속도로 변화하는 사람은 날마다 말씀의 거울에 비추어진 자신을 쳐서 복종시키기 때문이다.

우리는 믿음의 분기점에서 유턴한 후 다시 전진해야 한다. 그리고 신앙인으로서 행함이 있는 성숙한 삶을 소유해야 한다. 믿음의 분기점은 예수 그리스도와 연합하는 곳이다. 예수 그리스도는 죄인들을 위해 희생 제물이 되셨다. 죄로 말미암은 형벌, 죽음, 저주, 죄인이 져야 하는 이 모든 것을 예수 그리스도께서 대신 지고 가셨다. 이것이 죄인을 위한 예수 그리스도의 희생이다. 성도는 예수 그리스도께서 가신 길을 따라가는 것이다. 예수 그리스도의 희생이 나의 희생이 되어야 한다. 이러한 삶은 믿음의 분기점에서 유턴하고 다시 출발한 사람에게만 나타난다.

행함 없는 죽은 믿음

이와 같이 행함이 없는 믿음은 그 자체가 죽은 것이라. 약 2:17

행함 없는 믿음은 죽은 것이다. 행함이 없다면 믿음이 없는 것이고, 믿음이 있다면 반드시 행함이 따라온다. 믿음의 나무는 행함의 열매를 맺는다. 그런데 초대교회 성도들의 삶 속에 행함이 없다. 이런 모습은 교회가 근심해야 할 문제다. 하나님 나라를 준비한다면 우리의 행함의 열매를 점검해야 한다. 그래야 미래의 교회를 기대할 수 있다. 이웃을 돌보는 희생은 먼저 나를 죽여야 가능한 것이다. 교회 안에서의 신앙은 반쪽이다. 삶 속에서의 행함이 나머지 반쪽이다. 이러한 사실을 알면서도 행함의 열매를 맺지 못하고 있다면 믿음의 분기점에 도착한 후 요지부동하지 않기 때문이다. 믿음의 분기점에 도착했다면 반드시 이전의 삶에서 돌아서야 한다. 그리고 새로운 방향으로 나아가야 한다.

초대교회 성도들은 하나님의 은혜로 구원받았지만 제자리에 멈춰 있었다. 유턴한 자리에서 꿈쩍도 하지 않고 전진하지도 않는다. 유턴하면 여러 가지가 불편하다. 다른 사람을 위한 희생을 속사람이 요구하기 때문이다.

믿음의 분기점에서 일어나는 일은 하나님의 영인 성령께서 내 안에 오시는 경험이다. 성령께서 내 안에 오시면 내가 사는 것이 아니다. 내 안에 그리스도께서 사시는 것이다. 내 생각이 아닌 그리스도의 생각이 나를 주장한다. 이전과 확연히 구별된 삶으로 유턴하게 된다. 얼마나 불편하겠는가. 그래서 요지부동함을 스스로 선택하며 산다.

바울은 이전의 삶에서 유턴한 후 아시아와 유럽 지역에 복음을 전하며 살았다. 예수 그리스도의 복음을 전하는 것은 예수 그리스도처럼 목숨을 건 희생이다. 바울의 희생으로 복음이 전 세계에 전파되었다. 바울은 믿음의 분기점에서 유턴한 후 예수 그리스도의 충성스러운 일꾼이 되었다. 그가 복음을 전하기 위해 가는 곳마다 위험이 도사리고 있었다. 그러나 바울은 맞서 대항하지 않고 고난을 달게 받으며 복음을 효과적으로 전파했다.

> 그들이 히브리인이냐 나도 그러하며 그들이 이스라엘인이냐 나도 그러하며 그들이 아브라함의 후손이냐 나도 그러하며 그들이 그리스도의 일꾼이냐 정신없는 말을 하거니와 나는 더욱 그러하도다 내가 수고를 넘치도록 하고 옥에 갇히기도 더 많이 하고 매도 수없이 맞고 여러 번 죽을 뻔하였으니 유대인들에게 사십에서 하나 감한 매를 다섯 번 맞았으며 세 번 태장으로 맞고 한 번 돌로 맞고 세 번 파선하고 일 주야를 깊은 바다에서 지냈으며 여러 번 여행하면서 강의 위험과 강도의 위험과 동족의 위험과 이방인의 위험과 시내의 위험과 광야의 위험과 바다의 위험과 거짓 형제 중의 위험을 당하고 또 수고하며 애쓰고 여러 번 자지 못하고 주리며 목마르고 여러 번 굶고 춥고 헐벗었노라.
>
> 고후 11:22-27

어떻게 이러한 삶을 살 수 있는가. 우리는 작은 일에 목숨 걸고 다투며 산다. 지금도 작은 일에 분노하고 슬퍼하며 불면증에 편두통으로 힘겨워한다. 믿음의 분기점에서 유턴했다면 바울처럼 다시 십자가를 향하여 질주해야 한다. 예수 그리스도와 연합했다면 이제부터 내가 사는 것이 아니다. 내 안에 그리스도께서 살고 계신 것이다. 이제부터는 나의 인생을 위하여 사는 것이 아니라 하나님

신앙과 삶

나라를 위하여 살아야 한다. 다른 영혼을 구원하기 위한 통로가 되어 희생의 제물이 되어야 한다. 그런데 우리는 우리 자신을 추스르기도 벅차다. 나 한 사람의 인생을 사는데도 늘 부족함뿐이다.

변화를 소망하며 신앙인으로서 좀 더 성숙한 삶을 살아야 한다. 그러기 위하여 하나님의 말씀을 붙들어야 한다. 하나님의 말씀은 활력이 있고 좌우에 날 선 검보다 예리하다. 그리고 혼과 영과 관절과 골수를 찔러 쪼개기까지 한다. 그러므로 말씀을 붙들고 사는 자들은 예수 그리스도께서 가신 길을 뒤따라 갈 수 있다. 다른 사람을 위하여 희생도 불사하고 나아가게 된다. 초대교회 성도들에게 외친 야고보의 외침을 기억해야 한다. "아아 허탄한 사람아 행함이 없는 믿음이 헛것인 줄을 알고자 하느냐"(약 2:20). 행함이 없는 믿음은 헛된 믿음이다. 믿음은 반드시 행함, 즉 변화와 함께 일한다. 급속한 변화는 아니어도 반드시 변화를 수반하는 것이다.

그러나 무엇이든지 내게 유익하던 것을 내가 그리스도를 위하여 다 해로 여길뿐더러 또한 모든 것을 해로 여김은 내 주 그리스도 예수를 아는 지식이 가장 고상하기 때문이라 내가 그를 위하여 모든 것을 잃어버리고 배설물로 여김은 그리스도를 얻고 그 안에서 발견되려 함이니 내가 가진 의는 율법에서 난 것이 아니요 오직 그리스도를 믿음으로 말미암은 것이니 곧 믿음으로 하나님께로부터 난 의라. 빌 3:7-9

바울은 유턴 지점 이전과 이후가 완전히 상반된다. 그렇다면 바울은 어떤 변화를 가져온 걸까. 이전에 자신에게 유익했던 것들이 바울의 자랑거리였다. 자신의 육체에 속한 것들이 다른 사람보다 더욱 뛰어남을 자신 있게 말했던 사람이다. 바울은 팔 일 만에 할례를 받았다. 이스라엘 족속이고 베냐민 지파이며 히브리인 중의 히브리인으로서 율법으로는 바리새인이요 열심으로는 교회를 박해하고 율법의 의로는 흠이 없는 자라고 자신을 소개한다. 인생의 유턴 지점을 만나기 전에는 이러한 요인들이 바울의 든든한 배경이었다. 바울은 그렇게 배경을 내세우며 비방하고 박해하고 폭행하며 살았었다. 그리고 많은 사람을 죽이는데 내어주고 자신의 열심에 만족한 한 표를 던졌었다.

그러나 바울은 예수 그리스도를 위하여 다 해로 여기며 이전의 것들을 배설물로 여기게 되었다. 예수 그리스도를 알고 나니 예수 그리스도를 아는 지식이 가장 힘이 있고 능력이 있는 최고의 지식임을 알게 된 것이다. 그래서 예수 그리스도는 바울 인생의 최고의 가치가 되었다. 복음은 영생을 얻게 할 뿐만 아니라 나를 버리고 예수 그리스도를 따라갈 수 있는 능력의 삶도 얻게 한다. 예수 그리스도께서 죄인을 위해 희생 제물이 되신 것처럼 우리도 많은 사람을 위하여 구원의 통로가 되어야 한다.

가장 가까운 이웃은 가정

너희는 세상의 소금이니 소금이 만일 그 맛을 잃으면 무엇으로 짜게 하리요 후에는 아무 쓸 데 없어 다만 밖에 버려져 사람에게 밟힐 뿐이니라 너희는 세상의 빛이라 산 위에 있는 동네가 숨겨지지 못할 것이요 사람이 등불을 켜서 말 아래에 두지 아니하고 등경 위에 두나니 이러므로 집 안 모든 사람에게 비치느니라 이같이 너희 빛이 사람 앞에 비치게 하여 그들로 너희 착한 행실을 보고 하늘에 계신 너희 아버지께 영광을 돌리게 하라. 마 5:13-16

믿음이 있다면 반드시 행함이 따라오는 것이 영적 원리다. 믿음 안에는 행할 수 있는 능력이 함께 있기 때문이다. 우리가 믿음을 선물로 받는 순간 성령의 능력이 우리 안에 오셔서 주인되신다. 이때부터 성령은 자신이 원하는 삶을 요구하시며 이끌어 가신다. 우리가 어두운 세상을 밝게 비추는 빛 자체이며 썩어 있는 세상을 변화시키는 소금 자체라고 말씀하셨다. 빛이 밝혀주기를 원한다면 어두운 곳으로 나아가야 하고, 소금이 맛을 내려면 던져져야 한다.

우리가 빛을 비추기 위하여 나아가야 할 어두운 곳은 가정 안에 있는 집안 사람이다. 이들이 가장 가까운 곳에 있는 나의 이웃이다. 각자 자기 주변에서 가장 가까운 가정을 돌아보며 섬긴다면 멀리까지 돌아볼 곳이 생기지 않는다. 우리 주변에는 불행하다고 몸부림치는 사람들로 북적인다. 아이러니하게도 나의 가장 가까운 이웃인 가족들도 여기에 포함되어 있다. 예수 그리스도는 우리의 빛을 집안 모든 사람에게 비추라고 말씀하셨다.

　매일 이웃을 돕는다고 봉사활동을 하면서 분주하고 바쁘게 돌아다니지만 정작 가족들은 그의 모습을 그리 좋아하지 않는다. 특히 성도들은 교회 일을 아주 열심히 한다. 헌신이 마치 구원이라도 얻게 하는 것처럼 말이다. 교회는 반드시 헌신이 따라야 하지만 최고의 헌신은 하나님을 섬기는 예배요, 다음은 하나님의 나라를 위하여 빛 된 삶을 사는 것이다.

　신앙이 없는 가족들은 이런 유형의 사람을 교회에 미쳤다고 표현한다. 그리고 가족 중 아무도 교회에 따라오는 사람이 없다. 가족들은 갈기갈기 찢어진 상처투성이로 몸부림친다. 그러나 별로 신경 쓰지 않는다. 이런 상황을 환난과 핍박이라고 생각하도록 교회들이 가르쳤기 때문이다.

　하나님은 주시는 평안과 행복, 그리고 만족함의 은혜, 이 은혜가 가정 안에 넘쳐흘러야 하지만 오직 교회 안에서만 흘러넘친다. 그러므로 교회 밖에 있는 가장 가까운 이웃들이 예수 그리스도를 비난하는 것이다. 그들을 탓하지 마라. 우리가 선택하고 살아온 삶의 결과물이니 마땅히 결과를 받아들여야 한다.

　나는 스스로 믿음이 좋다고 하는 사람들의 피폐해진 가정을 꽤 많이 상담해 왔다. 이 사람들은 지쳐 쓰러질 지경에 나를 찾아온 사람들이다. 금식기도, 작정기도, 서원기도 등 할 수 있는 모든 것을 했지만 해결이 안 된다. 원인은 바로 자신이기 때문이다. 그런데 아무리 기도해도 내가 보이지 않는다. 기도를 시작할 때부터 아예 나를 문제의 원인에서 제외시켰기 때문이다. 이러한 문제는 굶어도 안 되고 작정하고 기도해도 이루어질 수 없다. 원인된 나를 발견해야 해결된다. 문제는 '나'다.

헌신만 하다가 잃어버린 것이 있다면 다시 회복해야 한다. 교회에서의 헌신은 꼭 필요하지만 가장 가까운 이웃을 돌보는 일 또한 별개의 것이 아님을 알아야 한다. 예수 그리스도는 집안 모든 사람에게 빛과 소금이 되라고 말씀하셨다. 빛과 소금은 착한 행실을 말한다. 믿음의 사람들은 가장 가까운 이웃에게 착한 행실로 빛을 발하며 자신을 녹여야 한다. 즉 말과 행동이 선하고 착한 것으로 믿음의 사람임을 보여 주는 것이다. 믿음이 충만한 엄마와 아빠인 나의 모습 속에서 착한 행실을 볼 수 없다면 자녀와 배우자 중 누구도 우리가 믿는 예수 그리스도를 인정하지 않을 것이다.

모든 것을 기도로만 해결하려 하지 마라. 이러한 문제는 기도로 해결할 수 없다. 내가 빛을 발하고 녹아 들어가야 하는 문제다. 피폐해져 맛을 잃은 이웃에게 맛이 나는 나를 던져야 해결되기에 거기에 맞는 희생이 필요하다. 내가 변화되면 내 주변 환경도 변화된다. 열쇠는 나에게 있다. 내가 믿음이 있는 사람이라면 착한 행실을 행함으로 믿음의 사람임을 보여 주어야 한다. 믿음의 분기점에서 유턴을 하고 전진하고 있다면 당신의 이웃이 살아날 것이다. 그리고 그들에게 당당하게 생명의 복음을 증거하면 그들도 구원의 자리로 나아올 것이다.

신앙과 삶은 둘이 아니고 하나다. 그런데 사도들은 고민이다. 성도들이 자신을 던지지 않기 때문이다. 초대교회 성도들은 자신들이 얻은 자유를 만끽하고 있으나 자신만 누리는 선에서 멈춰버렸다. 자신들이 믿음을 통하여 구원받았다고 자부하지만 요지부동이다. 자신을 던지는 희생을 누구도 원하지 않는다. 그들의 행동은 믿음의 사람처럼 보이지 않는다. 그래서 야고보는 너희가 믿음이 있다면 믿음 안에 있는 행함을 보여 주며 믿음이 있음을 확증시키라고 명령하고 있다. 초대교회의 문제점은 빛이 빛을 잃고 소금이 맛을 잃은 것에 있었다.

믿음의 사람들은 나의 빛 됨과 소금됨을 먼저 깨닫고 희생하는 사랑으로 나아가야 한다. 당신의 이웃은 그런 당신의 모습을 보면서 예수 그리스도를 보게 될 것이다. 이것이 건강한 교회의 미래를 준비하는 것이다.

이러므로 남자가 부모를 떠나 그의 아내와 합하여 둘이 한 몸을 이룰지로다.
창세기 2:24

11

남편의 본분

남편이 가정 안에서 정복해야 할 영역이 있다. 아내와 연합했기 때문에 남편은 아내인 여자를 가장 먼저 지식으로 정복해야 한다. 언제 외로운지, 행복한지, 어떻게 아내가 남편을 존경하며 따라오는지를 알아야 한다. 남편은 여자인 아내의 특성을 관심 있게 잘 파악하고 있어야 한다. 여자는 풍부한 감정의 우물을 소유하고 있다. 그리고 남자와는 비교할 수 없는 민감한 감수성을 가지고 있으며 자상하고 세심한 배려에 크게 감동하는 연약한 그릇이다. 그러므로 남편은 아내에게 적기에 필요한 존재로 서 있어야 한다. 남편은 가정 안에서 하나님이 주신 위임의 복을 적용해야 행복한 가정을 만들 수 있다.

하나님이 세우신 가정

　본분은 마땅히 감당해야 할 책임이다. 가정에서 우리 각 사람이 자기 본분만 잘 감당해 줘도 행복한 가정을 만들 수 있다. 자기의 본분을 모르고 책임을 다하지 못해서 많은 가정이 깨어지며 불행한 삶을 살고 있다. 죄가 들어온 이후부터는 더욱 각자의 본분을 다하여 노력해야 행복할 수 있다. 가정은 남자와 여자가 한 몸을 이루면서 시작된다. 비록 죄가 세상에 들어와 죄 덩어리들이 부딪히며 살지만 행복하게 사는 방법이 있다. 우리를 창조하신 하나님의 사용설명서가 있기 때문이다. 바로 기록된 하나님의 말씀을 따라 가정 안에서 머리가 되는 남편의 본분을 먼저 점검해 보자.

아담이 돕는 배필이 없으므로 여호와 하나님이 아담을 깊이 잠들게 하시니 잠들매 그가 그 갈빗대 하나를 취하고 살로 대신 채우시고 여호와 하나님이 아담에게서 취하신 그 갈빗대로 여자를 만드시고 그를 아담에게로 이끌어 오시니 아담이 이르되 이는 내 뼈 중의 뼈요 살 중의 살이라. 창 2:20-23

하나님이 아담을 만드신 후 혼자 독처하는 모습을 지켜보셨다. 그 모습은 하나님이 보시기에 좋아 보이지 않으셨다. 그래서 아담을 깊이 잠들게 하신 후 갈빗대를 취해 여자를 만드시고 아담에게로 이끌어 오셨다. 하나님이 아담에게 여자를 이끌어 오실 때 아담은 감탄과 환호를 표현했다. 세상에 하나밖에 없는 하와를 보면서 아담은 하와와 핑크빛 사랑을 나누었을 것이다. 두 사람의 행복은 숫자로 달아볼 수 없는 완전한 행복이었다. 죄가 없었기 때문이다. 하나님이 아담에게 주신 하와는 아담을 돕는 배필이다. 배필은 '짝'을 의미한다. 아담 혼자로는 완전할 수 없지만 하와와 하나가 될 때 완전해진다. 부부가 하나가 되는 것은 몸과 마음, 곧 전 존재가 연합하는 것이다.

최초의 가정은 최초의 사람 아담과 하와를 통해 출발했다. 그런데 행복한 가정에 돌이킬 수 없는 미혹이 찾아왔다. 세상에서 가장 간교한 뱀을 통하여 마귀가 이 가정을 흔들었다. 아담과 하와의 가정은 죄를 허용했고 하나님의 말씀을 불순종한 잘못된 선택은 그들로 하여금 타락의 길을 걷게 했다. 그때부터 아담과 하와 안에 죄의 본성이 들어와 죄와 무관한 삶을 살 수 없게 되었다. 이들이 선택한 죄는 비극을 초래했다. 죄는 파괴적이며 악하고 거짓되고 더러운 것이다. 두 사람은 결국 죄로 말미암아 세상으로 쫓겨났다. 이때부터 하나님의 저주와 함께 부부가 지켜야 할 새로운 본분은 인생에 큰 무게감을 더해 주었다.

남자와 여자가 한 몸을 이루어 남편과 아내가 되었지만 죄 덩어리인 두 사람의 연합은 점점 핑크빛 사랑과 무관해졌다. 그리고 치열한 인생의 문제를 풀어가야 하는 수고로움이 미끄러지듯 가정 안으로 들어왔다. 죄가 들어온 후부터 남편인 아담에게 힘겨운 인생살이가 혀를 날름거리며 기다리고 있었다. 위임받은 땅은 죄로 말미암아 가시덤불과 엉겅퀴로 덮여 있었다. 범죄한 이후로 아담은 땀을 흘리며 수고해야 하는 피곤한 남편의 본분 때문에 두 어깨가 짓눌리기 시작했다. 성경이 말씀하시는 남편의 본분은 무엇인가.

첫째, 남편은 부모를 떠나야 한다

이러므로 남자가 부모를 떠나 그의 아내와 합하여 둘이 한 몸을 이룰지로다. 창 2:24

남편은 결혼한 남자에게 붙여지는 호칭이다. 아내는 남편의 분신이며 남자가 아내인 여자를 만난 것은 자신의 분신을 찾은 것이다. 아내를 맞이한 남편의 본분 가운데 첫 번째는 부모를 떠나는 것이다. 하나님은 아담에게 부모를 떠나 아내와 연합하라고 명령하셨다. 부모를 떠나라고 하는 의미는 부모의 보호 가운데에서 벗어나라는 것이다. 부모의 품 안에 머물던 자녀들이 성인이 되면 배우자를 만나게 된다. 남자와 여자가 만나서 가정을 시작할 때에 남자는 부모를 떠나 반드시 아내와 연합해야 한다. 하나님이 남자가 "부모를 떠나"라고 하신 것은 부모와의 결별을 의미하는 것이 아니다. 그렇다면 떠나라는 의미는 무엇일까? 좀 더 고민할 필요가 있다.

정신적으로 분리하라.

결혼한 남자가 부모를 떠나는 것은 먼저 부모의 정신적인 보호 아래에서 분리하라는 명령이기도 하다. 자녀들이 부모와 함께 살 때는 정신적인 지주가 부모다. 그래서 자녀들은 부모님의 영향력 아래에서 부모가 원하는 삶을 살았고 시키는 대로 순종하며 살았다. 자녀들은 부모님 안에서 생활하기 때문에 부모님의 의도대로 움직이며 살 수밖에 없었다. 그러나 성년이 된 남자가 결혼을 앞두고 있다면 반드시 부모와 정신적으로 분리해야 한다. 남자가 남편이 되면 정신적인 교류는 아내와 나눠야 한다. 남자가 부모와 아내 사이에서 갈등하면 아내가 불행해지고 이어서 자신도 불행해진다. 그래서 하나님은 남자가 결혼하면 부모와 정신적인 분리가 이루어지기를 원하셨다.

남편은 아내가 정신적인 의지여야 하고 인생의 모든 문제를 아내와 풀어가야 한다. 결혼은 결혼하기 전의 삶의 패턴과 완전히 다른 패턴의 삶을 사는 것이다. 처음에는 달라진 패턴이 익숙지 않아 어색할 수 있다. 그러나 곧 익숙해질 것이다.

고부간의 갈등 때문에 이혼한 가정들도 종종 있다. 부부가 사랑하지 않아서가 아니라 중간에 부모가 개입해서 이혼하게 되는 경우다. 아들은 한 여자의 남편으로 살기 위하여 어머니에게서 자신을 정신적으로 차단해야 한다. 두 사람이 사랑해서 결혼했으나 며느리가 시부모의 마음에 들지 않을 수 있다. 이유는 아들과 부모가 좋아하는 성향이 다르기 때문이다. 그러므로 자녀들이 결혼할 때 부모는 자녀의 선택을 존중하고 반드시 정신적으로 독립시켜야 한다. 미성숙해서 어머니와 분리하지 못하는 남편이 있다면 반드시 가정의 불행을 초래한다.

25년 동안 음식을 먹지 못하고 먹어도 소화를 시키지 못하는 한 며느리를 만나서 상담을 한 적이 있다. 그분의 남편은 홀어머니의 외아들이었다. 결혼했는데 시어머니가 손에서 남편을 놓지 않는다. 그리고 밤에 자려고 하면 "애비야, 무섭다" 하면서 잠자리로 들어와 가운데 누워서 주무신다. 그 며느리는 스트레스로 인하여 불행한 인생을 살고 있었다.

결혼한 남자는 모든 인생을 아내 중심으로 움직여야 한다. 아내의 자리를 만들어 주고 편이 되어주어야 한다. 그런데 어머니 말씀만 듣고 아내를 오해한다. 그렇게 반복되는 삶 속에 시간이 흘러가고 어느덧 부부는 다시 돌아올 수 없는 강을 건너버린 사이가 되어버린다. 결혼한 남자는 철저하게 부모와 정신적으로 분리하길 선택해야 한다. 이것이 부부의 출발이고 남편이 해야 할 본분이다.

경제적으로 분리하라.

부모를 떠나야 하는 남편은 정신적인 것뿐만 아니라 경제적으로도 분리해야 한다. 남자가 결혼해서 자립하기 이전까지는 경제적인 것을 부모와 공유해도 큰 문제는 없다. 그러나 결혼하기 전까지만이다. 결혼을 한 후에는 부모와 경제적인 것을 반드시 분리해야 한다. 그리고 경제적인 영역을 아내와 함께 나눠야 한다. 앞으로 아내와 함께 살아가야 할 모든 것, 즉 자녀를 출산하고, 양육하고, 교육하고, 자녀들을 결혼시키며 노년까지 살아가야 할 모든 인생의 계획을 아내와 함께 계획해야 한다. 결혼한 자녀가 부모의 열악한 경제를 도울 수는 있다. 그러나 이마저도 아내하고 함께 상의해서 풀어가야 한다. 그런데 부모와 분리가 안 되면 아내 몰래 경제적인 부분을 부모님께 지원하게 된다. 이 사실을 나중에 아내가 알게 되면 부부의 신뢰는 일순간 무너진다.

혹시 부모가 경제적으로 넉넉하다고 결혼한 남자가 부모의 재산만 믿고 무기력하게 산다면 그것도 큰일이다. 그건 부모의 소유다. 결혼한 남자는 경제적인 것에서 부모와 분리해야 건강한 가정을 만들 수 있다. 부모가 돈이 많아도 남편들은 가정 안에서 나름대로 자기 인생을 성실하게 최선을 다해 살아야 한다. 인생을 사는 동안 땀 흘리는 즐거움도 대단한 행복임을 알아야 한다. 남편은 아내의 머리이자 가정의 책임자다. 머리가 제대로 서 있지 아니하면 몸은 마비된다. 뇌의 기능이 마비되면 모든 것이 다 마비되는 것처럼 말이다. 머리가 제대로 서 있지 못해서 가정이 깨어지는 것은 머리의 책임이다. 남편은 부모를 떠나서 정신적으로, 경제적으로 반드시 분리해야 한다. 이것이 첫 번째 남편의 본분이다.

둘째, 남편은 아내를 사랑하라

> 남편들아 아내 사랑하기를 그리스도께서 교회를 사랑하시고 그 교회를 위하여 자신을 주심 같이 하라. 엡 5:25

원어 성경은 남편이 아내를 향한 사랑을 '아가페'로 표현한다. 남자가 여자를 만나 연인이 되면 에로스적인 사랑을 한다. 그러다가 결혼을 하고 가정을 이루면 남편의 사랑은 한층 더 성숙한 아가페 사랑으로 바뀌어야 한다. 즉 핑크빛 사랑에서 희생적인 사랑으로, 조건적인 사랑에서 무조건적인 사랑으로 성숙해져야 한다는 것이다. 아가페 사랑은 하나님께 속한 사랑으로 하나님에게서 온다. 아가페 사랑은 희생적인 사랑이며 자기 자신을 내어준 타인 지향적 사랑이다. 하나님은 "남편들아 아내 사랑(아가페)하기를 그리스도께서 교회를 사랑(아가페)하시고 교회를 위하여 자신을 주심같이 하라"고 명령하셨다.

하나님은 남편들에게 에로스를 넘어선 아가페 사랑을 요구하셨다. 이것은 남녀가 나누는 에로스와는 전혀 차원이 다른 사랑이다. 남자는 에로스적인 사랑을 원하지만 남편은 차원이 다른 아가페 사랑을 해야 한다. 남편들은 여자와 연합하여 한 몸을 이루는 순간부터 아가페 사랑을 통한 무조건적인 희생을 각오해야 한다. 아내는 남이 아니고 내 분신이며 곧 자신이기 때문이다.

사랑의 출발점, 관심

남편이 해야 할 아가페 사랑의 출발점은 관심이다. 하나님은 아담의 갈빗대를 뽑아서 하와를 만드셨다. 그리고 하와를 이끌어 오자 아담이 "내 뼈 중의 뼈요 살 중의 살이로다"라고 감탄을 했다. 에로스 감정으로 고백한 말이다. 남자가 아름다운 여자를 보면서 "내 안에 당신이 있습니다"라고 사랑의 고백을 한다. 또 별을 따다가 그대 두 손에 가득 담아 주겠다고 노래도 한다. 이것은 에로스 감정일 때 하는 이야기다. 여자도 그 말이 비현실적이라는 것을 다 알지만 행복했다. 그러나 결혼을 해서 실전에 들어간 아내는 남편에게 별을 따다가 내 두 손에 가득 안겨주기를 요구하지 않는다. 그리고 지극히 현실적인 것을 요구한다. 바로 아내인 자신이 어떻게 살고 있는지에 대한 남편의 관심이다.

하나님은 하와를 데리고 오셔서 "둘이 한 몸을 이룰지니라"라고 말씀하셨다. 두 사람이 한 몸을 이루고 난 후부터 남자의 호칭이 남편으로 바뀌었다. 애인이 남편으로 바뀌면서 에로스는 당연히 멀어져야 한다. 결혼은 환상이 아니고 실전이기 때문이다. 그리고 부부가 한 차원 더 깊은 사랑으로 성숙해지며 더 큰 관심을 가지고 밀접해져야 한다. 아담이 하와를 처음 봤을 때 너무 기쁘고 행복했다. 이 마음이 끝까지 가야 하는데 삶은 그렇지 못하다. 인생을 살아가던 어느 날 뱀이 하와를 미혹한다. 뱀이 미혹할 때에 분명히 하와의 낯빛은 달랐을 것이다. 근심하는 얼굴, 고민하는 얼굴, 무엇인가 깊이 생각하며 갈등하는 얼굴이었을 것이다. "여보, 무슨 고민이 있는 거야. 얼굴에 수심이 가득해 보여"라고 아담은 물어 봤어야 했다. 그런데 아담은 갈등하고 있는 하와의 상태를 인지하지 못했다.

하와는 보암직도 하고 먹음직도 하고 지혜롭게 할 만큼 탐스럽게 보이는 선악을 알게 하는 나무의 열매를 보면서 고민했다. 하와는 남편에게 들은 말을 기억하려 애썼다. 선과 악을 알게 하는 나무의 열매를 먹으면 죽는다고 했던가. 혹시 죽을지도 모른다고 했던가. 고민하고 밤잠을 이루지 못하고 밤새 뒤척거렸다. 내 뼈 중의 뼈요, 내 살 중의 살인 아내가 잠을 못 자고 고민하며 뒤척이는데 이때 아담은 왜 감지하지 못했을까. 하루의 일과에 지친 아담은 혼자서 코를 골며 잠을 자고 있다. 아담은 미혹당하고 있는 하와의 상태를 가벼이 여기고 지나갔다. 이러한 현상은 무관심에서 온다. 사랑은 관심이다. 아내가 무엇 때문에 고민하고 있는지, 근심하고 힘들어하고 아파하는지, 그걸 헤아려 살필 수 있는 자가 바로 남편이다.

　하나님은 남자를 머리로 지으셨다. 그리고 남자의 품에서 뼈를 취하여 여자를 만들었다. 그러므로 남편은 아내를 품어야 하는 사람이다. 그러므로 남편은 끊임없이 아내에게 관심과 사랑을 가지고 지켜보고 책임을 져야 한다. 에덴에서의 삶은 아담과 하와 두 사람뿐이다. 그런데 아담은 하와의 변화를 감지하지 못한다. 이때 아담은 경작하는 일에 열정을 쏟고 있었을 것이다. 이것은 아담의 본분이다. 그러나 그것이 전부는 아니다. 남편들은 돈을 벌어다 주는 것으로 자신의 본분을 다했다고 생각한다. 그래서 자녀 양육도, 시댁 행사도, 살림도, 다 아내가 알아서 할 일이라고 내려놓는다. 그리고 문제가 생기면 "당신은 집에서 뭐하는 사람이야"라고 큰소리를 친다. 아담 또한 경작하는 일에만 전념하다 너무 큰 것을 놓치고 말았다.

　남편은 관심을 가지고 가정을 두루두루 살펴야 한다. 경작하는 일을 마치고 돌아오면 아내를 관심 있게 살펴야 한다. 하와가 무엇 때문에 시선이 불안정하고 남편의 눈을 피하는지 감지해야 한다. 한 마디 던졌는데 그 말에 집중하지 못한다. 남편이 경작하는 동안 집 안에서 무슨 일을 하고 있었는지 궁금해야 한다. 그런데 아담은 도무지 하와에게 관심이 없다. "나 피곤해, 밥 줘, 자자." 고작 이 말이 전부다. 남편이 본분을 다할 때 가정은 안전하다.

　가정은 사랑으로 출발하여 사랑 안에서 생육하고 번성해야 하는 공간이다. 그리고 땅을 정복하라 명령하신 명령을 따라 정복해야 할 영역이다. 땅을 정복한다는 의미는 인생을 살아가는 동안 내가 걸어가야 할 삶의 영역에 대해서 지식으로 확보하는 것을 정복이라고 제1장에서 다루었다. 아담과 하와가 정복해야 할 영역은 하늘의 새, 땅에 있는 짐승들, 물속에 있는 물고기들이다. 이 영역은 삶을 윤택하게 하는 요인들이다. 그러나 윤택한 삶 속에 하와가 없다면 삶에 무슨 의미가 있는가. 그러므로 윤택한 삶을 함께 나눌 서로를 정복하는 것도 무엇보다 중요하다. 남편은 아내가 어떤 존재인지를 정복할 때 행복이 배가될 것이다. 아내는 당신의 아내이기에 앞서 여자임을 알아야 한다.

　남편이 가정 안에서 정복해야 할 영역이 있다. 아내와 연합했기 때문에 남편은 아내인 여자를 가장 먼저 지식으로 정복해야 한다. 언제 외로운지, 행복한지, 어떻게 아내가 남편을 존경하며 따라오는지를 알아야 한다. 남편은 여자인 아내의 특성을 관심 있게 잘 파악하고 있어야 한다. 여자는 풍부한 감정의 우물을 소유하고 있다. 그리고 남자와는 비교할 수 없는 민감한 감수성을 가지고 있으며 자상하고 세심한 배려에 크게 감동하는 연약한 그릇이다. 그러므로 남편은 아내에게 적기에 필요한 존재로 서 있어야 한다. 남편은 가정 안에서 하나님이 주신 위임의 복을 적용해야 행복한 가정을 만들 수 있다.

　그런데 아담은 하나님이 정복하라 하신 아내의 땅을 정복하지 못하고 실패하고 말았다. 아담은 하나님이 이끌어 오신 모든 생물을 탁월하게 정복했던 경험이 있다. 아담은 그것들에게 각자 특성에 맞는 이름을 붙여 주었었다. 그리고 여자를 보게 되자 "내 뼈 중의 뼈요 살 중의 살이로다"라고 감탄했었다. 아담은 하와를 주신 하나님의 의도성도 정복했다. 그리고 난 후 하와와 한 몸을 이루었다. 그 다음 아담은 자신의 분신인 아내에 대해서 본격적으로 정복해야 할 차례다. 그러나 가정에 문제가 일어난 것을 보니 아담은 한 몸을 이룬 후 하와를 정복하지 못했던 것 같다. 여자들은 눈으로 보고 귀로 들리는 상황에 따라 마음이 흔들리는 강도가 다르다. 남편들이 아내가 여자라는 것을 잊고 무관심하다면 최초의 가정인 아담과 하와의 가정에서 일어난 실패를 답습하게 될 것이다. 정복하지 못하면 경영하고 관리하는 다스림에서도 실패하게 된다.

셋째, 남편은 아내를 괴롭게 하지 말라

남편들이 아내를 사랑하며 괴롭게 하지 말라. 골 3:19

하나님은 남편들에게 아내를 사랑하며 괴롭게 하지 말라고 명령하셨다. '괴롭게 하지 말라'라는 단어에는 '더 쓰게 하다', '비참하게 하다', '기분 나쁘게 하다', '실망케 하다', '견디기 어렵게 하다', '거칠게 되다'라는 의미가 있다.

아내가 괴로운 요인이 여러 가지가 있겠지만 특히 남편이 수고하지 않을 때 여자는 괴롭다. 남편들이 땀을 흘려 수고해야 자녀를 양육하고, 교육하며 자녀들을 결혼시키고 분가시킨다. 삶을 윤택하게 살려면 남편은 땀을 흘리는 수고를 해야 한다. 그런데 수고하지 않으면 가정의 삶이 찌들어 가며 힘들어진다. 결국은 아내가 땀을 흘려야 하는 일이 발생할 수도 있다. 이럴 때 아내는 비참하며 괴로울 것이다. 어떤 아내는 수고의 땀을 흘리는 책임감 있는 남편을 만나서 순탄한 인생을 사는 사람이 있는가 하면, 무책임하게 무위도식하며 사는 남편들도 있으니 인생의 삶이 괴로운 아내들도 있다.

> 선지자의 제자들의 아내 중의 한 여인이 엘리사에게 부르짖어 이르되 당신의 종 나의 남편이 이미 죽었는데 당신의 종이 여호와를 경외한 줄은 당신이 아시는 바니이다 이제 빚 준 사람이 와서 나의 두 아이를 데려가 그의 종을 삼고자 하나이다 하니.
>
> 왕하 4:1

성경에는 잔뜩 빚을 지고 죽은 선지 생도의 가정 이야기가 기록되어 있다. 선지자의 제자 중 한 사람이 빚을 진 상태에서 선지자 훈련을 받고 있었다. 이 사람은 여호와를 경외하는 탁월한 믿음이 있었던 사람이었다. 그런데 어느 날 아이 둘과 아내를 남겨두고 세상을 일찍 떠났다. 문제는 살아 있는 동안 진 빚 때문에 아들 두 명이 종으로 끌려가게 된 문제로 괴로움을 겪는 선지 생도의 아내가 엘리사를 만나 문제를 해결받는 내용이다.

선지 생도는 대단하게 영적인 사람이었다. 여호와에 대한 신앙도 탁월했다. 그래서 제자의 길을 가기 위해 훈련소에 들어간 것이다. 그는 열심히 기도하면서 세상에서 진 빚을 주님께 맡겼다. 그리고 그 뒤에 일어날 일도 생각하지 않고 믿음으로 선지자의 길만 가겠다고 공부만 하고 있었다. 아내가 힘들어하면 나는 주의 길을 갈 테니 당신이 벌어서 갚으라고 말한다. 또는 내가 주의 길을 가니까 하나님이 알아서 갚아 주실 거라고 말한다. 나는 이 선지 생도의 삶을 묵상할 때마다 혹시 세상에서 되는 일이 없으니 선지자의 길을 도피처로 삼은 것은 아닐까라는 생각이 들었다. 주의 길은 해도 해도 일이 안 되기 때문에 가는 것이 아니다. 자꾸 실패하니까 혹시 그 길인가 싶어 가는 것도 아니다. 반드시 사명자의 길은 하나님의 부르심을 받고 가야 하는 길이다. 그런데 무슨 일인지 선지 생도가 선지자가 되기 위하여 공부하던 중에 죽고 말았다. 잔뜩 문제만 남겨놓고 무책임하게 떠나버린 남편. 답답한 일이다. 이럴 때 아내들은 괴로워 견딜 수 없다.

하나님은 남편이 평생에 수고해서 땀을 흘려야 먹고 살 수 있다고 말씀하고 계신다. 이것이 바로 죄가 들어온 이후 하나님이 결정하신 가정의 경영원리다. 그래서 남편들은 성실하게 일을 해서 가족들이 생활할 수 있도록 책임을 져야 한다. 남편이라는 호칭만 가지고는 남편의 권위가 설 수 없다. 적어도 내가 한 가정의 가장으로, 한 가정의 머리로 세워지길 원한다면 수고하는 것은 각오해야 한다. 그렇지 않으면 배고픈 삶을 살아야 하고, 자녀를 제대로 양육하며 살 수 없다. 남편들은 스스로 경쟁력을 키워야 한다. 아내가 가정에서 자녀를 양육하고, 믿음 안에서 가족들을 위하여 기도하며, 하나님의 은혜 안에서 복된 가정을 만들 수 있도록 남편이 우뚝 서 있어야 한다.

넷째, 남편은 아내에 대한 의무를 다하라

너희가 쓴 문제에 대하여 말하면 남자가 여자를 가까이 아니함이 좋으나 음행을 피하기 위하여 남자마다 자기 아내를 두고 여자마다 자기 남편을 두라 남편은 그 아내에 대한 의무를 다하고 아내도 그 남편에게 그렇게 할지라 아내는 자기 몸을 주장하지 못하고 오직 그 남편이 하며 남편도 그와 같이 자기 몸을 주장하지 못하고 오직 그 아내가 하나니 서로 분방하지 말라 다만 기도할 틈을 얻기 위하여 합의상 얼마 동안은 하되 다시 합하라 이는 너희가 절제 못함으로 말미암아 사탄이 너희를 시험하지 못하게 하려 함이라. 고전 7:1-5

하나님은 남편에게 아내에 대한 의무를 다하라고 명령하신다. 남편이 아내에 대하여 지켜야 할 의무는 무엇일까. 남자와 여자는 사춘기를 지나면서 성에 대해서 눈을 뜨기 시작한다. 의도적이지 않을지라도 청소년기를 지나고 성인이 되어가면서 남자와 여자의 몸은 본능적으로 성적 반응을 하게 된다. 특히 남자가 성적 충동을 이기지 못하면 밖으로 나가서 음행의 문제를 일으키기 쉽기에 결혼 적령기에 접어든 남자와 여자는 음행을 피하기 위하여 각기 자기 아내를 두고 남편을 두라고 명령하셨다. 그리고 남편과 아내는 서로에게 대한 의무를 다하라고 말씀하셨다. 결혼한 남자는 자기 몸을 주장하지 말고 반드시 아내가 남편의 몸을 주장하도록 하라고 말씀하셨다. 이것이 하나님이 가르쳐 주신 창조원리다. 그러므로 남편은 아내와 분방하지 말고 가정 안에 미혹이 들어오는 틈이 없도록 아내에게 의무를 다하는 남편들이 되기를 노력해야 한다. 남편들은 아내를 외롭게 내버려 두지 말고 아내에게 자신을 몸을 아낌없이 내어주어야 한다. 가정의 행복뿐만 아니라 부부의 행복을 위해서다. 하나님은 우리를 창조하셨다. 그 누구보다도 우리의 몸과 마음을 잘 아신다. 성경은 우리를 창조하신 하나님의 감동으로 받아 적은 책이다. 그러므로 성경에 기록된 하나님의 말씀은 우리 인생의 사용설명서다. 사용설명서대로 삶을 선택하고 적용하며 산다면 우리는 대부분 복된 가정을 이루며 살 수 있을 것이다.

　남편이 적어도 네 가지만 지킬 수 있다면 가정은 안전하다. 이것이 가정의 안전장치다. 이 안전장치는 남편이 들고 있다. 가정의 모든 문제는 남편의 책임이다. 이것은 하나님의 말씀이다. 창조 질서를 좇아서 책임감 있게 살고 이 말씀을 기억하고 묵상하면서 남편 된 자신을 점검하고 행복한 가정의 머리가 되어야 한다. 남편들은 아가페 사랑을 통해서 관심과 사랑을 가지고 가족들의 필요를 적절하게 채워주라. 때때로 아내의 마음을 이해해 주라. 힘겨울 때 넓은 품으로 안아주며 아가페 사랑으로 다독여 주라. 남편들은 수고하고 땀을 흘려서 책임감 있게 가족들을 섬기라. 그러면 가정이 안전할 수 있다.

만약 이미 한 번 실패하였다면 두 번 실패하지 않기를 바란다. 몰라서 실패했다면 이젠 말씀을 통해 깨닫고 책임을 다하길 축복한다. 새로운 가정을 이루어 산다면 부끄러워하지 말고 당당하게 살길 바란다. 그 대신 하나님 말씀의 명령을 따라서 멋있게 살도록 노력해야 한다. 주님은 우리가 두 번 실패를 경험하지 않기를 바라는 마음이시다. 그래서 말씀이 주시는 삶의 영향력을 가르치는 것이다.

지금 실패의 위기에 처한 가정이 있다면 남편들이 자신을 점검하면 회복할 수 있다. 오늘 하나님은 남편의 본분을 다할 때 우리가 행복한 가정을 이룰 수 있다고 말씀하신다. 그러므로 남편들은 지식을 따라 아내와 동거하고 자신의 본분을 따라 하나님 말씀을 순종함으로 아름답고 복된 가정, 멋진 가정을 이루시길 축복한다.

12

아내의 본분

모든 가정에서 아내들이 적용해야 할 사랑은 필리아적인 사랑이다. 이 사랑을 통하여 때로는 남편을 칭찬하고 격려할 뿐만 아니라 조언하며 권면하는 아내로서 서 있어야 한다. 그러니 여자는 남자에게 잔소리를 안 할 수가 없다. 한없이 에로스적인 사랑에 머물러 있으면서 해바라기처럼 바라만 보고 있으면 어느 때인가 자기도 모르게 무너지게 된다.

남편들은 각오하고 아내의 잔소리를 기쁨으로 들어주어야 한다. 경우에 합당한 잔소리는 남편을 돕는 것이다. 인생에 꼭 필요한 것 점검하고, 체크하고, 대화해서 풀어야 할 것, 해결하고 넘어가야 할 것, 고쳐야 할 것, 멈춰야 할 것, 등등. 알아듣도록 타일러 정당한 일에 힘쓰도록 권면으로 도와야 한다.

하와는 아담의 갈빗대를 취하여 가장 좋은 재료로 만들어진 아름다운 존재다. 아담은 하와를 만나기 전까지 인생의 낙이 없었으나 하와를 보는 순간부터 아담의 외로움은 사라지고 행복한 삶이 시작되었다. 하와는 독처하는 불완전한 아담에게 주신 최고의 선물이다. 아담은 하와와 한 몸을 이루면서 완전한 존재가 되었다. 그러므로 하와의 존재 이유는 아담에게 즐거움을 안겨주는 선물 그 자체다. 두 사람은 하나님의 중매로 행복한 가정을 시작했다. 아담은 남편으로 하와는 아내로 최초의 가정을 이루고 자녀를 출산하며 살았다. 각 가정 안에서는 각자의 본분이 있다. 남편이 마땅히 해야 할 본분이 있는 것처럼 아내 또한 본분을 다하며 살아야 한다. 그렇다면 하나님이 남편에게 주신 선물인 아내가 마땅히 해야 할 본분은 무엇인가.

첫째, 배필(짝)로서 남편을 도우라

여호와 하나님이 이르시되 사람이 혼자 사는 것이 좋지 아니하니 내가 그를 위하여 돕는 배필을 지으리라 하시니라. 창 2:18

하나님은 여자를 돕는 배필로 지으셨다. 그리고 여자를 끝으로 창조 사역을 완전하게 마치셨다. 하나님이 남자의 **뼈**를 취해 창조하신 여자는 남자가 홀로 견뎌야 하는 외로움을 채우도록 하기 위한 목적이다. 사람이 살면서 가난해 배고픈 것이나 병들어 아픈 것보다 더 힘든 것은 외로움이다. 곁에 사랑하는 사람이 있다면 가난도 질병도 이겨낼 수 있다. 그러나 홀로 외로이 남는다면 이겨내기 힘들 것이다. 그래서 여자는 홀로 있는 남자의 외로움을 돕기 위해 준비되었다. 죄가 들어오기 전에는 아내가 남편의 곁에 있기만 해도 행복했다. 그러나 뱀을 통한 마귀의 미혹에 하와가 불순종을 선택했다. 그리고 그의 남편도 불순종으로 이끌었다. 이렇게 최초의 가정이 죄에 노출되었고 휘청거렸다. 이때부터 행복은 창문 너머로 달아나 버렸고 가정은 불화가 넘실거렸다.

남편 곁에서 돕고 있어야 할 하와가 동산 중앙을 맴돌았고 남편까지 무너지게 했다. 그 후부터 두 사람은 죄 덩어리의 삶을 살면서 힘겨운 삶을 살게 되었다. 이때부터 여자는 하나님으로부터 받은 저주와 함께 남편을 사모하며 살아야 했다. 죄로 말미암은 인생들의 광야길, 처절하리만큼 아픔을 겪으면서 살아야 하는 죄 된 인생, 이것은 하와가 본분을 다하지 못한 결과물이었다.

아내들이여 자기 남편에게 복종하기를 주께 하듯 하라. 엡 5:22

하나님은 아내들에게 남편에게 복종하라고 명령하셨다. 이 '복종'의 의미는 '아래에 두다', '종속시키다' 또는 '영향력 안으로 들어오게 하다'라는 의미가 있다. '아래에 두다, 종속시키다'는 종속 관계에서 적용하며 주종 관계나 군신 관계에서 필요한 것이다. 그렇다면 부부 관계에서 복종하라는 의미는 무엇일까. 바로 '영향력 안에 들어오게 하다'라는 의미로 이해하는 것이 합당하다는 생각이 든다. 즉 아내가 남편에게 복종해야 하는 것은 아내는 남편의 영향력 안으로 들어가야 한다는 의미이고, 이 영향력 안에 들어가서 아내는 남편의 손을 맞잡고 함께 같은 목적을 향해서 걸어 나아가는 일을 해야 한다는 것이다. 이것이 바로 돕는 배필이 해야 할 일이다.

마귀의 공격 대상, 하와

마귀는 뜬금없이 아무나 미혹하지 않는다. 영적 원리에 의하면 어둠이 미혹해 올 때는 어둠이 좋아하는 틈, 즉 요인을 가지고 있는 사람을 미혹해 들어온다. 마귀의 최초 미혹 대상은 하와였다. 하와는 거짓의 아비인 마귀의 미혹을 이기지 못하고 선과 악을 알게 하는 나무의 열매를 따서 먹었다. 하나님처럼 될 줄 알았는데 자신의 수치가 보여 두렵다. 이것을 혼자 먹고서 자기 혼자 죄의식에 시달릴 수 없다. 같이 먹고 죽어도 같이 죽어야 한다는 생각이 미묘하게 교차한다. 죄의 성질은 혼자 타락하지 않는다. 하와는 자신의 타락에서 멈추지 않았다. 먼저 타락하고 보니 죄로 인한 두려움에 고통스럽다. 혼자서 죄의식을 소화하기엔 너무 무거워서 미끄러지듯이 달려가 남편에게도 주었다. 죄의 전이는 이렇게 놀랍고도 무서운 것이다.

그렇게 사람 안에 죄가 미끄러지듯 들어왔다. 하와는 돕는 배필로서 자신의 본분을 다하지 못했다. 돕는 배필은 짝으로서 서로의 부족함을 채우며 같이 걸어가는 것이다. 그런데 하와는 남편과 다른 장소에서 마귀가 조종한 뱀의 미혹을 받았다. 아내가 있어야 할 자리는 남편이 도움을 요청할 때 달려갈 수 있는 자리여야 한다. 그런데 하나님이 아내인 하와를 창조하신 목적대로 살지 않으니 죄의 통로가 될 수밖에 없다. 하나님이 하와를 창조하신 목적은 아담의 아내로서 남편의 영향력 안으로 들어가야 하는 것이다. 아내는 남편의 고독을 해결해 주며 남편의 사랑과 관심을 먹고 살아야 한다. 그래야 아내는 빛이 난다. 하와가 아담의 품속에서 돕는 배필의 역할을 충실하게 감당했다면 죄가 틈타 들어오지 못했을 것이다.

둘째, 필리아적인 사랑으로 남편을 도우라

그들로 젊은 여자들을 교훈하되 그 남편과 자녀를 사랑(필란드로스)하며. 딛 2:4

말씀이 참 오묘하다. 아내를 향한 남편의 사랑은 아가페 사랑이다. 아가페 사랑은 희생하고 자기 자신을 죽여서 헌신하는 사랑이다. 그런데 아내가 남편을 향한 사랑은 필리아(필레오) 사랑이다. 하나님은 아내와 남편이 나누어야 할 사랑을 동료나 친구들끼리 나누는 필리아적인 사랑으로 명령하셨다. 오랜 세월 동안 친분을 가지고 사귀어 온 사람을 친구라고 말한다. 친구는 주종 관계나 종속 관계가 아닌 동등한 관계다. 친구는 기댈 수 있는 사람이고, 대화가 통하며, 비밀이 없다. 친구와 친구의 우정도 사랑이다. 그렇다면 친구와 친구가 나누어야 하는 사랑을 아내는 남편에게 어떻게 적용해야 하는가.

먼저 소통하라.

먼저, 아내는 남편과 소통하는 자가 되어야 한다. 진정한 친구는 소통이 잘된다. 일일이 말하지 않아도 얼굴색과 눈빛만 보아도 안다. 그래서 아내는 남편을 향한 마음을 항상 친구와 함께 나누듯 소통이 잘되도록 노력해야 한다. 소통이 단절되면 사랑이 식는다. 사랑은 마음에서 출발하기 때문에 아내는 남편에게 사랑스럽고 다정한 마음이 들도록 행동해야 한다. 그런데 결혼하면 대부분 느슨해진다. 시간이 지나다 보면 신비감이 떨어지고 무디어지니 말과 행동도 거침없이 한다. 이런 결과물의 가장 큰 이유는 연애할 때 보지 못했던 부분을 보게 되면서 신비감이 떨어지기 때문이다.

사람의 마음을 가장 상하게 하는 것은 말과 행동이다. 거친 말과 행동은 상대방의 마음을 얼어붙게 만든다. 그래서 나는 성도들에게 결혼하더라도 자신을 10% 정도만 보이라고 말한다. 우리 속에는 죄의 본성이 있어 추한 것들이 들어 있다. 그러나 절제할 힘을 얻어 참고 인내하며 자신을 아름답게 보이도록 노력해야 오랫동안 행복할 수 있다. 패를 다 보이면 게임은 신비롭지 않다. 패를 모르니 조마조마한 마음으로 패를 뒤집는 것이다. 기대감 반 설레임 반의 행복을 거친 말과 행동 뒤에 가려지지 않도록 노력해야 한다. 친한 친구 사이는 편하지만 막말하지 않는다. 서로에게 상처를 주지 않기 때문에 관계가 오래가는 것이다. 서로 배려해 주고 아파할 때 위로해 주고 힘들 때 무거운 짐을 같이 져 준다. 그래서 친구가 좋다. 그런데 하나님은 아내들에게 남편을 향하여 이런 사랑을 요구하셨다.

그가 애굽에 가까이 이르렀을 때에 그의 아내 사래에게 말하되 내가 알기에 그대는 아리따운 여인이라 애굽 사람이 그대를 볼 때에 이르기를 이는 그의 아내라 하여 나는 죽이고 그대는 살리리니 원하건대 그대는 나의 누이라 하라 그러면 내가 그대로 말

미암아 안전하고 내 목숨이 그대로 말미암아 보존되리라 하니라. 창 12:11-13

어느 날 아브라함이 하나님의 말씀을 따라 가나안 땅에 들어왔다. 아직 가나안 땅에 정착하기도 전에 그 땅에 가뭄이 들어 기근이 왔으니 난감했다. 그래서 아브라함이 가족들을 이끌고 애굽으로 내려갔다. 길을 걷는 동안 아브라함의 얼굴빛이 근심스러워 보인다. 아브라함이 애굽에 가까이 이르자 아내에게 속마음을 조심스럽게 털어놓았다. 아브라함은 아름다운 아내를 빼앗기고 자신이 죽을까 걱정이 되어 아내를 오누이로 속이자고 제안했다. 이럴 때 아내는 본분을 따라 남편과 대화를 시도해야 한다. 그리고 하나님의 약속의 말씀을 붙들고 믿음으로 설득하고 옳은 길로 안내해야 한다. 그런데 아내 사라는 말없이 그저 침묵한다. 마음속에서는 상처가 되지만 남편이 원하는 대로 그냥 따라가고 바로가 끌고 가는데도 아무 말이 없다.

사라의 남편은 거의 이십오 년 동안 이러한 행동을 반복적으로 했다. 아브라함은 아버지의 집을 떠나는 칠십오 세 때부터 부부가 함께 가는 곳마다 자신을 오라비라고 속이도록 아내에게 요구했다. 게다가 아내가 거절하지 못하도록 잠금장치까지 했다. "이것이 그대가 네게 베풀 은혜라." 사라는 남편 앞에서 답답할 정도로 자신의 의사표현이 없다. 사라는 남편과 소통하지 않고 남편이 하라는 대로 이 남자 저 남자에게 팔려갔다. 이들은 예수 그리스도께서 오실 통로다. 그리고 하나님의 선지자 가정이다. 그런데 그들의 모습은 불안정하다. 그래서 하나님은 시시때때로 이들의 부족함에 개입하셨다. 하나님이 개입하지 않으셨다면 남편과 소통하지 못한 사라의 인생은 불행했을 것이다. 사라는 이삭을 낳기 전까지 아내로서 자신의 본분을 적용하지 못하고, 남편의 잘못된 요구를 허용하며 반복적인 문제의 삶을 살았다.

친구처럼 조언하라.

남편은 어려운 대상이 아니라 친구 같은 친근감 있는 존재다. 부부간의 대화는 무엇보다 중요하다. 부족한 것은 서로 대화하면서 고쳐가야 한다. 서로 다른 환경에서 자랐고, 다른 성품과 하나가 되어야 하는 숙제를 가진 것이 부부다. 그래서 하나님은 아내들에게 친구 같은 친근감과 애정 어린 마음으로 남편에게 다가가기를 원하셨다. 누구보다도 내 남편을 창조하신 하나님은 남자를 잘 알고 계시기 때문이다.

사라는 아내의 본분을 할 수 없었는지도 모른다. 말하면 무시당하거나 침묵해 버리는 남편. 방법은 알고 있으나 생각처럼 쉽지 않을 수도 있다. 그러므로 시작부터 긴장감을 가지고 지혜롭게 적용해야 한다. 남편이 원하는 대로 다 따라 하는 것이 아내의 본분은 아니다. 아내는 남편에게 상황에 맞는 조언을 할 줄 알아야 한다. 아브라함이 아내 사라에게 제안을 했다. 이때 남편을 사랑하는 사라는 반드시 조언을 해야 한다. "인간적인 생각으로 미리 염려하지 마세요. 하나님은 우리를 인도하고 계시니 지켜주시고 책임져 주실 거예요. 우리 힘을 모아 함께 기도해요." 이것이 필리아 사랑이다.

　아내는 남편의 현명한 조언자 되어야 한다. 하나님은 남편을 도우라고 아내를 짝으로 주셨다. 남편의 생각이 불안정적일 때 안정되게 만들어야 하고, 남편이 경제 관리를 잘못할 때 경제가 세워지도록 도와야 한다. 조언해야 할 사라는 체념하듯이 침묵하고 있다. 더 노력이 필요 없을 만큼 무기력해졌다면 다시 시도해야 한다. 남편이 하자는 대로 그냥 따라만 하지 말고 잘 분별해서 균형을 잡는 것이 아내의 본분이다.

　아내는 남편의 또 다른 친구임을 잊어선 안 된다. 아내들은 남편과 친구처럼, 때론 동료처럼 많은 대화를 나누어야 한다. 남편이 무슨 생각을 하며 어떤 계획을 갖고 사는지 남편에 대해 지식으로 정복해야 한다. 하와처럼 다른 곳에 시선을 두는 순간 남편과 멀어지는 불행을 초래한다. 그래서 아내는 남편과 비밀이 없는 친구와 같은 관계를 만들어 가야 한다. 사라가 다른 남자에게 팔려간 것은 아브라함의 문제만은 아니다. 사라가 조언을 포기해서 다른 남자의 아내로 팔려간 것이다. 아내들은 가정의 머리가 되는 남편 못지않게 중요한 위치에 있다. 남편의 영향력 안으로 들어갔으면 친구가 되어 조언과 함께 친밀한 관계를 유지해야 한다.

　사라는 초기진압을 못 하고 산 날수만큼 상처가 쌓였을 것이다. 사라들은 아브라함의 부족한 부분을 도우며 멋진 작품을 만들 듯이 인생을 만들어 가야 한다. 남편을 포기하지 말고 소통을 위하여 조언하라. 아내들은 남편과 친구처럼 반드시 조언하고 세워가도록 노력에 노력을 거듭해야 한다. 그리고 남편을 아름다운 작품으로 빚어가야 한다.

칭찬과 격려의 말

다윗이 자기의 가족에게 축복하러 돌아오매 사울의 딸 미갈이 나와서 다윗을 맞으며 이르되 이스라엘 왕이 오늘 어떻게 영화로우신지 방탕한 자가 염치 없이 자기의 몸을 드러내는 것처럼 오늘 그의 신복의 계집종의 눈앞에서 몸을 드러내셨도다 하니.

삼하 6:20

아내는 남편에게 칭찬과 격려를 아끼지 말고 용기나 힘을 북돋아 주어야 한다. 다윗의 가정을 보라. 법궤가 다윗성으로 들어올 때 다윗이 너무 기뻐서 하나님 앞에서 춤을 추면서 예배를 드리고 있었다. 그때 자신도 모르는 사이 다윗의 옷이 벗어졌다. 우연히 아내 미갈이 창문을 통해 내다보다가 그 광경을 보았다. 미갈은 신앙이 없는 사람이다. 이런 사람이 자기 기준, 자기 고정관념으로 남편을 평가하며 바라보고 있다. 하나님과의 관계성 속에 신앙이 온전히 서 있는 다윗이 하나님을 예배하고 있는데 미갈의 생각으로는 이해가 안 된다. '어떻게 한 나라의 왕이 여종들 앞에서 저런

처신을 할 수 있을까'라고 생각하니 속이 뒤틀린다. 다윗의 아내인 미갈은 자기 생각에 사로잡히고 남편 다윗을 향한 맹비난의 말과 거친 행동을 서슴없이 한다. 아내인 내 기준에 따라 평가하면 남편을 칭찬할 수 없다. 미갈은 왕인 남편이 가볍게 행동한다고 비웃었다.

미갈은 남편을 정복하지 못했다. 그러니 이런 상황에서는 아내의 본분을 다할 수가 없는 것이다. 남편을 정복하지 않고 아내의 본분을 다할 수 없다. 다윗의 영적인 세계를 알지 못하니 미갈이 남편을 비웃을 수밖에 없다. "다윗이 미갈에게 이르되 이는 여호와 앞에서 한 것이니라"(21절) 다윗은 여호와 앞에서 기뻐 춤추며 예배를 드렸다. 미갈이 남편의 영적인 부분을 정복했다면 '내 남편이 하나님 앞에서 행복하게 예배드리고 있구나'라고 생각했을 것이다. 그러나 아내 미갈은 남편을 무시하며 비웃었다. 아내는 남편을 칭찬해 주고 격려해 주어야 할 돕는 배필이다.

남편들이 땀 흘려 수고하고 애쓰며 고생할 때에 아내들은 칭찬과 격려를 아끼지 말아야 한다. 남편이 전진하려고 할 때마다 도저히 전진할 수 없게 하는 아내는 배필로서 합당하지 않다. 날마다 비난하는 아내, 책망하는 아내, 늘 불평불만을 일삼는 아내는 남편을 괴롭게 하는 것이다. 아내가 자기의 본분을 다할 때 가정은 건강하다. 미갈은 아내로서 본분을 다하지 못하고 남편을 비웃고 있다. 다윗은 체념하고 살지만 서로 좋은 관계를 형성할 수는 없다. 그러므로 부부 관계가 건강하지 못한 것이다.

권면하는 아내

야곱이 일어나 자식들과 아내들을 낙타들에게 태우고 그 모은 바 모든 가축과 모든 소유물 곧 그가 밧단아람에서 모은 가축을 이끌고 가나안 땅에 있는 그의 아버지 이삭에게로 가려 할새 그 때에 라반이 양털을 깎으러 갔으므로 라헬은 그의 아버지의 드라빔을 도둑질하고 야곱은 그 거취를 아람 사람 라반에게 말하지 아니하고 가만히 떠났더라. 창 31:17-20

필리아적인 사랑에는 권면 또한 빼놓을 수 없다. 권면은 알아듣도록 타일러서 정당한 일을 하도록 하는 것이다. 하나님은 야곱에게 네 조상의 땅 네 족속에게로 돌아가라고 명령하셨다. 야곱은 아내인 레아와 라헬과 함께 장인 라반이 모르게 떠날 준비를 했다. 그리고 아내들을 불러 준비시켰다. 이때 남편의 말에 두 아내는 동의하고 사인했다.

레아와 라헬은 돕는 배필로서 아내의 본분을 다하지 못하고 미성숙한 모습을 보이고 있다. 성경에서 아내들이 살아가는 삶을 보니 이 시대에 아내 된 내가 사는 것과 별로 다르지 않다. 성경에 기록된 인물 중에 특히 아내들을 묵상해 보면 아내의 본분을 제대로 한 사람들이 많지 않음을 볼 수 있다. 때로는 아내들이 남편에게 권면해야 할 때가 있다. 레아와 라헬이 해야 할 필레오적인 사랑의 적용은 권면이다.

"여보, 장인도 부모입니다. 당신이 정당하게 이야기를 하고 떠나면 아버지가 보내주시지 않겠습니까. 당신이 당신의 형 에서를 속이고 도망 온 것처럼 비정상적인 방법을 또 사용하면 안 됩니다. 다시 그런 방법을 적용한다면 아버지의 분노가 일어나서 당신은 또 다른 도망자가 될 것입니다. 그러니 정상적인 방법으로 해결합시다."

이렇게 권고했어야 한다. 그런데 레아와 라헬은 서둘러 갑시다. 도주합시다. 이러는 것이다. 부부가 똑같다. 부부 중에 한 사람만 정신을 차려도 인생의 힘겨운 문제는 반으로 줄 것이다. 아나니아와 삽비라 부부도 마찬가지다.

아나니아라 하는 사람이 그의 아내 삽비라와 더불어 소유를 팔아 그 값에서 얼마를 감추매 그 아내도 알더라 얼마만 가져다가 사도들의 발 앞에 두니 베드로가 이르되 아나니아야 어찌하여 사탄이 네 마음에 가득하여 네가 성령을 속이고 땅 값 얼마를 감추었느냐 땅이 그대로 있을 때에는 네 땅이 아니며 판 후에도 네 마음대로 할 수가 없더냐 어찌하여 이 일을 네 마음에 두었느냐 사람에게 거짓말한 것이 아니요 하나님께로다 아나니아가 이 말을 듣고 엎드러져 혼이 떠나니 이 일을 듣는 사람이 다 크게 두려워하더라.

행 5:1-5

아나니아와 삽비라 부부의 비극은 아쉬움을 남긴다. 남편 아나니아의 거짓된 행동에 권면하지 않고 동조한 아내 삽비라만 바로 서 있었어도 두 사람의 비극적인 인생은 오지 않았을 것이다. 삽비라는 거짓된 남편을 권면하지 않고 동조했다. 삽비라는 남편을 권면해야 하는 배필이다. 그런데 남편과 똑같이 행동한다. 아내는 남편에 대해서 지식으로 정복하고 아내가 소유해야 할 진정한 사랑으로 권면해야 한다. 삽비라 역시 남편을 동조하고 함께 세상을 떠나게 되었다.

모든 가정에서 아내들이 적용해야 할 사랑은 필리아적인 사랑이다. 이 사랑을 통하여 때로는 남편을 칭찬하고 격려할 뿐만 아니라 조언하며 권면하는 아내로서 서 있어야 한다. 그러니 여자는 남자에게 잔소리를 안 할 수가 없다. 한없이 에로스적인 사랑에 머물러 있으면서 해바라기처럼 바라만 보고 있으면 어느 때인가 자기도 모르게 무너지게 된다.

남편들은 각오하고 아내의 잔소리를 기쁨으로 들어주어야 한다. 경우에 합당한 잔소리는 남편을 돕는 것이다. 인생에 꼭 필요한 것 점검하고, 체크하고, 대화해서 풀어야 할 것, 해결하고 넘어가야 할 것, 고쳐야 할 것, 멈춰야 할 것, 등등. 알아듣도록 타일러 정당한 일에 힘쓰도록 권면으로 도와야 한다.

셋째, 좋은 인품으로 검소하게 남편을 도우라

신중하며 순전하며 집안 일을 하며 선하며. 딛 2:5

여기서 신중하다는 것은 가볍지 않고 조심스럽다는 것이며, 순전함은 순수하고 완전해야 한다는 것을 말한다. 그리고 아내는 집안일을 잘해야 한다. 부득이한 상황이 아니라면 아내가 해야 하는 집안일 만큼은 남편을 기다리지 말고 야무지게 처리하는 것이 합당하다. 남편은 사회활동하면서 굉장한 스트레스와 함께 육체적으로도 피곤하다. 물론 맞벌이 부부라면 당연히 함께 가사일을 나누어야 한다. 그러나 가정에서 자녀를 양육하고 살림을 전담한다면 가정일 만큼은 야무지게 해내야 한다.

너희의 단장은 머리를 꾸미고 금을 차고 아름다운 옷을 입는 외모로 하지 말고. 벧전 3:3

아내가 가정에서 자녀를 양육하고 집안 살림을 하면서 머리를 꾸미고 금을 차고 좋은 옷을 입는 것으로 단장하지 말라고 말씀하신다. 즉 이 말씀을 다시 요약하면 사치하지 말라는 것이다. 신발장의 구두가 셀 수 없이 많다. 명품 가방이 즐비하고, 옷장에는 고급 브랜드 옷이 가득 걸려 있다. 이렇게 규모 없이 사는 아내들이 있다. 그러나 하나님은 남편이 수고의 땀을 흘려 번 돈을 가지고 아내인 자신의 사치와 낭비를 위해 쓰지 말라고 말씀하신다. 충동구매 좋아하는 사람이 경제적으로 안정감 있게 잘 살 수 있는 확률이 낮다. 시시때때로 충동구매하면 물질을 다스릴 수 없다. 검소하게 절약하며 살 때 가정은 안정된다. 아내들은 바울처럼 형편에 맞도록 자족하는 훈련이 되어 있어야 한다.

내가 궁핍하므로 말하는 것이 아니니라 어떠한 형편에든지 나는 자족하기를 배웠노니 나는 비천에 처할 줄도 알고 풍부에 처할 줄도 알아 모든 일 곧 배부름과 배고픔과 풍부와 궁핍에도 처할 줄 아는 일체의 비결을 배웠노라 내게 능력 주시는 자 안에서 내가 모든 것을 할 수 있느니라. 빌 4:11-13

하나님이 주시는 능력 안에서 아내들은 삶을 살아가는 일체의 비결을 배워야 한다. 바울은 "비천에 처할 줄도 알고 풍부에 처할 줄도 알아 모든 일 곧 배부름과 배고픔과 풍부와 궁핍에도 처할 줄 아는 일체의 비결을 배웠노라"라고 고백한다. 사랑하는 아내들이여, 바울의 삶을 본받자. 그리고 "어떤 사람에게든지 하나님이 재물과 부요를 그에게 주사 능히 누리게 하시며 제 몫을 받아 수고함으로 즐거워하게 하신 것은 하나님의 선물이라"(전 5:19). 하나님은 모든 사람에게 먹고 마시고 입을 것을 분량대로 주시겠다고 약속하셨다. 그래서 분량에 맞게 사는 법을 터득하는 것이 이 세상을 살아가는 지혜다. 그러므로 검소하게 살면 반드시 우리의 삶이 윤택해진다.

또한 무엇으로 단장해야 하는가. "오직 마음에 숨은 사람을 온유하고 안정한 심령의 썩지 아니할 것으로 하라 이는 하나님 앞에 값진 것이니라"(벧전 3:4). 즉 아내는 마음을 온유하고 부드럽게 해야 하며 신중하고 순전해야 한다. 썩어 없어질 것으로 자신을 꾸미지 말고 말씀 안에서 자신의 속사람을 날마다 새롭게 꾸며야 한다. 그리고 말씀과 기도로 거룩해지고 좋은 인품으로 남편을 도와야 한다. 아내들이 좋은 인품으로 남편을 도울 때 선하며 올바르고 착해야 한다. 그러나 아내가 남편에게 친구 같고 가정 안에서 살림만 잘하는 것으로 최고의 아내가 될 수는 없다. 이것이 전부는 아니기 때문이다. 남편을 위해서 또 해야 할 일이 있다.

넷째, 남편에 대하여 의무를 다하라

너희가 쓴 문제에 대하여 말하면 남자가 여자를 가까이 아니함이 좋으나 음행을 피하기 위하여 남자마다 자기 아내를 두고 여자마다 자기 남편을 두라 남편은 그 아내에 대한 의무를 다하고 아내도 그 남편에게 그렇게 할지라 아내는 자기 몸을 주장하지 못하고 오직 그 남편이 하며 남편도 그와 같이 자기 몸을 주장하지 못하고 오직 그 아내가 하나니 서로 분방하지 말라 다만 기도할 틈을 얻기 위하여 합의상 얼마 동안은 하되 다시 합하라 이는

너희가 절제 못함으로 말미암아 사탄이 너희를 시험하지 못하게 하려 함이라. 고전 7:1-5

부부의 출발은 남자와 여자가 한 몸을 이루는 것이다. 그로 인한 열매가 바로 자녀들이다. 남자와 결혼을 했지만 많은 아내는 남자를 잘 모른다. 아내들 가운데 대부분 빼놓지 않고 하는 말이 있다. "저는 제 남편을 너무나 잘 압니다." 모든 아내가 남편을 너무도 잘 안다고 말을 한다. 오래 살다 보면 서로의 성향과 특성을 알게 된다. 그러므로 남편을 잘 알 수밖에 없다. 그러나 남편이 남자인 것을 인지하며 사는 아내들은 많지 않다. 교회 안에서는 성적인 이야기를 수치스럽게 생각하고 이 부분에 대해서 가르치기를 외면한다. 그런데 바울은 고린도 교회 성도들에게 부부 관계에 대해서 자세하게 다루고 있다. 대부분 결혼 연수가 많아지면 소홀해지기 쉬운 것이 바로 합방의 문제다. 서로 살아가면서 말과 행동에 상처를 입은 여파가 분방으로 나타나게 된다. 그래서 같은 공간에 있으나 서로에게 무관심하다. 그리고 점점 무디어져 남남과 같은 상태로 나타난다. 아담에게 선물로 주신 하와가 곁에 있으나 남편은 강 건너 불구경하듯 한다. 이때 서로가 불행하다.

바울은 고린도 교회 성도들에게 자상하게 부부의 삶을 다루고 있다. 남자와 여자는 음행을 피하도록 각기 아내와 남편을 두라고 권면하고 있다. 아내는 자기 몸을 주장하지 못하고 남편이 주장하며 남편은 자기 몸을 주장하지 못하고 아내가 하라고 가르친다. 여자는 남자가 말해 주지 않으면 천년이 흘러도 남자의 몸을 알 수가 없다. 내 몸이 아니기 때문이다. 그런데 성경 말씀은 자상하게 우리를 교육하신다. 강단에서 어느 목회자도 이러한 내용을 언급하기를 싫어한다. 이유는 거룩하지 않다고 생각하기 때문이다. 그러나 하나님은 성령의 감동하심을 바울에게 주셨고 행복한 가정을 이루도록 지식으로 우리에게 가르쳐 주셨기 때문에 이제는 알고 가르쳐야 한다. 그러므로 바울은 서로 분방하지 말라고 권고한다. 그렇지 않으면 마귀가 틈을 타고 들어와 가정을 무너뜨리기 때문이라고 말한다.

아내들이여, 남편을 고독하고 힘들게 하지 마라. 기도할 틈을 얻기 위한 잠깐의 기간 말고는 아내는 항상 남편의 돕는 배필로서 의무를 다해야 한다.

아내들이여, 남편에 대한 아내의 본분을 탁월하게 선택하고 적용하라. 그러면 당신이 행복해질 것이다.

13

부모의 본분

부모가 해야 할 본분은 양육이다. "아비들아"에서 아비는 온전히 아버지만을 의미하지 않는다. 공동 번역 성경에서는 "아비들아"를 "부모들아"로 번역했다. 즉 이 말씀은 아버지와 어머니 모두에게 해당되는 말씀이다. 양육하는 것이 부모의 본분인데 양육 자체만 생각하면 실패하기 쉽다. 무엇보다 중요한 것은 어떻게 양육해야 하는가에 관심을 두고 신중하게 적용하는 지혜가 필요하다.

부모의 역할

대부분의 부모가 자녀를 양육할 때 특별한 가르침을 고민하지 않는 듯하다. 그리고 자녀들에게 자신의 삶을 자연스럽게 스며들게 한다. 자녀들은 부모가 살아온 삶이 몸에 배어 있기 때문에 학습된 방법을 자녀 양육에 다시 적용하며 산다. 그래서 대부분의 삶의 방식이 자기중심적으로 기울어져 있다. 이유는 사용설명서가 없는 자기 경험에 의한 지식이기 때문이다. 불행한 가정은 불행을 낳고, 행복한 가정은 행복을 낳는다. 그러나 부부는 서로 다른 환경에서 자란 두 사람이 만나기 때문에 불행과 행복이 섞여서 하나의 삶을 만들어 낸다. 그래서 혼란스러운 과정을 겪게 된다.

이러한 혼란스러움을 없애려면 반드시 가정 안에 기준이 있어야 한다. 우리의 삶의 기준은 하나님의 말씀이다. 하나님이 우리를 창조하셨기에 하나님이 작성하신 사용설명서를 기준 삼아야 한다. 나이가 많다고 부모의 본분을 더 잘하거나 나이가 적어서 부모의 본분을 어설프게 하는 것은 아니다. 즉 본분을 다하는 것은 나이의 문제가 아니다. 인생 사용설명서를 얼마큼 숙지했고 숙지한 만큼 어떻게 선택하고 적용하느냐에 따라 달라진다.

하나님의 말씀은 영적인 세계만을 가르치지 않는다. 구원받은 성도들이 어떻게 살아가야 할 것인가를 가르치시기 위하여 본보기로 성경을 기록하셨다고 말씀하고 계시다. 그러므로 단에서 증거해야 할 말씀은 예수 그리스도를 통한 구원뿐만 아니라 예수 그리스도 안에서 구원받은 자는 어떻게 살아야 할 것인가를 반드시 함께 증거해야 한다. 이것이 성도들이 균형 잡힌 두 날개로 비상하는 삶을 살게 하는 능력이 된다.

가정 안에서는 각자가 자신의 본분을 다하는 것이 아주 중요하다. 각자가 자기의 본분을 잘 감당할 때 가정이 건강하게 세워질 수 있다. 남편의 본분을 다하지 못하거나 아내의 본분을 다하지 못하면 가정이 불행하거나 심지어 무너질 수도 있다. 누구 한 사람만의 책임이 결코 아니다. 우리는 각자 가정 안에서 자기의 본분을 감당해야 할 책임이 있다. 여자와 남자가 한 몸이 된 후 하나님이 주신 기업인 자녀가 출생하면 남편은 '아버지'라는 호칭을 갖게 되고 아내는 '어머니'라는 또 하나의 호칭으로 불리게 된다. 가정에서 남자는 남편의 역할뿐만 아니라 아버지의 역할도 해야 하고, 여자는 아내와 엄마의 역할도 해야 한다.

또 아비들아 너희 자녀를 노엽게 하지 말고 오직 주의 교훈과 훈계로 양육하라. 엡 6:4

부모가 해야 할 본분은 양육이다. "아비들아"에서 아비는 온전히 아버지만을 의미하지 않는다. 공동 번역 성경에서는 "아비들아"를 "부모들아"로 번역했다. 즉 이 말씀은 아버지와 어머니 모두에게 해당되는 말씀이다. 양육하는 것이 부모의 본분인데 양육 자체만 생각하면 실패하기 쉽다. 무엇보다 중요한 것은 어떻게 양육해야 하는가에 관심을 두고 신중하게 적용하는 지혜가 필요하다.

부모가 자녀를 노엽게 양육하면 자녀들이 '낙심', 즉 기가 죽고 실망하게 되어 아이 안에 있는 에너지를 발산하지 못하게 된다. 눌려 있기 때문이다. 그래서 자기의 모든 재능을 발휘하지 못하고 온전한 삶을 살아가지 못한다. 하나님은 부모에게 자녀를 노엽게 하지 말라고 명령하셨다.

미련한 아들은 그 아비의 근심이 되고 그 어미의 고통이 되느니라. 잠 17:25

의인의 아비는 크게 즐거울 것이요 지혜로운 자식을 낳은 자는 그로 말미암아 즐거울 것이니라. 잠 23:24

자녀를 제대로 양육하지 못하면 평생 늙어 죽을 때까지 애물단지가 되고 그로 말미암아 고통 가운데 근심하게 될 날이 온다. 자녀가 미련하면 부모는 고통과 근심을 겪고, 지혜로우면 즐거울 것이다. 그러므로 자녀로 인한 근심과 고통을 겪지 않으려면 부모로서 마땅히 해야 할 일을 선택하고 적용함이 지혜이며, 부모 인생에 이로움과 유익함이다. 부모의 사용설명서를 숙지해 보자.

첫째, 성숙함으로 양육하라

자녀보다 나이가 많다고 모든 부모가 자녀보다 더 훌륭한 것은 아니다. 부모라는 이유만으로 자녀들 위에서 무조건 군림하고, 억압하고, 명령하고 있거나 부모라는 위치 때문에 내 방식대로만 따라오게 하면서 부모의 권한을 잘못 사용하고 있는지 관찰할 필요가 있다. 대부분의 가정이 불행한 이유 가운데 자녀 양육도 비중을 많이 차지한다. 성경에 기록된 가정들 가운데 행복한 가정이 많지 않다. 예외도 있겠지만 대부분은 사랑하기에 결혼한다. 그 사이에서 열매가 맺히는데 바로 하나님이 주신 기업, 즉 자녀들이다. 어떤 가정은 자녀들이 행복하고 우애하며 사는데 어떤 가정은 다툼을 반복하며 산다. 두고 보기에 아까운 사람들끼리 매일 같이 분노를 품고 아파하며 살아야 하는 이유를 우리는 알아야 한다.

그건 바로 부모들이 미성숙하게 양육하기 때문이다. 그러므로 부모는 특별히 자녀들을 양육할 때 성숙하게 양육해야 한다. 오랜 세월 교회에 다녔으나 자녀 양육에 실패한 가정들이 있다. 자녀 양육의 실패로 인하여 상담자를 찾는 분들의 대부분은 자녀를 양육하는 방법에 미숙한 경우가 많다. 부모가 나를 양육했던 잘못된 방식을 그대로 적용하거나 과잉 또는 방치의 경우도 있다. 이런 경우 해결되지 않는 반복적인 문제는 하나님께 오랫동안 기도하게 하는 요인이 되기도 한다. 이때 하나님의 음성을 들어야 한다. "부르짖지만 말고 가정으로 돌아가 말씀대로 삶에 적용하라." 그런데 안 들린다. 끊임없이 자신의 말만 쏟아내기 때문이다. 그리고 다시 돌아가 자신들이 익숙해져 있는 학습된 머리의 지식을 다시 적용하며 산다. 그러니 아무리 기도해도 해결될 일이 만무하고 세월이 지날수록 더욱 심각해지기만 할 뿐이다. 이때 "하나님 왜 안 도와주십니까"라고 원망 섞인 말만 쏟아내며 한숨만 쉰다. 바로 우리의 모습이다. 자녀 양육은 자랄 때 학습된 지식만 적용하면 실패하기 쉽다. 그러나 하나님이 주신 사용설명서를 잘 깨닫고 선택하며 적용한다면 잠시 후에 웃게 되는 날이 올 것이다. 성경은 미성숙한 부모의 이야기가 나온다. 바로 미성숙함으로 인한 편애로 없어도 될 고생을 경험했던 요셉 이야기다.

> 요셉은 노년에 얻은 아들이므로 이스라엘이 여러 아들들보다 그를 더 사랑하므로 그를 위하여 채색옷을 지었더니 그의 형들이 아버지가 형들보다 그를 더 사랑함을 보고 그를 미워하여 그에게 편안하게 말할 수 없었더라. 창 37:3, 4

부모의 모습이 내 모습

자녀는 부모가 걸어간 그 길을 따라간다. 우리가 살면서 가끔 우리 자신에게서 부모의 모습을 볼 때가 있다. 좋은 모습도 보이지만 좋지 않았던 모습이 더 강하게 각인되어 있음을 볼 때 순간 아차 하는 생각이 들 때도 있다. 편애를 일삼았던 아버지 이삭과 어머니 리브가를 통하여 양육 받은 야곱도 어느새 아버지가 되었다. 야곱은 열두 명의 아들을 낳았는데 그중에 눈에 넣어도 아프지 않을 아들이 있었다. 바로 요셉이다.

야곱은 요셉을 특별히 더 사랑하여 그 아들에게만 채색옷을 지어 입혔다. 야곱은 재물이 많아 윤택한 삶을 사는 아버지인데 어찌 요셉에게만 채색옷을 입혔을까. 바로 에서와 야곱을 편애했던 부모의 미성숙함이 야곱에게서도 그대로 묻어남을 볼 수 있다. 돈도 많은데 열두 벌 채색옷을 지어 입혔다면 모든 자녀가 얼마나 행복했을까. 물론 자녀를 양육하다 보면 미운 행동을 하는 자녀도 있고, 예쁜 행동을 하는 자녀도 있다. 그래서 특별히 더 사랑스러운 자녀가 있을 수 있다. 그러나 그러한 마음은 속으로 품고 있고 밖으로 표출하지 말아야 할 것들이다. 그런데 야곱에게서 부모가 살아온 삶이 그대로 투영됨을 발견할 수 있다. 그런 야곱의 모습을 볼 때 우리의 마음은 가슴 저리게 안타깝다. 이유는 나를 보는 것 같아서다.

부모는 자녀가 하나일 때 생각이 깊어야 하고, 자녀가 여럿 일 때에는 생각이 깊고 넓어야 한다. 내가 하는 행동이 자녀들의 미래에 어떤 영향력을 미칠까 생각할 수 있어야 성숙한 부모다. 부모가 자녀들을 양육할 때 편애 없이 동등하게 사랑을 나누어 주기만 해도 자녀 양육은 성공적이다. 그런데 부자인 아버지 야곱은 채색옷을 요셉에게만 만들어 입혔다. 다른 아들들에겐 인색하여 돈을 제대로 쓸 줄 모르는 아버지, 돈이 많이 있으나 사랑하는 아들에게만 베푸는 아버지 야곱이다. 다른 자녀들에게 상처만 남기는 미성숙한 아버지 야곱은 자신의 부모의 모습과 판박이다. 없어서 못 해주는 것과 있는데 안 해주는 것은 다르다. 돈을 많이 가지고 있으면서도 다른 자녀들에게 분노를 사게 하고 그것으로 말미암아 형제들 간에 싸우고 다투는 요인을 제공한 부모 야곱은 미성숙하다. 우리에게도 같은 모습들이 있다. 이 글을 읽는 동안 '그렇게 하지 말아야지'라고 깨닫기만 해도 여러분들이 이 책을 선택함에 대한 탁월함을 스스로 칭찬하게 될 것이다.

둘째, 주의 교훈과 훈계로 양육하라

또 아비들아 너희 자녀를 노엽게 하지 말고 오직 주의 교훈과 훈계로 양육하라. 엡 6:4

교훈과 훈계는 교훈하고, 충고하고, 가르치고, 교육하는 것이다. 교훈은 교육으로 훈련시키는 것이고, 훈계는 말을 통해서 교훈하는 것이다. 주의 교훈과 훈계로 양육하라는 말씀은 하나님의 말씀을 내 입술로 증거하고 전파하면서 자녀들을 교육하고 훈련하라는 의미가 들어 있다. 이 말씀을 적용하려면 하나님의 말씀이 선포되는 입술에 말씀의 권위와 부모의 권위가 함께 있어야 한다. 그러나 부모에 대한 사용설명서를 제대로 적용하지 못해서 자식 농사에 실패한 가정이 있다.

말에 대한 권위

엘리가 매우 늙었더니 그의 아들들이 온 이스라엘에게 행한 모든 일과 회막 문에서 수종 드는 여인들과 동침하였음을 듣고 그들에게 이르되 너희가 어찌하여 이런 일을 하느냐 내가 너희의 악행을 이 모든 백성에게서 듣노라 내 아들들아 그리하지 말라 내게 들리는 소문이 좋지 아니하니라 너희가 여호와의 백성으로 범죄하게 하는도다 사람이 사람에게 범죄하면 하나님이 심판하시려니와 만일 사람이 여호와께 범죄하면 누가 그를 위하여 간구하겠느냐 하되 그들이 자기 아버지의 말을 듣지 아니하였으니 이는 여호와께서 그들을 죽이기로 뜻하셨음이더라. 삼상 2:22–25

엘리는 제사장이다. 구약의 제사장은 대물림에 대한 제도에 의하여 자녀들에게 대를 물려준다. 엘리 제사장이 늙었고 그의 아들들이 제사장 직분을 수행하고 있는 가운데 이들의 행실이 이스라엘 백성들 사이에서 골칫거리가 되고 있다. 이들은 여호와를 알지 못할뿐더러 하나님의 제사를 멸시하기까지 한다. 그리고 회막 문에서 수종 드는 여인들과 동침하고 악행을 저지르는 것도 마다하지 않는다. 그로 인하여 백성들의 원성은 높아만 가고 드디어 소문이 아버지인 엘리 제사장 귀에까지 들어갔다. 부모는 자식에 대해서 절대적으로 신뢰하는 경향이 있다. 다른 아이들은 나쁜 짓을 해도 절대 우리 아이만큼은 그럴 리가 없다고 생각한다. 드디어 사건이 터지고 소문이 부모의 귀에 들릴 때쯤에야 비로소 자식들의 문제에 대해 심각성을 깨닫게 된다.

엘리 제사장이 자녀들의 행실을 보고 권면하는데 자녀들이 아버지의 말을 듣지 않는다. 제사장의 가정이 이런 모습을 하고 있으니 엘리 제사장이 한심하고 측은해 보인다. 누구든지 주의 교훈과 훈계로 양육하려면 그 사람의 입술의 말에 권위가 있어야 한다. 부모가 자녀 앞에서 권위가 서려면 어떻게 해야 하는지 고민해 보아야 한다. 원리를 알아야 각 사람의 삶에 적용이 되고 변화가 일어나기 때문이다.

권위는 삶 속에서 본이 될 때 생긴다. 주의 교훈과 훈계로 양육하라는 말씀 속에 깊은 의미가 있음을 깨달아야 한다. 즉, 자녀들을 주의 말씀과 교훈을 통하여 양육할 수 있도록 너희 자신이 본이 되는 자가 되라는 말씀이다. 엘리 제사장이 가정에서 자녀 양육에 실패한 이유가 무엇일까. 그건 먼저 아버지인 엘리 제사장이 영적, 육적인 삶에 본이 되지 못한 삶을 살았기 때문일 것이다.

한 엄마가 아이를 곁에 두고 말을 하고 있다. 아이가 옆에서 한참 듣다가 엄마를 쿡쿡 찔렀다. "엄마, 왜 사람들 앞에서 예쁜 척해." 아이가 왜 이런 말을 했을까. 엄마가 밖에서 하는 것과 집에서 하는 행동이 다르기 때문이다. 엄마가 밖에서 하는 것처럼 집에서도 똑같이 행동했다면 아이가 엄마의 말에 그런 반응을 하지 않았을 것이다. 아이 앞에서 엄마의 권위는 땅에 떨어졌다. 그렇게 살아온 부모가 자녀에게 말을 하면 권위가 없다. 부모가 하나님의 말씀대로 자녀를 양육하려면 내 삶 속에 말과 행동이 본이 되어야 한다.

엘리는 권위가 없다. 제사장인 아버지 입에서 말이 나오는데 제사장인 자녀들이 듣지 않는다. 이 시대 아버지들 가운데 자녀들에게 권위가 서지 않는 분들도 있을 것이다. 자녀들에게 본이 되어야 할 것이 무엇인가. 성경 말씀에서 하나님의 자녀들에게 요구하는 것은 아가페 사랑이다.

내가 사람의 방언과 천사의 말을 할지라도 사랑이 없으면 소리 나는 구리와 울리는 꽹과리가 되고 내가 예언하는 능력이 있어 모든 비밀과 모든 지식을 알고 또 산을 옮길 만한 모든 믿음이 있을지라도 사랑이 없으면 내가 아무 것도 아니요 내가 내게 있는 모든 것으로 구제하고 또 내 몸을 불사르게 내줄지라도 사랑이 없으면 내게 아무 유익이 없느니라. 고전 13:1-3

사람의 방언과 천사의 말을 하는 외적인 무엇보다 더 중요한 것이 있다. 바로 우리가 가져야 할 본질은 아가페 사랑이다. 아가페는 오래 참고, 아가페는 온유하며, 아가페는 시기하지 아니하며, 아가페는 자랑하지 아니하며, 아가페는 교만하지 아니하며, 아가페는 무례히 행하지 아니하며, 아가페는 자기의 유익을 구하지 아니하며, 아가페는 성내지 아니하며, 아가페는 악한 것을 생각하지 아니하며, 아가페는 불의를 기뻐하지 아니하며, 아가페는 진리와 함께 기뻐하고, 아가페는 모든 것을 참으며, 아가페는 모든 것을 믿으며, 아가페는 모든 것을 바라며, 아가페는 모든 것을 견디는 것이다.

내가 먼저 본이 되어야 한다는 것은 단순히 말을 넘어서서 자녀들을 품을 수 있는 아가페 사랑을 말한다. 부모와 자녀가 나누는 혈육의 사랑을 '스톨게'라 한다. 그것은 조건적인 사랑이다. 조건적인 사랑은 말을 많이 하게 된다. 이것을 자녀들은 '잔소리'라고 말한다. 그러나 아가페 사랑은 무조건적인 사랑이다. 부모들이 자녀들을 양육할 때에 아가페 사랑을 가지고 오래 참아야 하고, 온유해야 하고, 시기하지 아니하고, 자랑하지 않고, 교만하지 않고, 무례히 행하지 않고, 자기의 유익을 구하지 않고, 성내지 않고, 악한 것을 생각지 않고, 불의를 기뻐하지 않고, 진리와 함께 기뻐하고, 모든 것을 참고 믿고 바라고 견뎌야 한다. 이 모습이 자녀들에게 감지되고 자녀들이 진정한 사랑을 느낄 때 부모의 권위가 생긴다.

내 안에 아가페 사랑이 있을 때 아가페적인 행동이 나오고, 아가페적인 말이 나온다. 내 안에 아가페 사랑이 없으면 내 식대로 혈기와 분노로 자녀를 양육한다. 자녀들이 말을 안 들을 때 매를 대다가 보면 어떤 때는 부모 안에 있는 분노가 아이를 때릴 때가 있다. 정당한 회초리가 아닌 그냥 손이 올라가는 경우들이 허다하다. 물론 손이 올라가기 전에 입에서부터 거친 말이 먼저 나온다.

권위가 없는 부모들이 자녀들에게 "얘들아, 예배 잘 드려"라고 말하면 "엄마 아빠나 잘 드리세요." "얘들아, 교회에서 헌신 좀 해라." "엄마 아빠나 헌신하세요. 왜 우리한테 강요하세요"라고 말한다. 가정에서 부모인 우리의 권위가 서지 않는다면 부모인 나의 문제임을 알아야 한다. 자녀들이 믿음 안에 온전히 서지 못하는 것은 부모의 문제다. 권위가 서지 않도록 살았기에 불순종의 열매를 맺게 된 것이다. 아버지인 엘리도 자녀들도 제사장임에 불구하고 엘리 가정의 자녀들은 부모를 공경하지 않고 부모의 말에 순종하지 않는다. 엘리 제사장의 영적 상태는 어떠한가.

그들이 실로에서 먹고 마신 후에 한나가 일어나니 그 때에 제사장 엘리는 여호와의 전 문설주 곁 의자에 앉아 있었더라 한나가 마음이 괴로워서 여호와께 기도하고 통곡하며 서원하여 이르되 만군의 여호와여 만일 주의 여종의 고통을 돌보시고 나를 기억하사 주의 여종을 잊지 아니하시고 주의 여종에게 아들을 주시면 내가 그의 평생에 그를 여호와께 드리고 삭도를 그의 머리에 대지 아니하겠나이다 그가 여호와 앞에 오래 기도하는 동안에 엘리가 그의 입을 주목한즉 한나가 속으로 말하매 입술만 움직이고 음성은 들리지 아니하므로 엘리는 그가 취한 줄로 생각한지라 엘리가 그에게 이르되 네가 언제까지 취하여 있겠느냐 포도주를 끊으라 하니 한나가 대답하여 이르되 내 주여 그렇지 아니하니이다 나는 마음이 슬픈 여자라 포도주나 독주를 마신 것이 아니요 여호와 앞에 내 심정을 통한 것뿐이오니 당신의 여종을 악한 여자로 여기지 마옵소서 내가 지금까지 말한 것은 나의 원통함과 격분됨이 많기 때문이니이다 하는지라 삼상 1:9-16

한나가 여호와의 전에서 괴로운 모습으로 통곡하며 기도하고 있었다. 엘리 제사장이 기도하는 한나를 물끄러미 바라보다가 왜 대낮부터 술에 취해 있느냐고 한마디를 툭 던졌다. 이때 한나가 대답한다. "엘리 제사장이여 제가 술 취한 것이 아니고 저는 괴로운 여자입니다. 자녀가 없어 하나님께 기도하는 것입니다." 순간 엘리 제사장은 당황했을 것이다. 영적으로 무디어지니 어느덧 애통하며 기도하는 여인을 보고 있는데 술 취한 자처럼 보인다. 여호와의 전에 앉아 있으나 영적 분별력조차 상실한 상태다. 그러니 권위가 있을 리 없고 자녀들을 영적으로 양육할 수도 없다. 그래서 엘리의 아들들은 여호와를 알지 못했고 제사를 멸시하는 제사장이 되었다. 하나님의 은혜 안에 서 있지 못한 권위 없는 부모가 자녀를 양육하면 영적으로 타락한 자녀의 열매를 맺게 된다.

채찍과 꾸지람이 지혜를 주거늘 임의로 행하게 버려둔 자식은 어미를 욕되게 하느니라. 잠 29:15

권위 있는 부모는 성경에 기록된 대로 채찍과 꾸지람을 통해서 자녀를 훈계한다. 채찍과 꾸지람은 자녀들을 올바른 길로 인도하는 스승이 되기 때문이다. 부모를 통하여 기억에 남을 만큼 호되게 매를 맞았다면 다시는 똑같은 일로 부모의 마음을 상하게 하지는 않을 것이다. 하나님은 자녀를 양육할 때 채찍과 꾸지람이 꼭 필요함을 말씀하셨다. 그래서 부모들은 하나님의 말씀을 따라 채찍과 꾸지람을 하며 자녀들을 균형 있게 잘 키워야 한다. 그러나 자녀들에게 매를 들 때에는 반드시 하나님의 말씀 안에서 인격적으로 매를 들어야 함을 잊어서는 안 된다. 하나님도 백성이 곁길로 가면 징계의 매를 든다. 그건 하나님의 사랑 안에 있는 공의다. 아버지가 자녀를 사랑한다면 분노의 매가 아닌 공의의 매를 들 수 있어야 한다. 많은 말보다 권위를 선택하라. 우리가 하나님의 말씀을 가정 안에서 선포할 때 자녀들이 그 말씀을 듣고 살게 하려면 우리의 삶이 먼저 주의 교훈과 훈계로 단련되어 있어야 한다.

셋째, 필리아적인 사랑으로 양육하라

그들로 젊은 여자들을 교훈하되 그 남편과 자녀를 사랑하게 하

라. 딛 2:4

이 말씀 속에서 젊은 여자들에게 요구하는 사랑은 바로 필리아(필레오)적인 사랑을 말한다. 필리아적인 사랑은 친구끼리 나누는 우정을 말한다. 성경은 필리아적인 사랑으로 자녀를 양육할 때 자녀가 온전히 자라게 된다고 가르친다. 여자인 엄마가 자녀들과 나눠야 할 사랑이 바로 이것이다. 물론 아내가 남편을 사랑하는 사랑도 여기에 해당한다. 필리아적인 사랑은 조언, 격려, 칭찬, 권면하는 것이다. 이러한 요인을 적용할 수 있는 대상은 친구나 동료들이다. 그런데 하나님은 특별히 엄마가 자녀들에게 친구처럼 되라고 명령하셨다. 부모는 자녀들을 양육할 때 친밀하고 세밀하게 관찰해야 한다.

나는 아이들을 양육하면서 어려서부터 자주 들려준 말이 있다. "세상에서 가장 친한 친구는 엄마다"라고 가르쳤다. 자녀와 엄마 사이에 비밀이 없어야 한다. 자녀들의 삶 속에서 무슨 일이 일어나는지를 엄마는 알아야 한다.

직장생활에 바쁜 엄마가 아이가 공부방에서 수년 동안 성폭행 당한 사실을 모르고 살았다. 문제가 너무 심각해진 상황에서 알게 되었지만 이미 아이는 너무 많은 상처를 앉고 있었다. 자녀가 비밀이 많다면 엄마가 친구처럼 대하지 못한 것이다. 남 같거나, 너무 권위적이거나, 사랑이 없거나, 무관심했던 것은 아닐까 점검해 보아야 한다. 자녀들의 삶 속에서 일어나는 모든 것을 세밀하게 알아야 한다. 그리고 자상하게 대화해야 한다. 만약 모든 것을 무조건 안 된다고 말한다면 자녀들은 모든 것을 비밀에 둘 것이다. 그러다가 무슨 문제를 만나면 혼자 전전긍긍하다가 자살해서 죽기도 하고 우울증에 빠져 두문불출하기도 한다.

엄마는 자녀들과 친구처럼 관계를 맺어야 한다. 하나님은 모든 시대 엄마들에게 사용설명서를 통하여 당부하고 계신다. 엄마는 자녀들을 관리하고 관찰해야 한다. 자녀를 낳아 놓기만 하면 그냥 자라는 것이 아니다. 자녀들의 몸이 다 자랐다고 성숙한 것은 아니다. 나이를 먹었다고 그저 성숙해지는 것 또한 아니다. 엄마는 자녀들과 밀접한 관계를 통하여 조언하고 권면하고 때로는 칭찬하고 격려하며 성숙하게 양육해야 한다. 만약에 엄마가 아이보다 미성숙하다면 자녀들 또한 미성숙하게 자라는 불행을 초래할 것이다.

엄마는 하나님으로부터 아가페 사랑을 심장에 받아 필리아 사랑으로 적용해야 한다. 가정은 부모가 그린 인생의 풍경화다. 가정에 문제가 있는 것은 분명히 부모가 문제가 있는 것이다. 나중에 노년이 되었을 때 이 풍경화를 벽에 걸어 놓고 즐겨야 하는 날이 모든 사람에게 온다. 그러므로 인생의 풍경화를 얼마나 신중하게 그려야 할지 고민해야 함이 마땅하다. 미련한 아들은 아비의 근심이 되고 어미의 고통이 된다. 지혜로운 아들은 아비와 어미의 즐거움이 된다. 이 풍경화를 보면서 근심스럽고 고통스럽다면 어디에서부터 문제가 시작되었는지 거슬러 올라가 보면 알 수 있다.

예수 믿기 때문에 기도만 하면 모든 일이 잘될 거라고 생각하면 위험하다. 가정은 기도뿐만 아니라 땀 흘려 가꾸는 정원 같은 곳이다. 부모는 자녀들에게 끊임없는 사랑과 관심을 가지고 관리하고 양육해야 한다. 아버지는 위엄이 있어야 하겠지만 엄마는 다정해야 한다. 물론 호되게 징계를 해야 할 때는 엄한 엄마가 되어야 겠지만 대부분은 친구 같은 다정한 엄마가 되어야 한다. 가정 안에서 대화하라, 대화하면 안 풀릴 것이 없다. 그런데 자기 식대로 우격다짐을 한다. 자녀를 내 소유처럼 여기며 내 고집으로 내 틀에 맞추려 한다. 자식은 여호와의 기업이다. 내 소유물이 아니기에 내 개념 내 고정관념으로 우격다짐해서 끌고 갈 문제가 아니다. 인격적으로 배려하면서 자녀들을 사랑할 때 가정은 행복해질 수 있다.

부모가 부모의 본분만 잘해도 가정은 행복하다. 성경을 읽을 때 그냥 읽고 지나가지 말고 말씀을 깊이 묵상해야 한다. 그리고 말씀을 삶에 적용하며 사는 탁월한 선택이 필요하다. 아내이고 엄마인 여자, 남편이고 아빠인 남자는 끊임없이 가정을 관찰하고 관리하고 정복해야 한다. 그리고 난 후 성실하게 경영하고 관리해야 한다. 이미 훌쩍 자라서 방법을 적용할 기회조차 없어져 버린 가정들도 있다. 그러나 앞으로 결혼할 예비 신랑 신부들, 또는 젊은 부부들, 어린아이들을 양육하고 있는 부모들은 이 말씀을 더욱 신중하게 듣고 적용할 수 있기를 바란다.

가정이 건강하지 않고 교회가 건강할 수 없고 나라가 건강할 수 없다. 먹고 사는 문제가 급급한 맞벌이 부부가 놓치기 쉬운 것이 있다. 바로 무관심이다. 돈으로만 다 해결하려고 한다. 이런 가정에서 자라는 아이가 부모에게 불만을 토로한다. 그때 하는 부모의 말이다. "내가 너한테 못한 것이 뭐가 있어. 내가 너를 얼마나 사랑하는데." 자녀가 뭐라 대답할까. "엄마가 저에게 해준 것이 뭐가 있는데요." 이때 엄마는 충격을 받는다. 그러나 명심할 것은 돈을 벌어서 자녀들을 먹이고 입히고 양육하는 것을 자녀들은 특별하게 생각하지 않는다. 내가 그렇게 생각하고 성장했던 것처럼 자녀들도 부모가 당연히 해야 할 일이라고 생각한다. 그런데 부모는 그것으로 부모의 역할을 다했다고 생각한다. 가슴 아픈 일이다. 그것은 자녀들에게 내세울 것이 아니다. 나중에 부모들이 자녀들 앞에서 내세워야 할 것은 "내가 너를 얼마나 사랑으로 키웠는지 아니" 이럴 수 있어야 한다. 가정은 부모인 내가 그린 인생의 풍경화임을 잊지 마라.

　모든 사람은 내가 그린 인생의 아름다운 풍경화를 바라보면서 즐거워할 수 있는 노년을 준비해야 한다. 바로 자식 농사다. 부모들이 자식 농사에 게으르지 않고 최선을 다하면 추수하는 때에 즐거운 날이 올 것이다.

분을 내어도 죄를 짓지 말며 해가 지도록 분을 품지 말고 마귀에게 틈을 주지 말라.
에베소서 6:1-3

14

자녀의 본분

세상에 태어난 나를 위해 가장 희생하고 헌신하는 사람이 부모다. 나를 가장 사랑해 준 이도 부모이고, 절대적으로 신뢰해 준 이도 부모다. 내가 자라는 모습을 묵묵히 지켜본 이도 부모이고, 잘되기를 바라는 이도 부모다. 이런 부모가 이제는 늙고 초라해졌다. 이제부터 받은 사랑을 보답해야 할 때다.

하나님은 자녀들에게 부모에게 보답하라고 명령하셨다. 보답은 받은 은혜와 사랑을 되돌려 주는 것이다. 부모가 희생하고 헌신해서 우리를 양육하고, 가르치고, 뒷바라지를 해준 것처럼 늙어 기력이 쇠해진 부모와 삶을 나누고 최선을 다해 보답해야 한다.

자녀들아 주 안에서 너희 부모에게 순종하라 이것이 옳으니라 네 아버지와 어머니를 공경하라 이것은 약속이 있는 첫 계명이니 이로써 네가 잘되고 땅에서 장수하리라. 엡 6:1-3

이 땅에 모든 사람은 자녀로 태어난다. 자녀의 본분에 대한 말씀은 어떤 특정 사람에게만 주어지는 것이 아니고 이 땅에 있는 모든 사람에게 주어지는 말씀이다. 하나님은 십계명 중 제5계명에 "네 부모를 공경하라"(출 20:12)고 말씀하셨다. 그러므로 부모를 공경하는 것이 자녀들이 마땅히 해야 할 본분이고 도리다. 공경은 '존경하다', '존중하다' 또는 '숭배하다'라는 의미가 있다. 히브리어로 '공경'은 '카베드'다. 이 단어는 구약성경 여러 곳에 하나님을 공경하고 경외해야 하는 행위적인 것을 나타낼 때 쓰인 용어다. 우리는 이 말씀 속에서 하나님의 뜻을 깊이 깨달을 수 있어야 한다. 부모를 공경하되 하나님을 공경하듯이 부모를 공경해야 함을 가르치고 있다. 즉 부모 공경하기를 배워서 하나님을 공경할 수 있기를 원하시는 것이다.

사람은 학습되지 않은 영역을 알지 못한다. 사랑도 주고받아 본 사람이 하나님의 사랑도 안다. 부모의 사랑을 받아본 사람은 하나님의 사랑을 감지하기가 쉬우나 사랑을 받아본 경험이 없는 사람은 쉽지 않다. 그러므로 부모를 공경함이 훈련되어 하나님을 공경할 수 있는 자들이 되기를 하나님은 원하신다. 부모의 본분을 다하는 부모를 공경하는 것은 어렵지 않다. 그러나 세상에 있는 모든 부모가 다 부모다운 것은 아니다. 하나님은 그럴지라도 부모를 공경하라고 명령하신다. 그럼 자녀들은 어떤 방법으로 부모를 공경해야 하는가.

첫째, 순종함으로 공경하라

자녀들아 주 안에서 너희 부모에게 순종하라. 엡 6:1

아담과 하와의 가정은 최초의 가정으로서 죄가 출발했고, 살인 사건이 일어난 최악의 가정이다. 문제를 다루다 보니 이 가정에 대해서 할 말이 많다. 그래서 자주 언급된다. 순종은 부모님 말씀에 귀 기울여 경청하고 그 말씀을 순순히 따르는 것을 말한다. 순종은 자녀가 부모를 향하여 가져야 할 가장 중요한 태도다. 인류의 원죄는 하나님의 말씀에 대한 아담과 하와의 불순종이었다. 범죄한 아담과 하와는 가정 안에서 짐승을 잡아 피의 제사를 드렸고 두 아들은 그 모습을 수없이 지켜보아 왔을 것이다. 그런데 가인이 드린 제사의 방법은 부모님의 제사 방법을 따르지 않고 자신이 원하는 방법을 선택했다. 그리고 곡식 제사를 드림으로 부모의 마음을 아프게 했을 것이다. 부모를 거역한 가인은 곧 하나님의 말씀에 불순종한 자가 되어 하나님의 외면을 당하고 말았다.

부모인 아담과 하와가 하나님 앞에 짐승의 제사를 드리라고 가르쳤으나 "꼭 그렇게 할 필요가 있겠습니까? 어머니와 아버지도 그렇게 하지 않았으니 저도 하지 않겠습니다"라고 말했을지도 모른다. 가인은 아담과 하와를 근심케 하는 아들이었다. 그는 매사에 부모를 거역하고 불순종하며 어긋난 길로 나아갔다. 이때 패륜아 가인의 모습은 아담과 하와를 비춰주는 채찍이 되었을 것이다. 그리고 근심케 하는 가인을 통하여 하나님께 불순종했던 자신들의 모습을 보았을 것이다. 나의 불순종은 자녀를 통한 또 다른 불순종의 열매로 나타난다. 그러므로 하나님 말씀을 따라 부모 앞에서 순종하는 삶을 살아야 한다.

부모답지 않은 부모일지라도

부모가 어떠한가와 무관하게 자녀는 순종해야 한다. 부모님이 나보다 탁월하지 않을 수도 있다. 부모님의 지식이 나보다 부족하며, 모든 면에서 나보다 내세울 것이 없을지라도 우리는 부모에게 무조건 순종해야 한다. 바로 나를 위해서다. 이 땅에서 부모를 공경하지 아니하고 순종하지 않는 사람은 보이지 않는 하나님을 공경할 수 없다. 하나님께 하듯 부모를 공경하라 하신 하나님의 깊으신 뜻이다. 자녀는 보이는 부모님께 순종함으로 공경함을 배우고 보이지 않는 하나님을 경외하며 살아야 한다.

부모인 아담과 하와는 하나님께 불순종한 처절한 아픔이 있다. 그래서 자녀들에게 더욱 하나님께 순종하도록 요구했을 수 있다. 이것이 자녀가 잘되기를 바라는 한결같은 부모의 마음이다. 그래서 부모는 자녀들에게 올바른 것을 가르치고 교육하는 것이다.

내 아들아 네 아비의 훈계를 들으며 네 어미의 법을 떠나지 말라 이는 네 머리의 아름다운 관이요 네 목의 금 사슬이니라. 잠 1:8, 9

아비의 훈계와 어미의 법을 떠나지 않는 것이 복이다. 부모님이 우리보다 인품도, 사는 방법도, 말하는 것도 부족할 수 있다. 부모이기 때문에 우리보다 모든 것이 탁월한 것은 아니다. 오히려 고생하면서 자녀들을 잘 양육했기에 부모보다 자녀가 훨씬 더 훌륭할 수 있다. 그리할지라도 부모가 하시는 말씀은 자녀들에게 양약이 되는 말씀이다. 쓴 말씀일지라도 부모의 훈계를 듣고 부모의 법을 떠나지 않아야 복 있는 사람이 된다.

지혜로운 아들은 아비의 훈계를 들으나 거만한 자는 꾸지람을 즐겨 듣지 아니 하느니라. 잠 13:1

자녀는 부모 앞에서 거만할 필요가 없다. 부모 없이 어떻게 자신이 태어나며 부모의 돌봄 없이 어떻게 성장되었을까를 생각해야 한다. 그리고 부모님께 순종하기를 각오하고 부모님을 공경하는 것이 삶에 체질화되어야 한다. 부모님은 분명 공경받을 대상이다. 부모가 부모의 본분을 다하지 못할지라도 하나님이 우리에게 명령하시는 것은 무조건 순종하면서 공경하라는 것이다. 세상에는 부모의 본문을 다하며 사는 부모만 있는 것은 아니다. 상상할 수 없을 정도로 비인격적이고 무책임한 부모들도 있다.

자녀를 낳자마자 버리고 떠난 부모, 자녀를 학대하는 부모, 제대로 양육하지 못한 부모, 자녀의 삶은 등한시하고 자신의 삶만을 위하여 사는 부모, 용서할 수 없을 정도로 생각만 하면 이가 갈리는 부모, 많은 상처와 아픔만을 남기고 떠난 부모, 그리할지라도 순종하라고 명령하신다. 이런 상황이라면 누구라도 말씀에 순종한다는 것이 쉽지 않다. 그래서 하나님은 명령하셨고 나의 선택에 맡기셨다. 말씀은 하나님의 명령이시며 순종하는 자가 받을 복이 반드시 따라온다. 혹시 부모님이 본분을 다 하지 못한 것 때문에 공경할 수 없다고 생각하며 살았을 수 있다. 이 말씀조차도 거부될 수 있는 환경도 하나님은 다 아신다. 그리할지라도 하나님의 말씀에 복종하고 순종하면서 받을 복이 있음을 기억하고 감사해야 한다.

가인의 불순종을 거울삼아 복된 자리에 머물러야 한다. 아담과 하와는 존경받을 수 있는 부모가 아니다. 하나님의 말씀에 불순종하고 죄가 들어오는 통로가 되었기 때문이다. 그러나 하나님은 부모에게 순종하라고 명령하셨다. 하나님이 자녀들에게 주신 말씀은 부모가 어떠한가보다 자녀가 어떠한가에 초점을 두셨다. 부모가 살아 계실 때 공경하기를 지금 선택하면 돌아가신 후 후회하지 않을 것이다. 살아 계실 때 순종함으로 공경하면 땅에서 잘되고 장수하는 복을 얻을 것이다.

둘째, 자기 인생을 준비함으로 공경하라

싸울 날을 위하여 마병을 예비하거니와 이김은 여호와께 있느니라. 잠 21:31

요즘 세상은 치열한 경쟁 사회다. 세상은 치열한 경쟁을 통과한 사람이 앞서가며 다른 사람을 이끌어 간다. 인생의 삶은 마치 전쟁터에서 목숨 걸고 싸우는 병사의 삶과 같다. 그러므로 무기가 준비된 사람만 싸울 날을 기다릴 수 있고 두려울 것이 없다. 오히려 한번 싸워보고 싶은 마음에 싸움을 기다리고 있을 수도 있다. 싸우기 위하여 준비한 새로운 무기는 인생을 흥미진진하게 할 수도 있다. 준비된 무기가 많을수록 이 사람은 자신감 있게 싸움터로 나간다.

무기가 좋으니 매번 싸움은 승리만 기다리고 있다. 그러므로 싸움에서 거둬들인 전리품 또한 그의 인생을 기름지고 윤택하게 하고도 남는다.

싸울 무기가 준비되지 않으면 전쟁이 두렵다. 이런 사람은 도무지 싸우려 하지 않는다. 싸워봐야 질 것이 당연하기 때문이다. 이런 사람은 싸울 때마다 패배를 가져온다. 그리고 내가 가진 것마저도 다 빼앗겨 상대방의 전리품이 되게 한다. 이런 사람은 매일의 삶이 무기력하다. 주변 사람 또한 힘겹다. 특히 자녀인 내가 준비한 무기 없이 인생을 살면 부모님들을 근심하게 하고 괴롭히는 문제를 발생시킨다.

요즈음 '캥거루족'이라는 신조어가 있다. 자립을 해야 할 때가 됐는데 부모 품에서 나가지 않는 자녀를 의미한다. 자녀가 성장했음에도 불구하고 부모의 도움을 받는다. 아직도 젖을 먹는 아이처럼 말이다. 성인이 되었다면 경제 활동을 해야 마땅하다. 사람은 땅을 경작하며 먹고 살도록 창조되었다. 그런데 요즈음 청년들 가운데 부모님이 주는 것 먹고, 마시고, 입으며, 도통 독립할 생각을 하지 않는 이들이 많다. 그래서 자식 때문에 어쩔 수 없이 먹고 사는 문제로 늙은 부모가 일터에 나가야 한다.

부모님을 공경한다는 것은 단순히 존중하는 것 이상이다. 때가 되면 직장에 들어가고, 결혼도 하고, 출산도 하며 모든 사람이 가는 길을 평범하게 가는 것이 부모님이 근심하지 않도록 하는 것이다. 이것은 자녀가 마땅히 해야 할 본분이다. 성경에서 부모를 근심시키지 않고 일찍 자립한 사람이 있다. 바로 다윗이다.

> 여호와께서 사무엘에게 이르시되 내가 이미 사울을 버려 이스라엘 왕이 되지 못하게 하였거늘 네가 그를 위하여 언제까지 슬퍼하겠느냐 너는 뿔에 기름을 채워 가지고 가라 내가 너를 베들레헴 사람 이새에게로 보내리니 이는 내가 그의 아들 중에서 한 왕을 보았느니라 하시는지라. 삼상 16:1

이스라엘의 초대 왕 사울은 하나님께 버림받았다. 하나님은 왕위를 다른 사람에게 넘겨주셨고 이새의 아들 중에서 다윗을 선택하셨다. 다윗은 준비된 자였다. 준비된 자는 하나님의 도구다. 인생에서 준비하지 않으면 자신뿐만 아니라 다른 사람까지 힘들게 한다. 준비되지 않으면 부모가 힘들고, 결혼한 후에는 배우자가 힘들다.

> 그들이 오매 사무엘이 엘리압을 보고 마음에 이르기를 여호와의 기름 부으실 자가 과연 주님 앞에 있도다 하였더니 여호와께서 사무엘에게 이르시되 그의 용모와 키를 보지 말라 내가 이미 그를 버렸노라 내가 보는 것은 사람과 같지 아니하니 사람은 외모를 보거니와 나 여호와는 중심을 보느니라 하시더라 이새가 아비나답을 불러 사무엘 앞을 지나가게 하매 사무엘이 이르되 이도 여호와께서 택하지 아니하셨느니라 하니 이새가 삼마로 지나

게 하매 사무엘이 이르되 이도 여호와께서 택하지 아니 하셨느니라 하니라 이새가 그의 아들 일곱을 다 사무엘 앞으로 지나가게 하나 사무엘이 이새에게 이르되 여호와께서 이들을 택하지 아니하셨느니라 하고 또 사무엘이 이새에게 이르되 네 아들들이 다 여기 있느냐 이새가 이르되 아직 막내가 남았는데 그는 양을 지키나이다 사무엘이 이새에게 이르되 사람을 보내어 그를 데려오라 그가 여기 오기까지는 우리가 식사 자리에 앉지 아니하겠노라. 삼상 16:6-11

사무엘이 이새의 집을 찾아갔다. 사무엘은 훤칠하고 잘생긴 이새의 큰아들을 보고 감탄했다. '오! 과연 하나님이 이 사람을 쓰시겠구나'라고 생각했다. "여호와께서 사무엘에게 이르시되 그의 용모와 키를 보지 말라 내가 이미 그를 버렸노라 내가 보는 것은 사람과 같지 아니하니 사람은 외모를 보거니와 여호와는 중심을 보느니라 하시더라"(삼상 16:7). 사람은 겉모습을 보지만 하나님은 중심을 보신다. 이새의 아들 일곱 명이 사무엘 앞을 지나갔지만 하나님의 기름 부으심을 받을 자가 없었다. 이제 들판에서 일하고 있는 다윗만 남았다.

준비된 자, 다윗

이에 사람을 보내어 그를 데려오매 그의 빛이 붉고 눈이 빼어나

고 얼굴이 아름답더라 여호와께서 이르시되 이가 그니 일어나 기름을 부으라 하시는지라. 삼상 16:12

다윗은 어려서부터 자기 자신을 연마하며 갈고 닦았다. 능력이 없는 부모나 열악한 가정환경은 당연히 불행할 것이라는 생각을 버려야 한다. 형들은 집에 있을 때 다윗은 들판에서 짐승을 돌보며 성실하게 일했다. 그리고 하나님 앞에 아름다운 수금의 찬양을 올려 드리고, 시를 지으며, 주님과 깊은 교제의 시간을 나누었다. 다윗은 육신의 삶도 성실하고 부지런할 뿐 아니라 영적으로도 깨어 있었다. 우리가 우리 자신을 얼마만큼 갈고 닦고 준비하느냐에 따라서 인생의 길이 달라진다.

자녀의 인생이 형통하면 부모의 인생도 즐겁다. 진심으로 부모를 공경하는 것은 내 인생을 준비하는 것이다. 사무엘 앞에 다윗이 도착했다. 다윗의 모습을 보니 그의 빛이 붉고 얼굴에 생기가 있었다. 생기가 있다는 것은 성실하다는 것이다. 집에서 나른하고 게으르게 먹고 자는 일만 하는 사람의 얼굴이 붉을 수 없다. 그런데 다윗의 얼굴에서 활력 있고 힘이 넘침을 느낄 수 있다. 이런 모습을 가진 사람이 있으면 보는 사람도 즐겁다. 이런 자녀의 모습은 부모의 즐거움이다. 부모의 근심이 되지 않으려면 자기 인생을 성실하고 활력 있게 준비해야 한다. 이런 자녀는 부모 마음의 짐을 덜어 준다.

또한 다윗은 눈이 빼어나고 총기가 있는 사람이었다. 다윗은 비전의 사람이다. 자녀가 꿈이 없으면 부모는 근심이 된다. 자녀들이 해야 할 본분은 꿈을 가지고 나아가며 자기 인생을 갈고 닦고 준비하는 것이다. 결혼 후 자녀들이 출생하면 먹이고, 입히고, 교육하고, 가정을 꾸려나갈 삶에 대한 싸움이 기다리고 있다. 무기가 준비되지 않으면 싸우지 못한다. 무기가 좋을수록 승리하는 싸움이 될 것이다. 그래서 준비가 필요한 것이다.

그뿐 아니라 다윗은 얼굴이 아름다웠다. 성경은 다윗의 얼굴은 잘생긴 것이 아니라 아름답다고 기록한다. 아름답다는 것은 잘생긴 것을 말하는 것이 아니다. 마음이 기쁘고 만족해서 얼굴이 빛나고 광채가 나는 사람임을 말한다. 이목구비가 양귀비 같아도 기쁨이 없는 사람은 예쁘긴 하지만 아름답지는 않다.

다윗은 성실하고 꿈과 비전의 사람일 뿐만 아니라 자기 자신의 내면을 하나님과 깊은 교통 가운데서 가꾼 사람이다. 소년의 나이에도 다윗처럼 야무진 사람이 있는가 하면 삼십이 되어도 무위도식하는 사람도 있다. 그런 자들은 부모의 근심이 된다. 나이가 우리를 성숙하게 하지는 않는다. 인생의 삶 가운데에서 자녀 된 본분을 다하기 위하여 자신들의 인생을 갈고 닦고 준비할 수 있는 자가 복 있는 사람이다.

한 나라의 왕 사울이 어둠에 묶여서 정신이 온전하지 못하다. 신하들이 수금 잘 타는 사람을 구하여 왕의 문제를 해결하기를 원했다. 이때 준비된 자가 투입된다. 신하들이 사울에게 제안했다.

소년 중 한 사람이 대답하여 이르되 내가 베들레헴 사람 이새의 아들을 본즉 수금을 탈 줄 알고 용기와 무용과 구변이 있는 준수한 자라 여호와께서 그와 함께 계시더이다 하더라. 삼상 16:18

잘 준비된 사람 다윗에 대한 말이 왕궁에서 오가고 있었다. 다윗은 이 사실을 알 수 없다. 이렇게 자신이 모르는 곳에서 준비된 나를 필요로 하며 말하는 곳이 있어야 한다. 잘 준비되면 준비된 만큼 인생은 형통하게 풀려 간다. 만약에 내 인생이 잘 풀리지 않는다면 잘못된 방향으로 준비했거나 준비해야 할 때 준비하지 않아서일 수 있다. 그래서 부모들은 자녀들이 준비해야 할 시기에 잘 준비시켜 주는 지혜가 필요한 것이다. 부모가 그렇게 할 수 없는 상황이라면 자녀들은 스스로 자기 인생을 준비해야 한다. 부모가 마약 중독자여도, 고아로 자랐어도 훌륭한 인생을 사는 사람이 있는가 하면 좋은 부모 밑에서도 자기 인생을 제대로 살아가지 못하는 사람들도 있다.

여덟 형제 중에 나이가 가장 어렸으나 다윗은 수금을 잘 탈 뿐만 아니라 용기와 무용과 구변이 있는 준수한 자로서 싸움도 용맹스럽게 잘했던 사람이다. 그뿐만 아니라 그는 말솜씨도 좋았으며 게다가 여호와께서 그와 함께 계셨다는 것이다. 자녀들이 진정으로 준비해야 할 것은 하나님 안에 거하는 것이다. 하나님 안에서 준비하라. 그럴 때 하나님의 손에 쓰임 받게 될 것이다. 사울 왕의 명령을 따라 다윗이 왕궁에 들어갔다. "다윗이 사울에게 이르되 그 앞에 모셔 서매 사울이 그를 크게 사랑하여 자기의 무기를 드는 자로 삼고"(21절). 소년 다윗은 한 나라 왕의 무기 드는 자가 되었으니 세상 사람들의 말로는 출세한 사람 아닌가. 그러나 거저 온 것이 아니다. 먼저는 하나님의 은혜요, 다음은 다윗 자신이 스스로 열심히 준비했기 때문이다.

또 사울이 이새에게 사람을 보내어 이르되 원하건대 다윗을 내 앞에 모셔 서게 하라 그가 내게 은총을 얻었느니라 하니라 하나님은 부리시는 악령이 사울에게 이를 때에 다윗이 수금을 들고 와서 손으로 탄즉 사울이 상쾌하여 낫고 악령이 그에게서 떠나더라. 삼상 16:22, 23

부모를 진정으로 공경하는 것은 자녀인 내가 잘 준비되어서 부모의 근심이 되지 않는 것이다. 다윗은 사울의 병기 맡은 자로 시작해서 삼십 세에 유다 왕이 되었고, 곧이어 이스라엘의 왕이 되었다. 집안에서 훌륭한 사람이 나오면 가문의 영광이다. 그리고 가족들이 그 영광을 함께 누리게 된다. 나 한 사람이 어떠한가에 따라 주변에 있는 사람들의 삶이 달라진다. 자녀의 삶을 사는 동안 부모를 공경하려면 살아갈 인생을 열심히 준비하는 지혜가 필요하다. 학교 다닐 때는 열심히 공부해야 하고, 직장에 들어가면 성실하게 일해야 한다. 그러면서 좋은 부모가 될 준비를 하는 것이다. 부모를 공경하는 것은 곧 나를 위한 것이다.

셋째, 보답함으로 공경하라

참 과부인 과부를 존대하라 만일 어떤 과부에게 자녀나 손자들이 있거든 그들로 먼저 자기 집에서 효를 행하여 부모에게 보답하기를 배우게 하라 이것이 하나님 앞에 받으실 만한 것이니라.

딤전 5:3, 4

세상에 태어난 나를 위해 가장 희생하고 헌신하는 사람이 부모다. 나를 가장 사랑해 준 이도 부모이고, 절대적으로 신뢰해 준 이도 부모다. 내가 자라는 모습을 묵묵히 지켜본 이도 부모이고, 잘되기를 바라는 이도 부모다. 이런 부모가 이제는 늙고 초라해졌다. 이제부터 받은 사랑을 보답해야 할 때다.

하나님은 자녀들에게 부모에게 보답하라고 명령하셨다. 보답은 받은 은혜와 사랑을 되돌려 주는 것이다. 부모가 희생하고 헌신해서 우리를 양육하고, 가르치고, 뒷바라지를 해준 것처럼 늙어 기력이 쇠해진 부모와 삶을 나누고 최선을 다해 보답해야 한다.

경제적으로 궁핍한 가운데 있는 부모님을 돕는 것이 무엇보다 중요하다. 부모는 자녀를 위하여 희생하며 살아왔다. 그리고 자신들의 인생을 자녀에게 투자하며 내가 없이 살아온 세월이 대부분이다. 그러다 보니 어느새 인생의 노년이 다가왔다. 당당하고 활력 있던 젊음은 어디로 사라지고 초라한 모습만 덩그러니 남아 있다. 어디를 가도 노인이기에 외면당하고 아무도 관심조차 없다.

경제 활동을 하지 못하는 상황이다 보니 노년의 삶이 더욱 초라하다. 그뿐 아니라 가정 안에서도 외롭다. 확대가족인 경우는 그나마 외로움이 덜하나 핵가족인 경우는 혼자 외로이 사는 경우가 대부분이다.

언젠가 자녀인 나도 내 부모처럼 노년을 맞이하게 된다. 인생은 누구 한 사람 할 것 없이 다 같은 길을 걸어간다. 하나님이 자녀인 나에게 주시는 이 말씀은 나의 노년의 삶을 준비하는 것이기도 하다. 내가 자녀일 때에 부모를 공경해야 내 자녀들이 다시 나를 공경하게 된다. 이것이 내가 노년의 삶을 외롭지 않게 사는 방법이다. 그래서 하나님의 말씀대로 순종하며 사는 것은 곧 하나님을 위한 것이 아니고 내 인생의 삶을 위한 것이다.

하나님이 우리에게 말씀하시고 명령하시는 것은 우리를 사랑하시기 때문에 가르쳐 주시는 것이며 우리 인생을 형통하게 살게 하기 위한 것이다. 가정에서 자녀들에게 본이 되게 산다면 우리의 노년은 결단코 외롭지 않을 것이다.

우리는 물질을 지혜롭게 사용할 줄 알아야 한다. 잘 분배해서 쓰는 지혜가 필요하다. 인생의 계획표에 부모님을 우선순위에 두고, 수고한 땀의 열매를 부모님과 공유하며 살아가기를 바란다. 마땅히 자녀 된 본분을 충실히 행하고 자기 인생을 성실하게 준비해서 부모를 즐겁게 하자. 자녀인 나의 인생이 복되고 윤택해질 것이다.

인생 사용설명서

첫판 1쇄 펴낸날 2019년 4월 4일

지은이 주향
편집·발행인 김은옥
디자인 황지은
펴낸곳 올리브북스

주소 경기도 부천시 원미구 신흥로 173
전화 032-233-2427
이메일 olivebooks@naver.com
블로그 blog.naver.com/olivebooks
인스타그램 instagram.com/olivebooks_publisher

출판등록 제387-2007-00012호(2007년 5월 21일)

ISBN 978-89-94035-41-3 03230

이 책의 저작권은 저자와 올리브북스에 있습니다. 저자와 출판사의 서면 동의 없이 내용의 일부를 인용하거나 발췌하는 것을 금합니다.

이 도서의 국립중앙도서관 출판예정도서목록(CIP)은 서지정보유통지원시스템 홈페이지(seoji.nl.go.kr)와 국가자료공동목록시스템(www.nl.go.kr/kolisnet)에서 이용하실 수 있습니다(CIP제어번호: CIP2019010697).

> 세상은 행동하는 사람에 의해 움직입니다. 소중한 경험, 따뜻한 시선을 가진 원고, 참신한 기획의 소재가 있으신 분은 올리브북스와 의논해 주십시오. 그 원고가 세상의 소금과 빛이 될 수 있도록, 최고의 책으로 빛날 수 있도록 정성을 다하겠습니다.

총판 기독교출판유통 | 031-906-9191(전화), 0505-365-9191(팩스)